公務員の人事制度改革と人材育成

日・英・米・独・中の動向を踏まえて

坂本 勝［著］

法律文化社

まえがき

　本書『公務員の人事制度改革と人材育成——日・英・米・独・中の動向を踏まえて』は、副題が示すように、各国における公務員の人事制度改革と人材育成の動向を国際比較の視点で検討するものである。

　本書は、第1部4章と第2部4章の2部8章で構成されている。第1部「各国における公務員の人事制度改革」では、日・英・米各国における公務員の人事制度改革の動向について記述している。

　第1章「国家公務員法附則第9条の試験と幹部職の任用人事」では、戦後の官吏制度改革のために高級官吏を対象に実施された「S-1」試験を「一次資料」をもとに考察し、「S-1」試験の実施後加熱していく人事院の改廃論議と内閣人事局の設置に至るまでの人事行政組織の再編について検討し、戦後唯一実施された「S-1」試験が、「幹部職」の任用にどのような示唆を与えるか、「幹部職」人事の今後のあり方について考察している。

　第2章「自治体の人事制度改革と管理職の任用人事」では、「公務員制度調査会」、「地方公務員制度調査研究会」、「人事院研究会」等の報告書を手がかりに、分権時代の自治体の人事管理システム改革と任用人事システム改革のあり方について考察し、自治体の管理職の役割・任用人事と外郭団体への派遣人事について検討している。

　第3章「イギリスの人事委員会の再編と『公務員法』の制定」では、まず人事委員会の設置および人事委員会の再編について記述し、2010年4月に「公務員法」が制定されるまでの「公務員法」の制定論議を整理、検討している。そして、「公務員法」の規定と新しい人事委員会の機能と評価について詳述し、日本の公務員制度への示唆について考察している。

　第4章「アメリカの柔軟な任用人事政策とインターンシップ事業の再編」では、連邦公務員制度の人事制度改革として、「メリット・システム」の柔軟な人事政策に注目している。特に柔軟な任用制度であるインターンシップ事業の実施・評価・再編の状況について検討し、幹部要員の人材育成、幹部職の任用

人事の考察を通して、柔軟な任用制度が日本の公務員制度に与える示唆について考察している。

第2部「各国の高等教育機関における公務員の人材育成」では、米・独・中・日各国の高等教育機関における公務員の人材育成の動向について記述している。本書の第1部では、公務員任用後の人事制度改革の問題を中心に検討しているが、第2部では、公務員制度と高等教育制度との「連関」の重要性に着目し、公務員に任用される前に公務員としての資質・能力・意識の形成に影響を及ぼす高等教育機関における公務教育の問題を中心に検討している。こうした問題の検討を通じて、これまでわが国で十分に論議されてこなかった公務員の人事政策と高等教育機関の公務教育との「連関」に関する論議を刺激し、「連関」論議への関心を喚起することが、言わば本書の目的である。また、近年、高等教育機関における公務員の人材育成教育と人材育成教育の質を「認定」する認証評価機関のあり方が、グローバルな問題として検討されるようになってきている。

そこで、第2部の各章では、行政大学院における公務員の人材育成教育と認証評価機関の長年の伝統を有するアメリカの状況を最初に検討し、次に、ボローニャ・プロセスによる高等教育制度の改革を通じて人材育成に取り組むドイツの状況と、WTO加盟を契機に公共管理学院において幹部要員の人材育成に取り組む中国の状況を踏まえ、日本の公共政策系大学院における公務員の人材育成の現況について比較検討している。米・独・中・日の高等教育機関における人材育成の取り組みの概要は、以下のようになっている。

第5章「アメリカの行政大学院における公務員の人材育成」では、1924年にアメリカで最初に設立された行政大学院であるマックスウェル・スクールの行政学修士（MPA）教育の特徴について考察し、MPA教育の質を評価するために設立されたNASPAAの認証基準について記述している。そして、公共政策系大学院と連邦・地方政府が取り組む公務員の人材育成の現状と課題について検討し、MPA教育のグローバル化に対するNASPAAの対応について述べている。

第6章「ドイツの高等教育機関における公務員の人材育成」では、「欧州高等教育圏」（EHEA）の設立を契機に進展しているEUの高等教育改革の動向の

1つとして、ドイツにおける高等教育改革の概要と高等教育機関の学位プログラムの質を評価するために設置された認証評価機関について記述している。そして、高等教育機関における公務員の人材育成の特徴と公務教育の課題について検討し、高等教育の国際化への対応について述べている。

　第7章「中国の公共管理学院における公務員の人材育成」では、まず近代的公務員制度成立の経緯について記述している。そして、WTO加盟を契機に、政府の効率的な運営に貢献できる管理能力を身につけた人材を育成するために開設された公共管理学院におけるMPA教育の概要とMPA教育の質を評価するために設置された認証評価機関の認証基準について記述し、MPA教育の課題と国際化への対応について検討している。

　第8章「日本の公共政策系大学院における公務員の人材育成」では、米・独・中各国の高等教育機関における公務員の人材育成の動向を踏まえ、公共政策系専門職大学院の設立と認証評価機関の設置について記述している。そして、地域人材育成の認証評価機関設置の意義を指摘した上で、わが国の公務員の人材育成の課題について検討し、最後に、高等教育の国際化の動きに対応するために、公共政策系大学院における国際基準の人材育成の取り組みを求めている。

　なお、本書は、すでに発表した諸論文を中心に構想されているが、本書に収録するにあたって、図表は「一次資料」以外はすべて割愛していることをお断りしておきたい。

　　2024年3月

　　　　　　　　　　　　　　　　　　　　　　　　　　坂本　勝

目　次

まえがき

第 I 部　各国における公務員の人事制度改革

第 1 章　国家公務員法附則第 9 条の試験と幹部職の任用人事 …… 3
 I　高級官吏の適格審査と国家公務員法附則の試験規定　4
 II　国家公務員法附則第 9 条の解釈と吉田内閣の対応　8
 III　国家公務員法附則第 9 条の「S-1」試験の実施と結果　15
 IV　人事院の改廃論議と人事行政組織の再編　27
 V　幹部職人事への示唆　31

第 2 章　自治体の人事制度改革と管理職の任用人事 …… 39
 I　自治体の人事管理システム改革の視点　40
 II　自治体の任用人事システム改革の視点　50
 III　自治体の管理職の役割と任用人事　59
 IV　自治体の外郭団体と派遣人事　65

第 3 章　イギリスの人事委員会の再編と「公務員法」の制定 …… 72
 I　ノースコート・トレベリアン報告と人事委員会の設置　72
 II　人事委員会の再編と RAS の設置・民営化　75
 III　公務員の伝統的理念と「公務員法」の制定論議　78
 IV　「公務員法」の制定と新しい人事委員会の設置　83
 V　「公務員法」の評価の視点　87
 VI　日本の公務員制度への示唆　92

第4章 アメリカの柔軟な任用人事政策とインターンシップ事業の再編 ………… 105

- I 連邦公務員制度のイメージ 106
- II 連邦公務員制度の採用人事と人事制度改革 108
- III メリットの柔軟な任用 112
- IV インターンシップ事業の柔軟な任用 116
- V 幹部要員の人材育成と幹部職の人事 127
- VI 日本の公務員制度への示唆 132

第II部 各国の高等教育機関における公務員の人材育成

第5章 アメリカの行政大学院における公務員の人材育成 ……… 141

- I マックスウェル・スクールの設立と公務教育の特徴 141
- II NASPAAの設立と認証評価基準 144
- III MPA教育の公務員の人材育成 151
- IV 連邦・地方政府の公務員の人材育成 153
- V MPA教育とNASPAAの課題 157
- VI MPA教育の国際化への対応 163

第6章 ドイツの高等教育機関における公務員の人材育成 ……… 167

- I 高等教育機関の設置と高等教育の改革 167
- II ボローニャ・プロセスと認証評価機関の概要 170
- III 認証評価制度の特徴と認証評価の現状 175
- IV 公務員人事制度の特徴と公務教育の課題 178
- V 公共政策系教育プログラムの認証状況 182
- VI 高等教育の国際化への対応 184

目　次

第7章　中国の公共管理学院における公務員の人材育成……187

 Ⅰ　近代的公務員制度成立の経緯　187
 Ⅱ　行政学の発展と公共管理学院の設立　190
 Ⅲ　MPA 教育の概要と認証評価機関の設置　191
 Ⅳ　MPA 教育の評価基準と評価結果　194
 Ⅴ　MPA 教育の課題　201
 Ⅵ　MPA 教育の国際化への対応　204

第8章　日本の公共政策系大学院における公務員の人材育成……207

 Ⅰ　高等教育機関における公務教育の意義と公共政策系
  専門職大学院の設立　208
 Ⅱ　認証評価制度導入の意義と専門職大学院の認証評価機関
  の設置　210
 Ⅲ　地域人材育成の認証評価機関設置の意義　212
 Ⅳ　公共政策系教育プログラムの認証評価の方法　214
 Ⅴ　日本の公務員の人材育成の課題　215
 Ⅵ　公共政策系大学院教育の国際化への対応　223

初出一覧
あとがき

第 I 部

各国における公務員の人事制度改革

第1章　国家公務員法附則第9条の試験と幹部職の任用人事

序

　戦後、日本の官僚制はさまざまな改革を迫られ、その改革の評価は、戦前と戦後の制度が「連続する」か「連続しない」かという基準などで論議されてきた。官吏制度から公務員制度への転換過程で注目すべきは、現行公務員制度に戦前の官吏制度との「連続性」が認められるという点である。

　国家公務員の「幹部職」への任用状況を見ると、依然として東大出身者・法律職・事務系の優位といったバイアスが戦前の高文試験の場合と同様に認められ、また、戦前からの早期退職の慣行に基づく上級公務員の天下り人事も、官の優位現象を示すものとして存続している。しかも、この官優位の象徴として戦後廃止された叙位叙勲制度も、昭和38（1963）年の池田内閣の下で復活し、内閣府賞勲局（戦前は内務省賞勲局）を中心にした官の基準による叙勲者の内示システムが現在まで存続している。

　こうした戦前と戦後の官僚人事システムの「連続性」は、現行公務員制度の「幹部職」人事が固定化し、入り口選別以外の者を排除する閉鎖的な人事システムが存続していることを示唆している。その意味で、戦後改革の過程で、人事院が高級官僚の適格審査を兼ねて、一般国民をも対象に実施した課長級以上の公開競争試験（「S-1」試験）は、官職の特権性を除去し、官職を広く国民に開放するための初めての試みとして評価できる。

　本章では、まず、官吏制度改革の視点として、高級官吏の適格審査と国家公務員法附則の試験規定の概要について述べ、国家公務員法附則第9条の規定の解釈をめぐる人事院と法務府法制官僚の見解の相違について検討する。次に、マッカーサー宛吉田書簡を手がかりに、附則第9条の試験に対する吉田内閣の対応について考察し、人事院がGHQの意向を背景に実施した「S-1」試験の

結果と評価について記述する。また、「S-1」試験の実施後加熱していく人事院の改廃論議と内閣人事局の設置に至るまでの人事行政組織の再編について検討し、戦後唯一実施された「S-1」試験が、「幹部職」の任用にどのような示唆を与えるか、「幹部職」人事の今後について考えることにしたい。

Ⅰ 高級官吏の適格審査と国家公務員法附則の試験規定

1 高級官吏の適格審査

国家公務員法の草案であるブレイン・フーバー（Blaine Hoover）の中間報告書が提出される3か月前（1947年1月）に、官吏制度を民主化し、官吏制度を公務員制度に転換するために、各省庁の高級官吏の適格性の審査が行われている。省庁において、超国家主義的、侵略的諸政策を推進する政策立案に関わる地位にいた親任官ないし勅任官の在職者を公職から追放する組織的な審査が行われている。その結果、1946年1月4日の公職追放指令の適用で28名の枢密顧問官のうち9名が追放され、また、宮内省で審査の対象となった128名の官吏のうち118名が追放された。

連合国軍総司令部（GHQ）の資料によると、全省庁の6029名の高級官吏のうち719名（11.9％）の高級官吏が公職から追放されている。最も手痛い打撃を受けた内務省の場合、564名の高級官吏のうち340名（60.3％）の高級官吏が公職から追放され、昭和22（1947）年12月に内務省は解体されている。[1]なお、省庁別の高級官吏の審査状況は**表-1**のようになっており、国家公務員法の制定前には、高級官吏の公職追放という形で旧官吏制度の民主化を図る措置が講じられている。

2 国家公務員法附則の試験規定

⑴　国家公務員法附則第11条の規定

①　国家公務員法の制定　1946（昭和21）年11月、日本政府の要請により来日したフーバーを団長とする対日合衆国人事行政顧問団は、人事制度の運営に関わるすべての法律・政策・慣行および手続きを含む日本政府の人事制度を研究し、その結論を基礎に日本政府の人事行政全体を改革することを意図した

表-1　高級官吏の審査状況（1947年1月4日現在）

省　庁	審査対象者数	合格者数	追放者数
内　閣	144	138	6
外務省	153	107	46
内務省	564	224	340
大蔵省	223	218	5
司法省	252	215	37
文部省	1805	1727	78
厚生省	120	97	23
農林省	120	105	15
商工省	69	59	10
運輸省	170	152	18
逓信省	13	13	0
その他	2396	2255	141
合　計	6029	5310	719

出典：GHQ/SCAP, Reorganization of Civil Service, 1951, p. 27の表を転載。

勧告を行うという目的の達成のために調査活動を開始し、1947年4月マッカーサーに対して中間報告書を提出し、6月には最終報告書を提出した。この報告書には、国家公務員法の原案であるいわゆるフーバー草案が含まれ、その中で、人事委員会の設置、事務次官の特別職化などが勧告されている。

片山内閣は、フーバー草案をもとに国家公務員法案の作成に着手し、天皇を特別職とする規定の削除や公務員に労働三権を付与する等の法案の修正を行い、約一ヶ月半の審議を経て昭和22年10月に国家公務員法が成立する。

②　附則第11条の規定　国家公務員法が制定されたとき、同法附則第11条に次のような規定が設けられた。

「人事委員会の指定する日において、総理府若しくは各省の外局若しくは内局又は人事委員会の指定する機関の長及び次長その他これらに準ずべき官職で人事委員会の指定するものに在任する者は、人事委員会規則の定めるところにより、その際前条の規定による臨時的職員に任用されたものとみなす。ただし、その在任は昭和23年7月1日から3年を超えることはできない。
前項に規定する官職については、人事委員会は、遅くとも昭和23年7月1日から2年以内に、職階の格付及び試験又は選考の実施ができるように努めなければならない。」

この規定は、第1に、高級の官職に在任する者を臨時的に任用すること、第

2に、これらの者に対して特別の試験または選考の実施に努めるという事項を定めている。しかし、フーバー・レポートを見ると、中間報告と最終報告とも、第4章「官職の基準」(Standards For The Service Established) 基準1（任用）の第27項の最後の文言で「これらの試験はこの法律の定める採用試験として実施されなければならない」(These examinations shall be conducted as entrance examinations under this Law) と規定されているが、附則第11条の規定では、試験の実施は努力目標に修正されている。[3]

ちなみに、フーバーは、参議院人事委員会における「近代公務員制度に就て」と題する4回にわたる講演録の前半で、「国家公務員法案の最初の原案は次のような事項を含んでいた」として、公務員に対する基準の1つとして、「公務員の任命及び昇進はすべてその人の能力に基づいて行われるべきこと。その趣旨に従って近代的な初任及び昇進制度が創設せられる。これはすべての官職を何人でも試験において最上の能力を表した人に開放するものである。それから特別の試験計画が規定された。これは速かに高級官吏の適格性を審査し、不適格者を淘汰するためである」と述べている。[4]

また、講演録の後半で、「政府の重要な地位にある幹部級の官吏について、その資格要件を再検討する時期が来たと認められます。そしてその職務に応ずる能力のある公務員にはその職に留まることを認め、能力のないもの又は人柄が非民主的なものはこれを更迭させるべきだと思います」と述べているように、附則第11条の規定には、高文試験制度の弊害と高級官吏淘汰の必要性を主張したフーバーの意向が強く反映されている。[5][6]

こうしたフーバーの意向を斟酌してか、浅井清は、『本規定は所謂「官僚追放」を意図するものと解せられ、日本官僚制の改革のために官僚の中心人物を追放する必要上このような規定が設けられたという印象が強く、第二項が「試験」のほかに「選考」という幅の広い方式を含んでいることもこの見解を裏付けている』としている。そして、浅井は、この重要な試験に関する規定について、『附則中につつましく位置せしめられ、ありふれた経過規定のようにすましていたので世間の注目を引かなかったのであるが、事情を知る少数の人々だけがこの「時限爆弾」の炸裂を心配していたのである』と述懐している。[7]

(2) 改正国家公務員法附則第9条の規定

① 国家公務員法の改正　国家公務員法の制定直後から1948（昭和23）年にかけて、国鉄、全逓を中心とした公務員労働組合のストライキ攻勢が激しくなるが、1947年11月末に再来日したフーバーは、ストライキ禁止規定を削った国家公務員法の欠点がこうした動きに露呈されていると確信し、原案の規定を復活させるための活動を開始する。すなわち、1948年7月22日の芦田首相宛てのいわゆるマッカーサー書簡を契機に、国家公務員法のフーバー修正案が提案される。フーバー修正案に基づく改正法案は、第2次吉田内閣のもとで国会に提出され、ほとんど無修正のまま1948年11月に参議院で可決成立する。

周知のように、こうして成立した国家公務員法の主要な改正点は、第1に、中央人事行政機関の地位と権限が強化されたこと、第2に、公務員のストライキ禁止規定が復活したこと、第3に、同法の適用を受けない「特別職」の範囲が縮小され事務次官が一般職に組み入れられたこと、第四に、不良公務員に対する弾劾制度が廃止されたこと等である。かくして、フーバーが当初意図した独立性の強い中央人事行政機関の設置が実現し、人事院が同年12月4日に誕生する。

② 附則第9条の規定　国家公務員法が改正されると、臨時人事委員会は人事院に改称され、また、高級公務員の試験に関する規定も、附則第11条から第9条に繰り上げられ、次のように改められた。

> 「人事院の指定する日において次官、局長、次長、課長及び課長補佐その他これらに準ずる官職で人事院の指定するものに在任するものは、人事院規則の定めるところにより、その官職に臨時的に任用されたものとみなす。この臨時的任用は、昭和23年7月1日から3年をこえることができず、且つ、その期限前においても人事院規則又は人事院指令により、終了させることができる。人事院は、随時それらの官職に準ずる官職を追加して指定し、本条の規定を適用しなければならない。人事院は、公務の適切な運営のため、いかなる官職に在任する職員に対しても、適宜試験を実施し、これを転退職させることができる。
> 　人事院は、昭和23年7月1日から2年以内に、前項に規定する官職について、この法律に基づき必要な試験を実施しなければならない。」

この附則第9条の規定により、試験の範囲が「次長」から「課長及び課長補

佐」にまで拡大された。また、職階制の完成と切り離して、昭和23年7月1日から2年以内に試験を実施しなければならないことにされ、上記フーバー・レポートの第27項の原案規定が復活している。なお、GHQでは「課長補佐以上」の広い範囲で官職を指定するつもりであったため、附則規定で「課長補佐」を試験対象に指定しているが、人事院が行政的色彩の濃い本省課長級以上の官職に限定するという原則をとりつけ、最終的には試験対象から「課長補佐」を除外し、試験は「課長級以上」とされた。[8]

II 国家公務員法附則第9条の解釈と吉田内閣の対応

1 国家公務員法附則第9条の解釈

(1) 人事院の解釈

① 人事院総裁の見解　浅井清総裁は、人事院が国家公務員法附則第9条の試験を公開競争試験として実施することを決定した理由として、「第一に、附則第9条第1項の高級官職の在職者は、人事院の指定する日に臨時的任用となるものであるから、それらの官職は空位とみなし得るものであり最初から普通の採用試験を実施し得ること、第二に、国家公務員法が決定した試験は採用試験と昇任試験であるが、附則第9条第2項は、高級官職の試験をこの法律に基づき実施すべきことを規定した以上、この試験を国家公務員法の定めた試験の外にもって行うことができないこと、第三に、若しこの試験が同法に定めた採用試験であるならば、これを公開競争試験として実施することが、同法に定めた平等取扱いの原則に最もよく合致する所以であること」の3点を挙げている。[9]

ちなみに、人事院の粕谷孝夫広報局長は、「一般職に属する行政官吏は、国会及び内閣に対し誠実勤勉であって知識と技能に富んだよき助言者たるべきものである。近く施行する国家公務員法附則第9条の試験は、旧来の日本ビューロクラシーの弊を除き、この意味でのよき幹部職員を得ようとするものである。又この試験を公開競争試験として施行するのは、平等取扱の原則に基づき広く人材を国民の間に求め官界の空気を刷新しようとするものである」という浅井総裁談を引用し、附則第9条の試験を実施する目的を「よき幹部職員を得

ようとするものである」としている。[10]

　人事院は、附則第9条が規定する「公務の適切な運営のため」、いかなる官職に在任する職員に対しても試験を実施して転退職させることができると解釈し、いみじくも浅井が指摘するように、附則第9条の規定は、官僚の追放を目的とした転退職のための試験という色彩を濃厚にするものであった。[11]

　② 人事院指令と人事院規則の制定　浅井総裁は、1949（昭和24）年11月12日、人事院指令第18号「国家公務員法附則第9条の規定による人事院の指定」において、「人事院が公開競争試験の対象となる行政組織の官職を指定すること」、「人事院が指定する官職は昭和24年11月12日を指定日とすること」、「各省庁の長は指定官職とみなされるべきもの又は指定官職に追加されるべきものが生じたときは直ちに人事院に報告しなければならないこと」を各省庁の長に通達している。

　また、人事院は、附則第9条の試験の実施に当たって、人事院規則を11月12日付で制定している。まず、人事院規則7-4「国家公務員法附則第9条の試験」は、「人事院が指定する官職に職員を任用するための試験の受験資格を人事院が定めること」、「人事院が実施する試験の問題作成に直接関与した者は受験できないこと」などを規定している。

　次に、人事院規則8-10「国家公務員法附則第9条の臨時的任用」は、「人事院が指定する官職に在職する職員又は指定官職に任用された職員は指定官職に臨時的に任用されたものとみなされること」、「この規定により臨時的任用とみなされる職員の分限については、附則第9条の試験結果に基づく転退職に関して国家公務員法第81条第1項第1号の規定を適用しないこと」を定めている。この人事院規則により、臨時的任用とされる職員は試験結果に基づき免職になっても不利益処分とはみなされないこととされた。

　さらに、人事院規則8-11「国家公務員法附則第9条の規定により人事院の指定する官職への職員の任用」は、「人事院は指定する官職に職員を任用するため、試験結果に基づき任用候補者名簿を作成して任命権者に提示すること」、「任命権者は任用候補者のうちから職員を任用しなければならないこと」、「任用候補者名簿による職員の任用は高点者3人のうちから選択することができること」などを規定している。[12]

これらの人事院指令および人事院規則が1949（昭和24）年11月12日付官報で公布されると、適格審査などにより臨時的任用が常勤任用に転換できるものと楽観視していた高級官僚に衝撃を与え、法務府法制官僚を中心に附則第9条の試験の規定、人事院規則、試験公告の解釈をめぐって激しい反対論が展開されている。

(2) 法務府の解釈

① 法制官僚の見解　　佐藤達夫法制意見長官は、官報公布の翌日「国家公務員法附則第9条の試験について」において、人事院の解釈に対して次のように反論している。

・国家公務員法（以下「法」という）附則第9条の試験は、人事院の指定する日において事務次官、局次長等の上級官職で人事院の指定するものに在任する職員（以下「現任職員」という）の職務遂行の能力を検定し、適格性を欠くと判定された者を当該官職から排除（転退職）することを目的とするものであって、これらの官職に在任しない者を目的とするものではない。従ってその試験は、個々の現任職員についてその適格性を判定するための適性試験すなわち資格検定試験であるべきであって、公務員の採用の場合におけるような公開競争試験と解することは不可能である。
・法附則第9条第2項の規定は、「前項に規定する云々」という文言からみて、現任職員に関する規定と解すべきであり、従って、同条にいわゆる「この法律に基づき必要な試験」とは一般的な任用試験ではなく、現任職員に対する第1項の適性試験とみる外はない。第2項の規定は、このような試験を実施すべき期限を定めたものであって、前項とは別に公開競争試験を許したものと解することはできない。
・従って、人事院規則7-4および8-1が、法附則第9条の試験を職員の任用のための試験と解し、その公開競争試験を当然の前提とした規定を置いているのは、同条の規定の誤解に基づくものであって、法律違反の疑いが甚だ濃厚である。[13]

　こうした法制意見長官の反対論に続いて、11月17日には柳川眞文法務総裁官房長が「国家公務員法附則第9条の試験に関する意見」として、試験実施の法定根拠、人事院の独善的態度、試験の妥当性、指定官職の段階および職類の区分、指定官職と任用資格の選択の5点について法制上の疑問を提示するとともに、法務府の人事交流に及ぼす影響を懸念し、試験の実施に反対論を述べている。[14] こうした柳川官房長の反対論のうち、法務府の人事交流に及ぼす懸念につ

いては、法務府総裁の見解として繰り返し述べられている。

②　法務府総裁の見解　　殖田俊吉総裁（国務大臣）は、1949（昭和24）年12月16日連合国軍総司令部のホイットニー民政局長に対して、「課長以上の国家公務員に対する人事院の試験に対する法務府の立場について」として、法務府の人事構成に格別の配慮を求め、次のような要請をしている。

- 法務府における課長以上の職員の数は、長官3、官房長1、局長及び部長12、長官総務室主幹3、課長46の合計65であるが、これらの職員の任用は裁判所又は検察庁との交流人事によって行っている。
  法務府設置法第17条が「一定数の職員は検事を以てこれに充てることができる」と定め、……公正取引委員会事務局職員につき、「私的独占の禁止及び公正取引の確保に関する法律」第35条第3項が「職員中には検察官、弁護士たる者又は弁護士の資格を有する者を加えなければならない」と規定していることにより、裁判官および検事が派遣されて部長および課長の職に就き、最高裁判所事務総局の上級行政職員が裁判官を以て充てられているのも同じ事情からである。しかもこれらの公正取引委員会の職員および最高裁判所事務総局の職員に対しては、人事院の今回の試験は行われないことになっていることをここに指摘しなければならない。
- 法務府における課長以上の職員65人の内訳は、裁判官27、検察官17、弁護士1、その他20である。これらの人事構成は、裁判官又は検察官としての知識経験やそれぞれの専門部門に関する高度の法律知識がなければその機能を発揮できない官職について、法務総裁から最高裁判所又は他の官庁に懇請し、又は検察庁の長に命じて適材を派遣してもらうことにより、辛うじてこれを充足している事情にあるのである。
- 裁判官又は検察官についていえば、彼らは本来裁判所又は検察庁においてその志望する職務に就くことを目的としている人々である。…かような職員に対し人事院の企図する試験を課することは不適当かつ不必要であることは、最高裁判所事務総局の行政事務に従事する者の場合と同様である。…この試験制度が人事の交流を阻害する役割を演じ、現職の法務府の職員がますます裁判所又は検察庁に復帰することができなくなってしまう。この事態を防止するために取るべき措置は、これらの人々が裁判所又は検察庁に勤務する場合と同様に人事院の試験を免除すべきこと以外に考えられないし、またそれだけの合理的な理由があると信じる。
- この試験実施の計画は、法務府の人事運営に対し余りにも致命的な影響を与えることが心配に堪えない。これは、確かに法務府の場合に限定された特殊な事情かと考える。法務総裁としては、この試験を機会として現職の人々が法務府を去り、しかも試験を受けてまでその後継者たらんとする者を得られないことになることを深く

恐れざるを得ない。何卒我々の深慮を十分に御認識の上、右の試験実施に関し格別の御高配をお願い申し上げる次第である。」[15]

以上のように、殖田総裁は、この試験が法務府の機能の特殊性に基づく法務府の機能に重大な影響を及ぼすため、とりわけ裁判所、検察庁から法務府に出向し課長級以上の官職に在職している裁判官や検事について、試験免除の特例措置を講じるように、ホイットニー民政局長に対して要請している。

こうした殖田法務府総裁および法制官僚の人事院の試験実施に対する反対論は、吉田内閣の試験の実施に対する対応に直接的な影響を及ぼすことになった。以下に、吉田内閣の対応を見てみよう。

2 吉田内閣の対応

(1) 吉田書簡による試験の延期要請

① 「翌月の上級公務員試験の延期を望む」（昭和24年12月13日付書簡）

吉田首相は、マッカーサー宛書簡で、来年1月に予定されている上級公務員試験の延期を次のように要請している。

「来年1月に予定されている政府上級職公務員試験について、人事院が公表した目的と国家公務員法附則第9条の政府解釈と矛盾している。この条文の試験とは、現在政府部内で任命された地位を有する者の適格審査のみを目的とすると政府は理解しており、実際に人事院総裁の浅井氏自身が氏の著作の中でそのように説明している。しかし、最近の人事院通達によると、この試験は現在公職に就いている者の適格性を審査するとともに、私人である市民の選抜と任命に門戸を開いた競争的なものとなる。しかし、これでは、上級職レベルに大規模な人事の交代が生じ、国家行政に混乱と支障をきたすおそれがある。人事院は規則制定権を与えられているが、これらの規則はきわめて重要であるので、人事院の判断だけでなく、何人にも納得できる成果を得るためには、政府国会の意見を聞き、公聴会と討論を参考にする必要がある。それ故、来年1月の試験を延期し、試験の実施期限をさらに1年延長するように希望する」[16]。

吉田書簡では、浅井人事院総裁の著書の「説明」を根拠に、この試験は「政府部内で任命された地位を有する者の適格審査のみを目的とする」もので、「市民の選抜と任命に門戸を開いた競争的なものではない」と理解するとして

いる。確かに、浅井総裁は、1948年の『改正国家公務員法』の著書において、附則第9条の試験について「元来本法が規定する試験は、採用又は昇任の場合に行われるものであるが、この場合の試験は特殊なもので、現に在任する者に対して行うのである。これは課長補佐以上の職の重要性に鑑み、現職者が果たしてその能力があるかどうかを考査するものである」と説明しており[17]、この説明が、上述の「国家公務員法附則第9条の試験の由来」において論じている公開競争試験に肯定的な浅井総裁の見解と齟齬を来している。

② 「国家公務員試験に関する13日付書簡について説明」（昭和24年12月16日付書簡）

吉田首相は、12月13日付の書簡を送付した3日後に、マッカーサー宛に書簡を送付し、公務員試験の延期について次のような補足説明をしている。

「試験の実施期限の1年間延長を要請すると、国家公務員法の改正にかかわる問題が生じて無用な混乱を引き起こす可能性があることに気づいたので、現行法で定められた期限内で1月の試験を当面延期することだけをお願いしたい。これによって超法規的手続きの必要性はいっさい無くなるので事態は単純化し、さらには司令部の関係部局にとって一層満足すべきものとなることを希望致します」[18]。

この書簡の補足説明は、試験の実施期限の1年間延長願いを取り下げる形で試験を当面延期するように再度要請するものである。この書簡の送付後、吉田内閣の殖田法務府総裁は、ホイットニー民政局長に法務府の立場に配慮を求める要請を行った3日後の12月19日に、総司令部を直接訪問して試験を延期するように要請している。また、12月20日には、吉田内閣は、試験の延期を閣議決定しており[19]、人事院の試験に対する反対の姿勢を一段と明確にしている。

③ 「国家公務員法附則改正案を送り見解を請う」（昭和24年12月23日付書簡）

吉田首相は、人事院との試験延期交渉が不調に終わると、マッカーサー宛に次のような書簡を送り、同封の国家公務員法附則改正案に対する見解を示すように要請している。

「予定されている人事院の試験に関して人事院との話し合いで満足できる結果が得られなかったので、政府は、国家公務員法附則第9条を改正する法案を国会に提出し

て根本的な解決をはかることに決定しました。改正法案の写しを同封したので、政府の措置に対する見解をお示しいただきたい」[20]。

　この書簡において吉田首相が同封したとされる附則第9条改正法案については、改正案のコピーが欠落し、マッカーサーの見解についての返信もなかったとされており[21]、この書簡では、附則第9条改正案の内容とマッカーサーの吉田内閣の措置に対する対応が不明である。

(2) 附則改正案に対するマッカーサーの対応

　上記12月23日付書簡に同封の附則第9条改正案がどのような内容のものであるかが注目されるが、佐藤達夫関係文書所収の「国家公務員法の一部を改正する法律案」によると、改正案の内容は、次のようになっている。

> 「国家公務員法（昭和22年法律第120号）附則第9条第2項を次のように改める。
> 　前項に規定する官職に在任する者に対する試験は、その者をその官職に留任せしめることの適否を審査するものとし、人事院は、昭和23年7月1日から2年以内に、別に法律の定めるところにより、これを実施しなければならない。
> 附則
> 1　この法律は、公布の日から施行する。
> 2　この法律施行の際、改正前の附則第9条の規定に基づき、すでに実施され又はすでに手続き中の試験は、この法律に適合する範囲内に限り、その効力を有する。
> 理由
> 　国家公務員法附則第9条の試験の性質にかんがみ、同条に所要の改正を加える必要がある。これがこの法律案を提出する理由である」[22]。

　こうした附則第9条改正案の規定内容は、予定されている試験を「適格審査試験」として位置づけ、一般国民をも対象とした課長級以上の「公開競争試験」の実施を何とか回避しようと意図するものであった。ちなみに、当時の新聞は、総司令部民政局のピアース・マッコイ（Pierce McCoy）公務員課長代理の言明として、「吉田首相は最近次官など幹部公務員公開試験の期日延期方を申請したが、マッカーサー元帥は延期の理由なしとこれを拒絶した」と報じている[23]。

　この報道を見る限り、吉田首相が12月20日の閣議決定を経てマッカーサー宛

に送付した上記附則第9条改正案を国会休会前に提出して試験を「適格審査試験」として位置づけ、「公開競争試験」を何とか回避しようとした方策もマッカーサーに理由なしと拒絶され、改正案の国会提出を断念せざるを得なかったものと推察される。こうして、法制官僚を始め吉田内閣が執拗に反対し、大きな論議を呼んだ国家公務員法附則第9条の試験が、ようやく1950（昭和25）年1月15日に実施されることになるのである。

なお、この特別試験は、通称「S-1」試験と呼ばれることになるが、「S-1」の略称は、Supervisor試験第1回の意味である。この略称は秘密保持と事務便宜のために、GHQと人事院当事者の間で呼ばれていたようである。[24]

Ⅲ 国家公務員法附則第9条の「S-1」試験の実施と結果

1 「S-1」試験の実施

(1) 試験の構成

① 官職の職類と区分　人事院試験公告（1949（昭和24）年11月12日）によると、この試験の対象となる官職は、試験実施の必要上、職務の類似性、その他の要素によって「一般行政」、「総務」、「矯正保護」、「外事」、「建築」など60の職類に区分し、また任用の必要上、責任の程度、その他の要素によって、「Ⅰ．事務次官・長官級」、「Ⅱ．局長級」、「Ⅲ．局次長・部長級」、「Ⅳ．課長級」の4段階に区分し、4段階の職類ごとに公開競争試験が実施されている。

受験年齢の資格は、民間人の応募者の場合、申し込み締め切り日において満30歳以上の者とされたが、官職在職者の場合は、申し込み締め切り日において満30歳未満でも受験することができた。

② 官職の任用資格　任用資格については、官職の職類ごとの一般資格と官職ごとの特別資格に区分され、任用に必要な経験、資格が設定されている。各段階の官職に任用されるための特別資格の要件は、以下の通りである。

まず、「事務次官・長官級」は、最近15年以内においてその官職が属する職類の官職と職務内容が同種又は密接な関連があると認められる職に8年間在職し、かつ1年間段階Ⅱに属する官職に在職するか、2年間段階Ⅲに属する官職と同程度以上の責任ある地位に在職したことを任用要件とし、「局長級」は、

最近15年以内においてその官職が属する職類の官職と職務内容が同種又は密接な関連があると認められる職に7年間在職し、かつ1年間段階Ⅲに属する官職に在職するか、3年間段階Ⅳに属する官職と同程度以上の責任ある地位に就職したことを任用要件としている。

また、「局次長・部長級」は、最近10年以内においてその官職が属する職類の官職と職務内容が同種又は密接な関連があると認められる職に6年間在職し、かつ2年間段階Ⅳに属する官職と同程度以上の責任ある地位に在職したことを任用要件とし、「課長級」は、最近10年以内において、その官職が属する職類の官職と職務内容が同種又は密接な関連があると認められる職に5年間在職し、かつ「政府職員の新給与実施に関する法律」に定められた一般俸給表の10職類と同程度以上の責任ある地位に在職したことを任用要件としている。

こうした官職の段階別の任用資格を見ると、民間からの応募者には厳しい任用要件が設定されており、民間からの有資格者の受験はかなり少なくなると予想されていたが、後述のように、民間応募者の任用資格には厳しい判定が下されている。

(2) 「S-1」試験の種類と出題内容

① 試験の種類　筆記試験は、第1次試験と第2次試験に分けられ、人事院が指定した官職を対象に、1949（昭和24）年11月21日より受験の申し込みが受け付けられた。筆記試験では、受験資格がある限り2種類以上の職類の受験が認められたため、12月24日の締め切りまでに、各職類の申込者数は重複受験者を含め延べ1万2206人（実人数で8076人）に上った。第1次試験は、全国14の試験会場（札幌、帯広、秋田、仙台、東京、新潟、名古屋、金沢、大阪、高松、広島、松江、静岡、熊本）において行われた。第1次試験では、1950年1月15日午前9時から、全国18ケ所において一般的な行政能力の考査が行われた。東京では、次官、局長級は人事院総裁室で、局部長は同5階講堂で、一般部課長は共立講堂で、民間人の志願者は中大講堂や明治大学の試験場でそれぞれ受験した。[25]

第1次試験は、実力試験の趣旨から時間制限が設けられなかった。ほとんどの受験者は6時間かけて受験し、東京の明治大学の試験場では、15時間もかけて受験した者が3人あったことが記録されている。[26]

第2次試験では、同年1月20日から3日間、職類ごとに三班に分かれて専門知識の考査が全国一斉に行われたが、一般行政、恩給、矯正保護、印刷造幣管理、気象観測、測量、建築、陸運、競馬、蚕糸、猟政調査、工業技術、特許、郵政、経済調査の15職類については、第2次試験は免除された。なお、試験当日の欠席者が多かったため、人事院は欠席者に機会を与える必要があるとして、同年5月27、28日と6月10日に、東京、大阪、仙台の3カ所において追試験（受験者数95名）が実施されている。人事院の宮地健次郎は、GHQはこの追試験の実施に当初反対であったが、GHQに日参して交渉し「理屈に合わないけれども君らの日本的感覚に対して妥協する」とされて、追試験が無事実施されたと回想している[27]。

　人物考査には、各受験者の特別調査票が用意された。三人の評定者（現在の直属監督者1人と過去の監督者1人又はこれに準じる者1人）に11の観察項目（外観、勤務態度、能率、協調性、責任感、素行、表現力、独創力、教育力、統率力、企画力）の各項目について、最優、優、普通、劣、最劣の5段階に評定を依頼し、最後に評定者の総評が記入された。そして、受験申込書の記載に詐称がないか、学歴、職歴等について身上調査が行われ、受験者の官職に対する任用資格の認証が行われた。この人物考査の重点は、現職官僚よりも民間受験者に対して行われ、次官、局長級の調査は人事院の調査官の面接で、また部長以下に対しては郵送によって行われた。

　人物考査の評定の基準については、3人の評定者のうち2人以上が推薦不可能とする場合、また3人の評定者のうち2人が条件付推薦可能又はこれより悪い評定を行い11項目中の特定項目（素行及び監督者としての能力の項目）の評定が特に悪い場合、さらに評定によって法が規定する官吏としての失格事項に該当することが判明し、調査により客観的裏付けを得た場合には、受験者は不合格にされた。身体検査は、任用資格の認証と筆記試験の両方に合格した民間応募者に対して胸部疾患の有無を判定するために、6月に行われた。なお、身上調査並びに人物考査については、公正を期すために、調査を専門とする120名が動員され、この調査のために作られた特別調査票の使用は2万6905枚に及んだとされている[28]。

　②　出題内容と採点方法　　「S-1」試験は社会的にも大きな関心事であっ

17

たため、試験実施4日後の1月19日に、三好始参議院議員が公開競争試験の結果の重要性に鑑み、佐藤尚武参議院議長に「国家公務員法附則第9条による試験に関する質問主意書」を提出し、試験問題と解答方法に関して、(a)客観的な唯一の正解があり得るかどうか、(b)課題によっては主観的にのみ解答し得るものがあるかどうか、(c)正解が1つのみあり得るとすればその正解を公開して示すかどうか、(d)この試験でいかなる能力を判定するか、を明らかにするよう要求している。

　この三好参議院議員の質問主意書に対して、同年2月1日参議院議長に、次のような吉田首相名の答弁書が提出されている[29]。

・一般行政の試験については、人事院としては色々の資料および経験等に基づいて客観的に正当と認められる唯一の解答を用意しているが、問題の解答の客観性をさらに確実にするため試験の採点を行うほか、各問題の解答の分布状態を客観的に差別が現れている基準と照合してその問題の適否を判定する。
・人事院としては、試験問題の公表はしないことにしているが、参考までに1月15日に4題だけ公表したが、これについての正解の発表は問題分析の終了後にする。
・1月15日の試験は、受験者の一般行政能力を見るために行われた。官庁における監督者は、その機関の目的を達成するのに職員を最も能率的に働かし、予算を最も経済的に使用し、設備を最も効率的に使用することが肝要である。その見地から、組織、人事行政、財務管理、事務管理等の分野における色々の問題を出題して監督的地位にある職員の一般的行政能力を判定する。
・そのような能力は、筆記試験だけで判定できるものではなく、学識、人物、職歴等も同様に判定の対象にする[30]。

　こうした答弁書の内容は、人事院の試験判定に対する姿勢を示すものであるが、具体的な試験の概要を見てみよう。

(a)　出題内容　　第1次試験は、一般的な行政能力を判定するため行政組織、人事管理、財務管理、事務管理、資料解釈などの分野が出題され、出題総数は90題となっている。人事院は、試験問題の一部を発表しており、次のような問題が出題されている。

　　問題A　「部下の統制を一層効果的にするのに課長として最も適当と思われる方法はどれか。」
　　(ア)課長付職員2名をおき課長の監督業務を補佐させる、(イ)各係の事務分掌を

調整してできるだけ課長の監督事項を少なくする、㈦課長と係長との間に幾人かの班長を置く、㈣課長の権限をできるだけ係長に委譲する、㈸この課を分割して２課にする

　この問題に対する人事院の正答は、㈦とされている。

　問題Ｂ　「出先機関に対し、本省からどの程度の権限を委任すべきかを決めるのに際し、最も考慮に入れないでよい要素は次のうちどれか。」

　㈠出先機関の数、㈡出先機関設置以来の経過年数、㈦緊急事態の起り得る可能性、㈣出先機関の職員の能力、㈸業務の種類

　この問題に対する人事院の正答は、㈠とされている[31]。

　いずれも５つの解答案の中から正解を１つ選ぶ形式の問題であるが、問題Ａの場合、正解が１つでない印象を受ける。

　(b)　採点方法　　試験の解答方法は、問題に対する解答案の中から正解を１つ選ぶ形式がとられているが、上記の問題からも想像できるように、三好参議院議員が質問主意書で求めた答案採点の客観性を確実にするために、人事院はどのような対策を講じたのであろうか。

　試験を実施するにあたって、浅井人事院総裁は、試験の採点方法について、例えば「甲の答が正しい」としていた場合でも受験者の大部分が「乙が正しい」とした場合は両方とも正解とみるとか、あるいはこの問題を採点から除外するとか、アメリカでやっているテスト・オブ・テスト（試験の試験）の制度を活用したいと述べており[32]、このテスト・オブ・テストの方式で答案の採点が行われたようである。

　人事院の宮地健次郎任用局長の記述によると、答案の採点は正確を期するため必ず３人の採点者の手を経るようにし、採点方法は各問につき人事院が最初正答と定めた解答によって採点を行うが、問題の解答の客観性を確実にするため各問分析が行われている。各問の受験者を高得点順に並べて得点順のいくつかのグループを作り、個々の問題に対する解答が果して高得点グループ程多く正答に集まっているか否かの程度を見ることで、正解の客観性を確実にしようという採点方法を用いた、とされている。一例として、第１次試験で出題された「行政上単独制の方が合議制よりもよい場合は次のうちどれか」という問題の採点法を見てみよう。

この試験問題の場合、受験者は、(ア)新しい分野において基本的な政策を樹立する必要のある場合、(イ)その官庁の決定が個人の権利、特権に重大な影響を及ぼす場合、(ウ)沢山の問題に処理の即決を要する場合、(エ)激しい論争に対し最後の決定を要する場合、(オ)ある特殊団体の反抗に対し正しい行政運営を保護する場合、の5つの解答案の中から正解を1つ選ぶことになる。

宮地任用局長の記述によると、試験問題の正解の客観性を高めるために、まず受験者全体を成績順に並べて400名を抽出し、成績順に100名ずつ4つのグループに分けている。そして、この4グループ全体の正解率（正答「ウ」を選択した比率82％）と、成績順のグループ別の正解率（95％、93％、82％、59％）とを比較すると、試験成績の高得点グループ程正解率が高くなっており、「ウ」を正答とする客観性を確認できる、としている。

こうした採点方法を90題の各問につき適用した結果、妥当性少なく廃棄すべき問題と答を訂正すべき問題とが数題生じ、この場合どの選択肢を選んだ者でも正解として扱い、再採点により最初の採点を修正するように配慮した、と述べている。

一方、第2次筆記試験の問題は、当初から職類に必要とされる最低限度の専門知識に関して資格があるかどうかを判定するものとして計画され、個々の官職に必要とされる専門分野の知識経験については、任用資格の問題として経歴評定に譲ることとされた。採点については、第1次筆記試験と同様の結果処理を行い、各問分析の結果によって再採点を行い、採点の客観性を高めるように配慮した、としている[33]。

2　「S-1」試験の結果

1950（昭和25）年の人事院年次報告書によると、人事院が指定した2464官職に対して、延べ1万1511人が筆記試験を受験し、延べの合格者は9336人、不合格者は2175人となっている。また、無資格による不合格者612名、特別調査票による不適格者226名、身体検査による不合格者9名を除くと、延べの最終合格者数は8489名、延べの不合格者数は3022名と報告されている（**表-2参照**）[34]。この報告書には、民間からの合格者数が明記されていないが、新聞報道によると、約300名とされている[35]。

第1章 国家公務員法附則第9条の試験と幹部職の任用人事

表-2 附則第9条試験最終結果一覧表（昭和25年7月10日現在）

職類	職位数	筆記試験受験者数	筆記試験合格者数	不合格者数 筆記試験不合格者	無資格者	特別調査票不適格	身体検査不合格	不合格者数小計	最終合格者数
一般行政	257	2,004	1,751	253	59	49	3	364	1,640
総務	116	496	385	111	46	6	0	163	333
人事	95	329	272	57	23	2	0	82	247
財政経済	198	761	621	140	62	11	0	213	548
予算会計	91	344	256	88	20	6	0	114	230
法律	85	78	63	15	5	2	0	22	56
外事	26	167	129	38	2	2	0	42	125
労働	92	298	238	68	25	8	0	93	205
教育	25	194	139	55	32	3	2	92	102
通信管理	119	727	546	181	45	6	0	232	495
警察	105	133	125	8	0	0	0	8	125
他の職類 小計	1,255	5,980	4,989	1,204	310	139	4	1,597	4,383
合計	2,464	11,511	9,336	2,175	612	226	9	3,022	8,489

出典：昭和25年人事院年次報告書の表中の職類を一部省略、修正の上転載。

なお、無資格者と特別調査票不適格者と身体検査不合格者を合わせた847名の不合格者は、任用資格などを勘案すると、民間からの受験者と推定される。民間人の受験者については、昭和24年の人事院年次報告書が1234名と報告しているが、このうち、身体検査不合格者の9名を除く838名は、任用資格等の不備で不合格になっており、民間応募者の任用資格には、厳しい判定が下されている。[36)]

(1) 官職の段階別任用状況

① 省庁別の官職の任用状況　試験結果に基づく官庁別の官職全体の再任率を見ると（昭和25年8月17日現在）、国際本部は100％、試験の実施に執拗に反対した法務府は91.8％と再任率が最も高く、次いで総理府、厚生省、人事院の再任率が80％台、外務省、文部省、農林省、建設省、郵政省の再任率が70％台となっているが、労働省、大蔵省、運輸省、通産省などの再任率は60％台と低い結果になっている。

21

第Ⅰ部　各国における公務員の人事制度改革

表−3　試験結果に基づく官職任用の決定状況（昭和25年8月17日現在）

官庁名	段階1（次官級）官職数	段階1 決定数	段階1 現職者数	段階1 現職者率	段階2（局長級）官職数	段階2 決定数	段階2 現職者数	段階2 現職者率	段階3（部長級）官職数	段階3 決定数	段階3 現職者数	段階3 現職者率	段階4（課長級）官職数	段階4 決定数	段階4 現職者数	段階4 現職者率	計 官職数	計 決定数	計 現職者数	計 現職者率
人事院	-	-	-	-	7	7	6	85.7	1	1	1	100	35	35	28	80.0	43	43	35	81.4
総理府	2	2	2	100	3	3	3	100	3	3	3	100	21	20	17	85.0	27	26	23	88.5
国際本部	2	2	2	100	-	-	-	-	13	13	13	100	100	-	-	-	115	15	15	100
法務省	4	4	2	50.0	11	10	8	80.0	20	14	13	92.8	69	45	44	97.8	104	73	67	91.8
外務省	1	1	1	100	5	5	4	80.0	2	2	1	50.0	23	23	18	78.0	31	31	24	77.5
大蔵省	2	2	2	100	9	9	6	66.7	22	22	14	58.3	125	125	93	74.5	158	158	115	68.3
文部省	1	1	1	100	5	5	4	80.0	1	1	1	100	35	35	26	74.3	42	42	32	76.1
厚生省	1	1	1	100	6	6	5	83.3	3	3	2	66.7	55	51	44	86.3	65	61	52	85.1
農林省	1	1	1	100	6	6	5	83.3	14	14	10	71.4	128	125	91	72.8	149	146	107	73.4
通産省	2	2	2	100	17	17	13	76.5	7	7	5	71.4	118	115	69	60.0	144	141	89	63.1
運輸省	2	2	2	100	7	7	6	85.7	30	30	21	70.0	136	136	82	60.3	175	175	111	63.4
郵政省	1	1	1	100	6	6	5	83.3	26	26	20	83.3	180	167	116	69.5	213	200	142	71.0
電通省	2	2	2	100	4	4	4	100	21	21	18	85.7	164	163	103	63.2	191	190	127	66.8
労働省	1	1	0	0	4	3	2	66.7	1	1	1	100	74	74	52	70.3	80	79	55	69.6
建設省	1	1	0	0	6	6	5	83.3	9	9	8	88.9	57	47	33	70.2	73	63	46	73.0
経安本	1	0	0	0	6	6	4	66.7	20	20	8	40.0	114	57	26	45.6	141	83	38	45.7
その他	13	13	12	92.3	28	27	23	85.2	97	92	80	87.0	542	376	312	82.7	680	508	427	84.1
総計	35	34	29	85.3	130	127	103	81.1	290	279	219	78.5	1,976	1,594	1,154	72.4	2,431	2,034	1,505	74.1

出典：官地健次郎作成「国家公務員法附則第9条による試験の結果報告」（昭和25年）の表を一部修正の上転載。

官職の段階別の任用決定状況を見ると、次官級が85.3％、局長級が81.1％、部長級が78.5％、課長級が72.4％というように、上級の段階ほど再任率が高くなっており、指定官職2431のうち決定数は2034となっている。官職在職者の任用決定状況（再任率）は時間の経過とともに変動しているが、8月17日の時点での現職者の任用決定数は1505、「在職者」の再任率は74.1％という状況で、課長級以上の高級官僚の4人に1人が失職する割合になっている（表−3参照）[37]。

② 段階別の官職の任用状況　この公開競争試験の結果が注目されたのは、上級官職に現職者の何％が残留し、何％が部内者の昇進又は転任および民間人の新規採用により入れ替わるのかという点であった。1950年の人事院の年次報告書によると、1950年12月31日現在の指定官職2448（試験公告後に官職の増減がある）のうち、2341の官職の任用が決定している。その内訳を見ると、現職に任用された者が1831名（再任者）、他官庁の同一段階より任用された者が36名（転任者）、課長級から部長級以上に任用された者が77名（昇任者）となっており、在職者の総数は、1944名（83％）となっている。これに対して、新任者の内訳は、同官庁の課長補佐以下から課長級以上に任用された者が327名（昇任者）、他官庁の課長補佐以下から課長級以上に任用された者が52名（転昇任者）、民間から任用された者が18名（公募採用者）で、新任者の総数は、397名（17％）となっている（表−4参照）[38]。

表−4　指定官職への任用状況一覧（昭和25（1950）年12月31日現在）

	段階	Ⅰ 次官級	Ⅱ 局長級	Ⅲ 部長級	Ⅳ 課長級	計
	官職数	36	139	318	1955	2448
在職数	現職に任用された職員数	29	108	234	1460	1831
	同官庁の他の段階より任用された職員数	4	19	47	0	70
	他官庁の他の段階より任用された職員数	0	3	4	0	7
	他官庁の同一段階より任用された職員数	0	0	1	35	36
新任	同官庁より任用された職員数	0	4	7	316	327
	他官庁より任用された職員数	0	1	0	51	52
	その他より任用された職員数	1	0	0	17	18
計		34	135	293	1879	2341

出典：昭和25年人事院年次報告書の表を一部修正（職名の追加）して転載。

これを段階別に見ると、「次官級」では、34官職のうち現職者の任用は29名（在職者再任率85.3％）、「局長級」では、135官職のうち、現職者の任用は108名（同80.0％）、「部長級」では、293官職のうち現職者の任用は、他官庁からの転任者1名を加えて235名（同80.2％）、「課長級」では、1879官職のうち在職者の任用は他官庁からの転任者35名を加えて1495名（同79.6％）となっている。その結果、2341の指定官職のうち、再任者1831名（再任率78.2％）と他官庁からの転任者36名を加えた総数1867名は、同じ段階の官職への復帰が実現した。しかし、課長級以上の官職に在職していた510名（21.8％）は、不合格を理由に失職することになった（表4参照）。なお、課長級以上の失職者には、試験が不合格であった者と合格したが推薦順位（3名）に入らなかった者および受験しなかった者が含まれる。

ちなみに、「S-1」試験では、当時大蔵省の銀行局長であった愛知揆一（沖縄返還時の外務大臣）や労働省の婦人少年局長であった山川菊栄らが受験している。この試験結果について、当時の新聞は「動き少ない局長級」という見出しで、大蔵省、外務省、文部省、法務府、厚生省などの局長以上のポストに異動はないと報道しているが[39]、片山内閣のもとで発足した労働省の初代婦人少年局長に在任していた山川菊栄は、不合格を理由に局長職を追われることになった。山川女史の失職は、単に不合格によるものなのか、それとも推薦順位に入りながら吉田内閣の労働大臣が政策の違いを理由に再任しなかったことによるものなのか不明であるが、「三者択一法」の任用手続きの場合、そうした任命権者の猟官制的人事や選好による人事を可能にするという問題がある。「三者択一法」の任用は、官僚対民間人の選抜においても、在職者を優先することになったのではないかと推察される[40]。

(2)「S-1」試験の評価

「S-1」試験の実施目的については、連合軍総司令部マッコイ公務員課長代理が「現職に最も適当である官吏の資格を確認すること、高い地位に進む者に最も適した職員の進級を規定すること、政府の責任ある職務に最も適した一般人を選抜し任命すること」の3点を挙げ、「日本国民は、情実と官僚閥から全くかけ離れた公開競争試験により官吏の任命が行われることに深い関心を寄せており、試験は計画通りに実施されなければならない」という談話を発表し

た。[41]

　「S-1」試験は、こうした３つの目的、すなわち各段階の官職に在職する官僚の適格性審査と、他の段階からの「昇任」の適任者の選抜および民間からの各段階の官職の選抜を目的として計画通り実施されたのであるが、試験の結果、その目的はどの程度達成されたのであろうか。

　①　適格性審査　　高級官僚の「適格性審査」の結果（1950年12月31日現在）、上述のように、次官級で85.3％、局長級で80.0％、部長級で79.9％、課長級で77.7％の者は現職（転任者を除く）に再任されることになった。しかし、課長級以上の官職に在職していた21.8％の者は不合格となり、高級官僚の凡そ５人に１人は「不適格者」として失職することになった。

　②　昇任・転任人事　　官庁の他の段階からの在職者の昇任については、次官級で４人、局長級で22人、部長級で51人、課長級で該当者なしという状況であったが、同一段階からの在職者の転任については、部長級で１人、課長級で35人という結果であった。これに対し、官庁の新任者の昇任については、局長級で５人、部長級で７人、課長級で同官庁内の昇任が316人、他官庁からの転任による昇任が51人となっている（表－４参照）。こうした新任者の任用状況は、旧官吏制度の課長補佐級以下の職員の課長級以上の官職への昇任人事を助長し、転任による官庁間の人事交流を刺激したことを示している。

　③　民間からの任用　　民間からの任用については、次官級で１人、課長級で17人という状況で、課長級官職への任用を中心に小規模にとどまった。浅井人事院総裁は、「S-1」試験を実施するにあたって、「広く人材を国民の間に求め官界の空気を刷新する」ことを期待していたが、民間からの任用はわずか18人にとどまる結果に終わった。次官、局長級の人事は、一部を除きほとんど変化なく再任され、転退職された官職の欠員は、民間の合格者に取って代わられることになったのではなく、官庁内および官庁間の昇任ないし転任によって任用されることになった。

　こうした試験結果を見ると、官職が民間からの応募者に取って代わられることを恐れていた官僚にとって、「S-1」試験は、実際には「公開競争試験」の形式をとりながらも、実質的には「適格性審査」として作用し、「不合格」とされた官僚の官職の欠員を充員するために、「公開競争試験」を「昇進試験」

と見なして受験した同官庁および他官庁の「課長補佐以下職員」による昇任と転任の人事を助長することになった。

④　出題内容と採点の客観性　「S-1」試験の出題内容は、佐藤達夫法制意見長官（佐藤達夫関係文書所収）などに批判され、蝋山政道らの試験談義（「座談会・高級官吏試験」『公務員』5巻1号）でも懸念されていたように、高級官僚の能力を審査する上で有効なものではなかったが、試験問題の採点については、人事院がテスト・オブ・テストの方法で採点の客観性を確保する工夫をしたとしている。

また、各段階の官職の任用手続については、人事院が高得点者3人を採用省庁に推薦し、任命権者が任用を決定するアメリカ公務員制度の「三者択一法」（rule of three）の方法が適用されている。この任用手続を適用した結果、各段階の官職に在職する官僚又は他の「段階」からの「昇任」ないし「転任」希望者、および課長補佐以下の「昇任希望者」に有利に作用することになった。「S-1」試験は、第1次試験の出題内容と「三者択一法」の任用手続きなどを考慮すると、民間からの受験者には厳しい「公開競争試験」であったという印象を受けざるをえない。

以上を要するに、「S-1」試験は、高級官僚の21.8％の者（5人に1人程度）が失職したことで、旧官吏制度の高級官僚に対する「適格性審査」の目的の一端は達成されることになった。しかし、この「S-1」試験を高級官吏追放の「時限爆弾」と考えていたGHQサイドからすると、期待外れの結果に終わった。いみじくも岡部が指摘するように、「爆発後は相手を傷つけるどころか、かえってこれを不敗の地位に置き、反撃の態勢を固めさせることになる」契機となった。[42]

また、「S-1」試験は、「広く人材を国民の間に求め官界の空気を刷新する」という浅井総裁の期待のもとに実施されたが、実際には民間人の各段階の官職への任用資格を厳しく設定したため、民間の受験者1234名のうち約800名が任用資格等の不備又は人物考査により不合格になっている（表-2参照）。その結果、民間からの任用者は18人にとどまり、官職の国民への開放は期待外れに終わった。さらに、「S-1」試験は、川手が指摘するように、職階制が予定していた「資格判定型」試験として回を重ねて実施されていたら、「給与等級型」

試験に取って代わる先駆的な試験制度として評価されることになったかもしれないが、回を重ねることなく実験的な実施例にとどまった[43]。

いずれにせよ、旧官吏制度の高級官僚群は、「S-1」試験の「適格性審査」に合格したことで、今度は民主的な公務員というお墨付きを手に入れ、この試験を契機に反撃の攻勢に転じるようになる。人事院は、GHQの占領政策の一環というべき「S-1」試験を実施して高級官僚の反感を買い――幹部職の資格要件や任用手続等で配慮したにも関わらず――、また、人勧制度と引き換えに労働基本権を制約された下級公務員の不満が人事院に集中したことなどにより、人事院は解体の危機に見舞われることになるのである。

Ⅳ 人事院の改廃論議と人事行政組織の再編

1 人事院の改廃論議
(1) 人事局設置までの改廃論

人事院は、戦前の制度との「非連続性」の象徴である中央人事行政機関として創設されたが、講和後の米国式制度の見直しを背景に、人事院の改廃論議が活発化していく[44]。

1951（昭和26）年8月14日の「政令諮問委員会」の行政制度の改革に関する答申は、「人事院を廃止して総理府に人事局を置き、恩給局の事務および大蔵省主計局の関係事務も統合すること。人事局に審議機関を付置し、調査、勧告、不利益処分の判定等の事務に当たらしめること」と勧告している[45]。この「政令諮問委員会」の人事院の廃止勧告をもとに、1952年と1954年には、人事院を総理府の外局としての行政委員会に改組する法案が国会に提出されたが、いずれも廃案になっている。

また、1955年の「公務員制度調査会」の答申、1959年の「行政審議会」の答申は人事院の権限の縮小を前提に人事院の存続を認め、同時に総理府に人事局を設置する人事行政組織の二元化を提案している[46]。その後、1964年9月の「臨時行政調査会」の答申を契機に、審議会答申における人事院の位置づけに変化が現れる。臨調答申は、人事院を人事行政の民主性、中立性、公平性を確保するための政府から独立した機関として位置づけ、その一方で、人事管理に関す

る内閣の総合調整機能の確立のために内閣に人事局を設置するよう提案している[47]。

この「臨調」答申と1965年のILO 87号条約の批准を契機に、同年5月に人事局が総理府に設置されるが、人事院の地位や権限はほとんど変更がなく、逆にこの総理府人事局の設置をもって、人事院の改廃論議に終止符が打たれ人事院の地位が安定することになる。さらに、1982年7月の第2次臨時行政調査会第3次答申が、内閣の総合調整機能の強化の観点から行政管理庁と総理府人事局との統合を意図した「総合管理庁」構想を提案し、人事局はその提案に基づく総務庁の発足（1984年7月）に伴い総務庁に移管され[48]、その後、人事局は中央省庁の再編により総務省に統合されている。

(2) 「行革会議」と「改革大綱」の機能縮小論

1997（平成9）年の「行政改革会議」の中間報告は、中央人事行政機関について「労働基本権のあり方も含め検討する必要がある。また、内閣総理大臣及び人事院の機能については中立第三者機関としての人事院の役割は重要であるが、両者の性格にふさわしい機能分担とすべく整理、見直しを行うべきである」と、その機能の分担について検討を求めている[49]。

また、2001年12月に閣議決定された「公務員制度改革大綱」は、各府省の人事管理権および内閣の企画立案機能、総合調整機能の強化を図る人事院の機能縮小案を提示している。この「大綱」の人事院の機能縮小案は、各府省大臣の人事管理権の強化を名目にキャリア組官僚の人事権の強化を図るものという各界からの批判が強く実現しなかったが[50]、2007年の国家公務員法の改正により、中央人事行政機関としての人事院の機能が低下するようになる。すなわち、職階制に関する規定が削除され、新たな人事評価制度、標準職務遂行能力および適性に基づく職員の昇任、転任および採用昇任等の基本方針に関する事務が内閣総理大臣の所掌事務とされた他、官民人材交流センターおよび再就職等監視委員会も、内閣府に移管されている。

さらに、2008年に制定された「国家公務員制度改革基本法」（以下「基本法」と記す）は、内閣官房に内閣人事局を設置し、「総務省、人事院その他の国の行政機関が国家公務員の人事行政に関して担っている機能について、内閣官房が新たに担う機能を実効的に発揮する観点から必要な範囲で内閣官房に移管す

る」としており、人事院のさらなる機能、権限の縮小を求めている。

　以上のように、人事院の改廃論議を振り返ると、中央人事行政機関としての役割とは何かを改めて考えさせられる。戦後、公務員制度の民主化という使命を担って創設された人事院は、各省庁の抵抗にあってその使命を充分に果たせなかったが故に、旧官吏制度との「連続性」が存続することになったと考え、引き続き人事院の機能、権限を認めるのか、それとも、人事院の存在が各省庁の人事管理機能を制約し、各省庁が効率的な人事管理を行うことを困難にしているが故に人事院の機能、権限の縮小を求めるかで、中央人事行政機関としての人事院の役割の位置づけも異なってくる。

　こうした人事院の役割をめぐる軋轢は、わが国の中央人事行政機関に特有の現象ではなく、米英の公務員制度においても、人事委員会の改廃論議が長年にわたって展開され、人事行政組織の再編が行われてきている。

(3)　米英の人事委員会の改廃

　アメリカでは、1883年の連邦公務員法により人事委員会が設置されたが、1978年の連邦公務員改正法により廃止され、人事委員会は、人事管理庁（Office of Personnel Management）とメリット・システム保護委員会（Merit System Protection Board）等に再編されている。人事委員会の廃止は、1937年のブラウンロー委員会（Brownlow Committee）による廃止勧告以来の懸案であった。[51]

　また、イギリスでは、第3章で述べるように、ノースコート・トレベリアン報告の勧告により1855年に人事委員会が設置されたが、NPM改革の流れのなかで人事委員会の機能の縮小が図られ、エージェンシー化や民営化などの人事委員会組織の再編が行われてきている。2010年4月に憲法改正・ガバナンス法（Constitutional Reform and Governance Act 2010）が制定されると、第1編（The Civil Service）第1章（Statutory Basis for Management of the Civil Service）の規定により、新しい人事委員会が設置されている。

2　人事行政組織の再編
(1)　国家公務員制度改革関連法案による再編案

　2011（平成23）年4月5日、国家公務員制度改革推進本部は、2008年の「基本法」に基づく公務員制度改革の「全体像」を決定し、これを受けて6月3日

に国家公務員制度改革関連4法案（以下、国公法改正案）［国家公務員法等の一部を改正する法律案、国家公務員の労働関係に関する法律案、公務員庁設置法案、国家公務員法等一部を改正する法律等の施行に伴う関係法律の整備等に関する法律案］が給与臨時特例法案とともに国会に提出された。国公法改正案は、国家公務員の人事行政組織について、人事院の廃止、内閣人事局の新設、公務員庁および人事公正委員会の設置、就職等監視適正化委員会の設置などの大規模な再編を行うとしている。[52)]

　2011年の国公法改正案が求める人事行政組織の体制は、各省庁の任命権者に加えて内閣人事局、公務員庁、人事公正委員会などをもって構成されることになる。この国公法改正法案は、「基本法」の制定から6年もの歳月を要して、安倍内閣のもとで2014年4月に成立し、同年5月に懸案の内閣人事局がようやく設置された。[53)]

　こうしたわが国の人事行政組織再編の現況は、後述するイギリスの人事委員会再編の動きとは対照的である。イギリスの場合、人事委員会が勅令で設置されたことにより、内閣の裁量による人事行政組織の再編が容易であったのに対し、わが国の場合、国家行政組織法、省庁設置法、内閣法、国会法等の関係法規の改正が必要であるため、行政組織の改編は容易ではない。また、時の内閣が改革のリーダーシップを発揮しようとしても、ねじれ国会の状況下では、参議院が改革の抵抗勢力になりうるからである。

(2) 内閣人事局の設置

　アメリカでは、大統領の人事管理統制権を強化するために、人事委員会を廃止して大統領直属の「人事管理庁」を設置している。この再編案も、内閣府に公務員庁担当特命担当大臣を新設するとともに、内閣官房に内閣人事局を設置し、内閣による幹部職の人事統制権の強化を構想している。内閣人事局の設置は、二律背反的であるが、連邦公務員制度において生じているような幹部職人事に付随する「政治化」（politicization）の問題を孕んでいる。

　内閣人事局には、およそ160人の職員が配置され、初代の局長には官房副長官が就任した。なお、国公法改正が求める人事院の機能移管は一部にとどまり、人事院の解体は回避された。

V　幹部職人事への示唆

　戦後改革の過程で実施された「S-1」試験が現行公務員制度の幹部職の任用にどのような示唆を与えるか、「幹部職」人事の今後について考えてみよう。

　ここで検討した国家公務員法附則第9条による「S-1」試験は、間接統治のために温存された高級官吏に対する「適格性審査」による公職追放に引き続き、高級官吏の不適格者を淘汰するための第2弾の「適格性審査」というべきものであった。しかし、「S-1」試験は、高級官僚群が恐れていた公職追放の「時限爆弾」の威力は小さく、期待されていた「官僚淘汰」は小規模にとどまったため、「高級官吏群に対して能率的で民主的な公務員という太鼓判を押さなければならなくなり官僚制立ち直りの契機となった」[54]反面、課長補佐以下の課長級以上官職への「昇任人事」を助長したことで、高文採用者に占有されていた課長級以上の官職を開放し、省庁間の転任人事を刺激するという成果ももたらした。こうした「S-1」試験の結果は、現行の「幹部職」人事にどのような示唆を与えるのであろうか。

　国家公務員法第35条は、「官職に欠員を生じた場合においては、その任命権者は、法律又は人事院規則に別段の定めのある場合を除いては、採用、昇任、降任又は転任のいずれか一の方法により、職員を任命することができる。」と規定し、内部からの「昇任」および「転任」による任用だけでなく、公募による外部からの「中途採用」も想定している。しかし、1952（昭和27）年6月に人事院規則8-12が制定されると、「S-1」試験の実施が困難になる。

　規則8-12によれば、職階制により分類される官職への職員の採用および昇任については、競争試験によることを原則とするが、上級官職の生質上競争試験によることが不適当な官職については、選考による任用が大幅に認められている。すなわち、課長級以上の官職の採用および昇任の選考は、指令8-6に定める選考の基準により人事院が行うこととされ、また、転任および配置換は任命権者の裁量とされた結果[55]、「S-1」試験は1回限りで終わってしまった。

　その後、2007年7月の「国家公務員法等の一部を改正する法律」により、職階制の規定と昇任試験に係る規定等が削除され、人事評価、標準職務遂行能

力、採用昇任等の基本方針に関する事務が内閣総理大臣の所掌事務とされた結果、外部からの公募による任用が難しくなったと言われる。[56]

こうした規定の変遷を通じて、「幹部職」の任用は、入口選別によるⅠ種試験（旧上級職）採用者を中心にした固定的人事の様相を呈するようになり、再び硬直化するようになった。そのため、2008年6月に制定された「基本法」は、これまで批判の対象とされてきたⅠ種採用試験を廃止して「総合職」試験等に再編し、また、係長以上の職への採用を目的とした「中途採用試験」区分を新設して、硬直化した公務員人事の活性化を図ろうとしている。

また、「幹部職」の人事についても、「基本法」に基づく2011年の「改正案」が内閣に人事局を設置し、政治主導による柔軟な幹部人事を行うよう求めている。

1　幹部人事の柔軟化措置

中央府省庁の幹部人事は、これまで官房長官らによる人事検討会議で局長級以上の約200人の人事を決めていた。内閣人事局における幹部人事の一元管理によると、適材適所の人事を柔軟に行えるようにするため、次官、局長、部長級を同一の職制上の段階とみなし、約600人の審議官級以上の幹部人事を弾力的に行うこととしている。再編案の一元管理のスキームでは、適格性審査→幹部候補者名簿の作成→幹部職への任命→任命協議の手順で、幹部職の人事を進めるとしている。すなわち、職務実績の人事評価に基づき各省の任命権者（大臣）から推薦がなされ、官房長官のもとで適格性審査と幹部候補者名簿の作成作業が行われ、それから各大臣が幹部職の選抜を行う。そして、総理大臣と官房長官との選抜に関する協議を経て任命されるとされた。

こうした幹部職人事の柔軟化措置に加え、府省庁の高級官僚と民間からの「公募者」を対象に、「適格性審査」を行い、適任者を幹部職に任命するという手続きが求められる。また、適任者の選抜については、「S-1」試験で審査されたような「人物考査」の評価基準に加え、「幹部職」としての資格要件を具体的に設定する必要がある。そして、この資格要件については、民間の公募者に厳しい資格要件を課した「S-1」試験の轍を踏まないようにするために、官庁関係者だけでなく民間の有識者を加えた審議を通じて、lateral entry が可

能となる任用基準を設定する必要がある。

　この作業は容易ではないが、制度と運用実態が乖離しないようにするために、現行の属人的要素（学歴や在級年数など）による人事の運用基準をできるだけ減らす方向で、やはり職務と責任を中核とした「資格判定型」の運用基準を作り、「幹部職制度」の創設を想定した新たな職務分類制度の設計に取り組む必要がある。[57]また、こうした「幹部職」の職務分類と資格要件をもとに、官庁の幹部候補者と民間の公募者との競争により適任者を選抜する開放的な人事制度の導入は、霞ヶ関の閉鎖的な「コクーン」体質を改善し、政治主導を支える人材の育成に資するものと考える。

2　幹部職制度の創設

　公務員制度における「幹部職制度」は、アメリカでは1978年にSES（Senior Executive Service）が創設され、イギリスでは1996年にSCS（Senior Civil Service）が創設されている。[58]わが国の公務員制度では、「指定職」（審議官以上）と「一般職」（部長職以下）との給与体系上の区別はあるが、「指定職」は「幹部職制度」ではない。政治主導の政官関係を構築するためには、制度としての「幹部職制度」の創設を検討する必要がある。

　「幹部職制度」の人事では、まず省庁の政策立案に関わる幹部職員の責任を明確にするために、事務次官の職を国家公務員法制定時と同様に「一般職」から「特別職」に変更する必要がある。そして、内閣の人事統制権を強化するために、17ある庁長官のポスト（宮内庁などを除く）も特別職に変更し、特別職化した事務次官と長官および局長の一部は、政策責任を明確にするために内閣と去就を共にするが、局・次長および審議官級の職の多くは、アメリカのSESの生涯職幹部職員と同様に、生涯職公務員としての身分を保障するようにする。

　また、幹部職員の任用については、イギリス公務員制度が次官（一部）、エージェンシーの長官等の幹部職およびSCS職を公募の対象としているように、内閣が一括して府省庁内外の幹部候補者と民間からの公募者を競争させて「適任者」を選抜できるようにする。そして、中間管理職のレベルでは、「基本法」に基づく「改正案」が求める「係長以上の職への中途採用」を活用し、民

間からの人材の受け入れを積極的に行う。なお、「改正案」は、幹部になるための課程として「幹部候補育成課程」を設け、この課程の候補対象者の選別は、職員の採用年次、合格した採用試験の種類などにとらわれず人事評価に基づき適切に行われなければならないとしている。

この「幹部候補育成制度」は、入口選別によるキャリア・システムの廃止を宣言するものとして評価できるが、入口選別のキャリア組優遇の轍を踏まないようにするために、「幹部候補育成課程」から外れた者が再挑戦できる機会として、イギリス公務員制度で実施されている昇進試験制度の導入を図る必要がある。[59]

以上のように、わが国の公務員制度の人事政策の課題を管見すると、戦後改革の過程でGHQサイドが求めた「S-1」試験の実施目的を改めて想起せざるを得ない。「S-1」試験は、課長級以上の官職の「適格性審査」を通じて、官庁内の「昇任・転任人事」と「民間からの任用」を進展させ、旧官吏制度の幹部職人事を刷新しょうという目的があった。

「S-1」試験の実施後、幹部職人事が再び硬直化するようになったのは、「S-1」試験が1回限りで終わったことの影響もあるが、公務員制度改革の各種委員会の答申で「幹部職制度」創設の視点が欠落していたことも一因ではなかろうか。これまで「幹部職制度」の創設を公務員制度改革の俎上に載せてこなかったことが、入口選別によるキャリア組中心の閉鎖的なキャリア・システムを温存させる契機になったと思われる。「幹部職制度」の創設は、政治主導の幹部職人事を刺激し、官僚による幹部職の占有が困難になることが想定されるからである。

今日までそうした論議が回避されてきたのは、官僚サイドの抵抗もあろうが、何よりも政治主導を掲げる政治家の怠慢、責任に尽きるというべきであろう。現に、幹部人事等の一元管理を担う内閣人事局の設置にしても、「基本法」が設置を求めて以降、国会提出の改正法案は、麻生内閣と鳩山内閣のもとで廃案、菅内閣では継続審議となっていた。政治の混迷が公務員制度改革を阻害する一因にもなっているが、懸案の内閣人事局は、安倍内閣のもとで「基本法」の制定から6年後にしてようやく設置されるに至った。

「基本法」の内閣人事局設置の目的は、内閣による人事統制権の強化を図

り、政治主導の幹部職人事を目指すものであるが、人事局設置以降の内閣の対応については、官邸サイドの思惑による幹部職人事の統制が過剰になりすぎた結果、霞ヶ関の本来あるべき官僚制の中立的な自律性を減退させ、官僚のモラールの低下とともに、若手官僚の中途退職や公務員を目指す「総合職」試験志願者の大幅な減少という事態が生じてきている[60]。

こうした内閣による幹部職人事への政治的統制（political control）に生じがちな幹部職人事の「政治化」（politicization）の副作用に注目すると、今後、イギリス公務員制度の内閣と去就を共にする「特別顧問」（special adviser）のような「特別職」の政治的公務員と「一般職」の生涯職公務員に分類する新たな「幹部職制度」の創設を検討することが必要であろう。また、新たな「幹部職制度」創設の前提として、省庁別採用と入り口選別の変更、高度な専門性を確保するための職務に基づくプロフェショナリズムの複線型昇進経路の開発などの任用人事システムの改革が必要である[61]。

[注]
1） GHQ/SCAP, Reorganization of Civil Service (1945-1951), in History of the Non-Military Activities of the Occupation of Japan 1945-1951, Vol.V-Political and Legal, part 6, p.26 および『戦後地方行財政資料別巻2・占領軍地方行政資料』勁草書房、1988年所収、坂本勝訳「官吏制度の再編成」196頁を参照。
　　ちなみに、内務省の解体については平野孝『内務省解体史論』法律文化社、1990年が詳しい。
2） GHQ/SCAP, Report of the United States Advisory Mission to Japan (Records RG331): Hoover Report, interim, April, 24, 1947 and Hoover Report, final, June 16, 1947.
3） Hoover Report, interim, April, 24, 1947, P30 and Hoover Report, final, June 16, 1947, p.35.
4） ブレイン・フーバー述『近代公務員制度に就て』参議院人事委員会、1949年5月、24頁。なお、この講演録について、中井光次参議院人事委員長は、フーバー総司令部公務員課長が参議院人事委員会における4回（1949年4月8、11、14、22日）にわたる懇談会の席上、公務員制度について述べられた内容の要領であると記している。
5） 前掲書4）、35頁。
6） 同趣旨、岡部史郎『公務員制度の研究』有信堂、1955年、137頁、川手摂『戦後日本の公務員制度史——「キャリア」システムの成立と展開』岩波書店、2006年、155頁。
7） 浅井清「国家公務員法附則第九条の試験の由来」『公務員』5巻7号、産業経済新聞社、1950年、2頁。
8） 宮地健次郎回想文「私の人事院時代——高級公務員試験のことなど」、人事院編『人事行政二十年の歩み』所収、大蔵省印刷局、1968年、159頁および嶋田博子「課長級以

第Ⅰ部　各国における公務員の人事制度改革

　　　　上の採用のためのS-1試験」『人事院月報』、2009年3月号、33頁を参照。
9)　浅井、前掲稿7)、3頁。
10)　粕谷孝夫「高級官吏任用試験について」『職業指導』23巻1号、日本職業指導協会、1950年、8 - 9頁。
11)　浅井、前掲稿7)、3頁。
12)　官報「人事院試験公告」1949年11月12日。
13)　佐藤達夫「国家公務員法附則第九条の試験について」(1949年11月13日)、『佐藤達夫関係文書・公務員法附則九条の試験（公務員法改正案共）』、所収文書。
14)　柳川眞文「国家公務員法附則第九条の試験に対する意見」(1949年11月17日)、前掲13)『佐藤達夫関係文書』、所収文書。
15)　殖田俊吉「課長以上の国家公務員に対する人事院の試験に対する法務府の立場について」(1949年12月16日)、前掲13)『佐藤達夫関係文書』、所収文書。
16)　袖井林二郎編訳『吉田茂＝マッカーサー往復書簡集［1945-1951］』(法政大学出版局、2000年)、291頁より引用（要約）。
17)　浅井清『改正国家公務員法』(労働文化社、1948年)、129頁。
18)　袖井編訳、前掲書16)、293頁より引用（要約）。
19)　読売新聞夕刊（1949年12月21日）。
20)　袖井編訳、前掲書16)、294頁より引用（要約）。
21)　袖井編訳、前掲書16)、75頁。
22)　前掲13)『佐藤達夫関係文書』、所収文書。
23)　読売新聞朝刊（1949年12月29日）。
24)　岡部、前掲書6)、142頁。
25)　人事院『年次報告書』(1950年)、11頁および読売新聞夕刊（1950年1月16日）を参照。
26)　戦後地方行財政資料別巻2・占領軍地方行政資料』(勁草書房、1988年)所収・坂本勝訳「官吏制度の再編成」、212頁および人事院編『人事行政二十年の歩み』(大蔵省印刷局)、1968年、120頁を参照。
27)　宮地健次郎「私の人事院時代」、人事院編、前掲書26)所収、159頁。
28)　人事院『年次報告書』(1950年)、12頁および宮地健次郎「国家公務員法附則第九条による試験の結果報告」『公務員』6巻9号、1950年、8 - 9頁を参照。
29)　三好始「国家公務員法附則第九条による試験に関する質問主意書」(1950年1月19日)、参議院議長佐藤尚武に提出の質問第15号。
30)　内閣総理大臣吉田茂「参議院議員三好始君提出国家公務員法附則第九条による試験に関する質問に対する答弁書」(1950年2月1日)、第15号。
31)　岡部、前掲書6)、143-144頁。
32)　浅井清「お役人試験の採点法」、朝日新聞朝刊（1950年1月21日）。
33)　宮地、前掲稿28)、7頁。
34)　人事院『年次報告書』(1950年)、14頁。
35)　朝日新聞朝刊（1950年7月22日）。
36)　人事院『年次報告書』(1948年・1949年)、17頁。
37)　宮地、前掲稿28)、10頁。なお、高級官僚の失職者の比率は、1950年8月17日現在の

25.9%（表3参照）から12月31日現在の21.8%（表4参照）まで幅があり、高級官僚の失職者の割合は、最終集計で4人に1人から5人に1人程度に減少している。

38) 人事院『年次報告書』（1950年）、14-15頁。
39) 朝日新聞朝刊（1950年7月22日）。
40) ちなみに、「三者択一法」について、米国連邦公務員制度では2002年の国土安全保障法の制定を契機にcategory ratingの選抜方法を法的に認め、上級資格者又は資格者のカテゴリーに分けトップ3人の中から選抜するのではなく、資格者全員の中から選抜できるようになっている。
 Carolyn Van, "Hiring in the Federal Government: Political and Technological Sources of Reform," in Norma Riccucci, ed., Public Personnel Management: Current, Future Challenges, 4th Edition, 2006, p.151を参照。
41) 朝日新聞朝刊「マッコイ公務員課長代理の談話」（1949年11月27日）。
42) 岡部、前掲書6）、147頁。
43) 川手、前掲書6）、160頁。
44) 人事院の独立性の論議については、例えば、日本行政学会編・行政学研究叢書3『人事行政の課題』勁草書房、1958年所収、蝋山政道「公務員制度の本質」、辻清明「人事院の独立性」、佐藤功「国民主権と公務員制度」、佐藤竺「人事院の法的地位」などの労作がある。
45) 政令改正の諮問のための委員会「行政制度の改革に関する答申」（1951年8月）、『行政改革のビジョンⅢ』所収、行政管理研究センター、1979年、103-104頁。なお、この答申に基づく1952年の各省庁設置法等の改正により、それまで23あった行政委員会は一挙に13にまで減少している。
 行政委員会改廃の政治過程については、伊藤正次『日本型行政委員会制度の形成──組織と制度の行政史』東京大学出版会、2003年、212頁以下に詳述されている。
46) 公務員制度調査会「公務員制度の改革に関する答申」（1955年11月）、前掲書45）『行政改革のビジョンⅢ』所収、266-267頁および行政審議会（第三次）「行政制度の改革に関する答申」3・人事行政機構（1959年2月）、前掲45）所収、289頁。
47) 臨時行政調査会16「公務員に関する改革意見」（1964年9月）、『行政改革のビジョンⅠ』所収、行政管理研究センター、1977年、461頁。
48) 第2臨調第3次答申『臨調行革審』、行政管理研究センター、1987年、193頁以下。
49) 行政改革会議「最終報告」公務員制度の改革3・人事行政のあり方、1997年12月。
50) 公務員制度改革大綱に関する各界からの評価については、『公務員制度の研究』法律文化社、2006年、290頁以下を参照。
51) アメリカの人事委員会の再編については、坂本勝「アメリカ連邦公務員制度における人事行政の動向──メリット・システムと代表性」（1996年）『龍谷法学』29巻3号、21頁以下、および、坂本、前掲書50）、50頁以下で検討している。
52) 国家公務員制度改革関連4法案に関する研究として、例えば、稲葉馨「公務員制度改革関連法案と人事行政組織の再編」『自治総研』399号、2012年、武藤博巳「公務員制度改革と幹部職員の一元管理」『自治総研』407号、2012年などがある。
53) 内閣人事局の設置に付随する問題点については、西尾隆『公務員制』東京大学出版局、180頁以下で検討されている。

54) 岡部、前掲書6)、147頁。同趣旨、岡田彰解説・訳『GHQ日本占領史12　公務員制度の改革』日本図書センター、1996年、9頁。
55) 人事院編、前掲書8)、121頁。
56) 嶋田、前掲稿8)、35頁。
57) 公務員法の定める制度と運用実態の乖離の論点については、西村美香「公務員制度改革はなぜ進まないのか」『人事院月報』、2012年12月号、6頁を参照。
58) アメリカのSESについては、坂本、前掲書50)、192頁以下、イギリスのSCSについては、同107頁以下で検討している。
59) イギリス公務員制度の昇進試験制度については、坂本、前掲書50)、100頁以下で検討している。
60) 官邸主導による政治任用の問題については、出雲明子『公務員制度改革と政治主導』東海大学出版部、2014年で詳しく検討されている。
61) これらの論点については、飯尾潤「公務員制度改革とキャリア・システムの廃止」、新藤宗幸「問題の核心に迫っていない国家公務員制度改革基本法」、西村美香「国家公務員制度改革とキャリア・システム」などで検討されている（参議院常任委員会調査室『立法と調査』、別冊所収、2008年）。

第2章 自治体の人事制度改革と管理職の任用人事

序

　わが国では、明治以来、国が政策機関・地方が実施機関という中央集権型の行政システムが存在し、地方は機関委任事務制度と補助金制度のもとで、国の行政指導・通達等の指示に従わざるを得ない状況にあり、地方自治体が多様化した住民ニーズを反映した政策を形成し実施することは困難であった。しかし、地方分権の推進を図るための「地方分権一括法案」が1999年7月参議院で可決成立したのを受けて、地方自治体の分権改革の基盤を構成する改正地方自治法が2000年4月に施行され、分権改革が進展するようになっている。

　地方自治体は、分権改革を通じて、国の下請け機関とみなしていた機関委任事務制度が廃止されたことに伴い、施策形成の責任主体として分権型社会の担い手にふさわしい人材を育成し、確保できる人事管理システムと任用人事システムを整備する必要があり、公務員制度の運用のあり方についても全般的な見直しを迫られるようになっている。

　本章では、「公務員制度調査会」、「地方公務員制度研究会」、「公務員制度改革大綱」、「人事院研究会」、「公務員制度の総合的な改革に関する懇談会」などの一連の報告書を手がかりに、まず、Ⅰ自治体の人事管理システム改革の視点・Ⅱ任用人事システム改革の視点において、分権時代の自治体の人事管理と任用人事のあり方について考察し、次に、Ⅲ自治体の管理職の役割と任用人事・Ⅳ自治体の外郭団体と派遣人事において、分権時代の自治体の中核を担う管理職に求められる役割と任用人事のあり方について検討することにしたい。

第Ⅰ部　各国における公務員の人事制度改革

Ⅰ　自治体の人事管理システム改革の視点

　公務員制度の人事管理システムのあり方については、「総務庁研究会」の公務員制度改革への提言』(1997年3月)、「行政改革会議」の『最終報告』(同年12月)、「人事院研究会」の『公務員人事管理の改革』(1998年3月)、「公務員制度調査会」の『公務員制度改革の基本方向に関する答申』1999年3月)、「地方公務員制度調査研究会」の『地方自治・新時代の地方公務員制度』(同年4月)等の一連の報告を通じて、改革の方向が示されてきている。
　このうち、地方公務員制度の人事管理システムに関する「地方公務員制度調査研究会」(以下「調査研究会」と略す)の改革の視点をみると、おおむね地方公務員制度に特有の問題以外は、「公務員制度調査会」(以下「調査会」と略す)の改革の視点に沿った内容になっており、国と地方の人事管理システムの改革の方向は、ほぼ一致している。以下では、「調査会」の提示する改革の視点―
1．開放化、2．多様・柔軟化、3．能力・実績の重視、4．自主性の重視・透明化―を手がかりに、公務員の人事管理システムのあり方について検討してみよう。

1　開　放　化
(1)　公務組織内の開放化
　国家公務員の場合、Ⅰ種試験の採用者であるいわゆるキャリア組が特権的に幹部・管理職に昇進していくのに対し、Ⅱ種・Ⅲ種試験の採用者であるノンキャリア組の昇進機会が著しく制約されるようなエリート志向の「閉鎖的」な人事システムが維持されてきている。調査会の答申は、こうした人事の閉鎖性に対して、「幹部職員登用におけるⅠ種試験採用者の厳格な選抜を行うとともに、Ⅱ種試験およびⅢ種試験採用者等からの積極的な登用を進めるべきである」と提案し、公務組織内における人事システムの「開放化」を求めている。
　地方公務員の場合、国家公務員のⅠ種試験採用者とⅡ種・Ⅲ種試験採用者との間にみられるような昇進人事のバイアスは認められないが、今日の複雑高度化した行政課題に的確に対応できるようにするために、通常のライン職を中心

にした人事慣行を改め、スタッフ職や専門職の登用を配慮した人事の開放化を図る必要がある。また、採用試験の種類や性別等によって昇進人事にバイアスが生じることがないよう、公務組織内の人材を有効に活用できる開放的な人事管理システムを整備する必要がある。

(2) 公務組織外の開放化

わが国の場合、国・地方を問わず、新規学卒者を中心に定期的な採用試験を実施し、新規採用者の中から人材を育成していくというキャリア発展型の人事管理を行ってきている。そのため、アメリカにおけるような職階制を実施していないこともあって、民間からの中途採用（lateral entry）は、ごく例外的に行われてきたにすぎない。地方自治体の場合、公務組織外からの選考による中途採用は、人事委員会の定める職について承認があった場合に行うことができ、中途採用者数を拡大することも制度上可能であるが、職員の中途採用は、医療や専門的な技術的分野の職に限定され、一般行政職の中途採用は例外的であった。

最近では、一般行政職の職員採用についても、人事の活性化を図るために、一定の社会人経験者を対象に採用試験を実施している事例も増えており、また、情報処理、国際交流等の専門性の高いポスト等についても、公募で社会人経験者を対象に選考で中途採用する事例が増えつつある。

国家公務員の場合、公務の活性化のために、1998年4月に民間の人材を採用する場合の特例に係る人事院規則が定められ、公務部内では育成困難な専門性を必要とする官職等に、弁護士・公認会計士・研究者等の専門家を任期制で任用することを通じて、中途採用の円滑化を図ろうとしている。

地方公務員の場合も、地方行政の複雑高度化・情報化・国際化等の進展に対応して、高い専門的知識・能力等が要請されており、公務組織内の人材育成では得られにくい高度の専門性や社会的経験を有する人材を公務に導入することが課題になっている。

中途採用の活用について、調査研究会報告は、人事の活性化・職員の年齢構成の平準化等の効果が期待できると評価し、中途採用の活用にあたって「実施の目的、対象とする職の位置づけ等を明確にした上で、公募制度の整備により客観性・公正性を担保する必要がある」と指摘している。そして、中途採用者

の処遇にあたり、資格・学位の取得や実務経験に基づく専門能力等の客観的な評価を行う仕組みを整備する必要があり、処遇の公平性や透明性を確保する上で、人事委員会等の人事行政機関の果たす役割が重要であると指摘している。[2]

(3) 女性の代表性

公務組織内外の人事システムの開放化の問題に関連して、女性公務員の採用、登用、職域等を拡大し、女性の「代表性」を高めることは、国・地方を問わず、男女共同参画社会における重要な人事課題である。

1996年12月に策定された「男女共同参画2000年プラン」においては、政策・方針決定への女性の参画を拡大するための施策として、女性公務員の採用、登用、職域の拡大および能力開発について積極的に取り組むよう要請されている。

ここで、競争試験における男女別の受験者数、合格者数および構成比の推移に関する自治総合センターの『地方自治体における女性管理監督者に関する研究』の調査表（1999年3月）、64頁）によると、合格者数に占める女性の割合は、1997年度の場合、全体で41.2％（都道府県28.0％、市区50.0％、町村48.6％等）を占め、地方公務員総数に占める女性公務員の割合は、年々上昇してきている。職種別の状況をみても、1993年の時点で、女性の比率は、一般行政職が31.1％、研究職が9.4％、教育公務員が44.9％と年々上昇する傾向にあるが（同「研究」、60頁）、一般行政職（全自治体）の管理職に占める女性の比率は、係長級以上の調査表では（同「研究」、61頁）17.3％（都道府県13.8％、指定都市7.5％、一般市16.9％、特別区20.9％、町村24.4％等）と比較的高くなってきているものの、課長級以上の調査表では（同「研究」、61頁））、3.6％（都道府県2.2％、指定都市2.5％、一般市3.0％、特別区7.0％、町村5.5％等）となお低い状況にある。

ちなみに、アメリカでは、1980年代から、能力主義に基づく昇進の実現に責任を負うメリット・システム保護委員会が、女性やマイノリティ集団の管理職への昇進を制約する障害を検討する調査報告書を提出している。同報告書は、女性に対する障害が存在すると結論づけ、各行政機関にその改善策を講じるよう求めている。

わが国においても、国・地方を問わず、女性職員のキャリア発展の障害状況を早急に調査し、採用、配置転換、昇進、研修、退職等の人事管理の各段階に

おいて男女の平等取り扱いが徹底されているかどうかについて検討する必要がある。職場の上司の女性職員に対するステレオタイプの見方や偏見は、公平な人事評価の障害になるだけでなく、組織の人的資源の有効な活用を制約することになることを管理者は改めて認識する必要がある。

なお、この人的資源の有効な活用という点に関連して、女性職員が働きやすい職場環境を整備するために、セクシュアル・ハラスメントの防止対策が重要であり、女性による苦情・相談窓口の設置や防止のための研修を行うことが要請されている。

2 多様・柔軟化
(1) 複線型の人事管理システム

分権改革に対応して、自治体の政策形成能力や問題処理能力を高めるために、従来のライン職中心の年功序列を重視した単線型の人事管理システムを見直し、スタッフ職や専門職の職員を能力に応じて活用する複線型の人事管理システムへの転換が求められている。こうした要請は、職員の年齢構成が高齢化すると、従来のピラミッド型の人事構成を前提にしたライン職中心の職務編成を維持することが困難になり、効率的で機動的な行政を実現するためには、多様な職務・職責に応じた柔軟な人事管理システムを維持することが必要になるという認識に基づいている。

調査研究会は、複線型の人事管理を行うためには、まず、現在の職務を再編成して、ライン職中心の行政組織の簡素化を図り、スタッフ職や専門職の位置づけを明確にする必要があるとして、スタッフ職の役割を、特定の行政分野について広い視野から調査、研究を行い企画立案に当たる者として、また、専門職の役割を、専門、技術的な知識に基づき調査研究を行う者や、専門的知識を必要とする特定分野において直接住民サービスやルーティン業務を行う者として規定している。そして、スタッフ職や専門職が十分に職責を果たすためには、個々の職員ごとの事務処理の完結性を高め、情報の共有化や組織のフラット化を通じて意思決定過程のスムーズ化を図るなどの勤務環境の整備を求めている[3]。

また、同調査研究会は、ライン職、スタッフ職、専門職の各職務に必要な能

力を計画的に開発し、それぞれの人事・昇進コース、コース選択ならびに決定の時期等を勘案した複線型の人事管理の基本方針を確立するよう求め、給与水準等の職員の処遇については、ライン職に対するスタッフ職・専門職の処遇面の魅力が向上するように、専門能力に応じた新たな給与体系のあり方を検討する必要があると提案している[4]。こうした複線型の人事管理システムに転換するには、採用試験の実施のあり方が問題になるが、地方公務員の年齢構成における高齢化対策に加え、人事の開放化を推進するために、自治体は、複線型人事管理への移行を検討する必要がある。

(2) 人事交流

分権改革に伴い、自治体は政策能力を有する優れた人材を確保し、職員の資質を向上させる措置を講じるよう求められている。自治体は、そのための有効な手法として、多様で柔軟な人事交流を実施するようになってきているが、問題点も少なくない。

① 国との人事交流　従来、国との人事交流は、国から地方への出向人事が一般的で、天下り人事として批判されてきたが、最近の状況はどうであろうか。

旧総務庁人事局の「国と地方公共団体の間における人事交流状況調査」(1996年8月)の人事交流の調査資料によると、中央省庁から地方自治体へ出向している者が1197名で、このうち、I種試験採用者が951名（管理職員待遇814名、一般職員待遇137名）と出向者の大半を占めている。

また、管理職員待遇で地方へ出向している者の職種構成をみると、事務官が416名、技官が398名とほぼ均衡し、省庁別では、建設省（246名）、自治省（243名）、警察庁（210名）、農水省（172名）、厚生省（100名）等が大口派遣省庁となっている。これに対し、地方自治体から本省庁への受け入れ状況をみると、全体で657名と、地方からの出向者の数が意外に多い印象を受ける。

省庁別では、警察庁（283名）、自治省（122名）、文部省（60名）、農水省（59名）等が主要受け入れ省庁となっている。集計では、常勤職員と非常勤職員を区別せずに合計数を記載しているため、地方自治体から中央省庁への出向者が、国の場合のように常勤で出向しているのか、非常勤で短期間の研修で出向しているのかが不明であり、国と自治体の職員交流の実態が不透明になってい

る。

　国と地方との人事交流は、人材の育成、活用の点で有益であるものの、交流ポストの長期固定化によって生じがちな弊害に対する防止策が求められている。この点について、調査会は、国と地方の相互・対等の人事交流を促進するとの観点から、各省庁と自治体がそれぞれの交流実績（人数・ポスト等）を公表する仕組みを早急に整備すべきであると提案している[5]。

　民間との人事交流に関しては、こうした提案を盛り込んだ国と地方の人事交流法が制定されるべきであろう。現に、アメリカでは、1970年に、連邦・州・地方政府職員の人事交流を行い、政府間のコミュニケーションの円滑化を図ることを目的とした政府間人事法（Inter-Governmental Personnel Act）が制定されている[6]。

　②　第三セクター等との人事交流　　地方自治体では、民間の資金や能力等を活用するために、地方自治体が出資を行う公益法人、営利法入等のいわゆる第三セクター等（外郭団体）が設立されてきている。自治体によっては、後述するように、キャリア・パスの一環として、役職に昇進直後のやる気のある職員を外郭団体へ出向させることによって、役所では身につかない経営センスやコスト意識を身につけさせ、組織を活性化することに成功しているケースもある。

　しかし、第三セクター等への職員の派遣については、派遣職員の身分取り扱いや処遇に関する条例、規則等が存在しない場合には、職務命令による以外は、派遣職員の給与、退職手当、災害補償、共済等の取り扱いに不利益が生じるという問題点が指摘されている。また、地方自治体が派遣職員の給与を支給することについても、第三セクター等の業務によっては公務ではないという認識から、派遣職員に対する人件費の支出は違法であるとする住民訴訟が各地で提起されるようになってきている。

　こうした派遣職員をめぐる問題状況に注目すると、部内に止まる職員との間に、派遣職員の身分取り扱いや処遇等に不利益が生じないように配慮する必要があるが、この点について、調査研究会は、法律により職員の派遣に関する基本的枠組みを早急に整備する必要があると提案している[7]。

　③　民間との人事交流　　地方自治体は、優秀な人材を確保し、職員の資質

向上を図る手法として、民間との人事交流を活用しようとしている。国のレベルでは、官民人事交流法案が1999年4月に閣議決定され、同年「国と民間企業との間の人事交流に関する法律」として制定されている。

現在の短期研修を中心とする人事交流を改め、国は3年以内を原則として正規の職員を派遣し、企業の社員を受け入れる。省庁側は、人事院の公募に応じた企業を対象に、企画立案部門の課長級に受け入れるもの、とされている。

地方自治体においても、職員にコスト意識を身につけさせ、地域経済の活性化や地域の振興のために、民間との人事交流を実施する必要があるが、官民の癒着が生じることがないように、官民人事交流法を参考に規制策を検討し、民間企業への職員派遣や企業社員の公務への受け入れに関する制度を整備する必要がある。

なお、最近、各地で立派な研修センターが続々と誕生し、戦後の研修（研修所）ブームの再来を思わせるような状況がみられる。職員の能力開発のために、多様な研修を実施する意義はあるものの、研修名目の有給休暇という批判を受けないようにするために、研修の有効性を客観的に評価し、研修コストと研修効果のバランスシートを公表する等の措置を講じる必要がある。[8]

3 能力・実績重視

地方公務員の任用については、平等取り扱いの原則（地公法13条）、成績主義の原則（地公法15条）、職務給の原則（地公法24条の①）等が定められているが、実際には、職員の昇進や給与は、年功を中心にした人事管理が行われている。しかし、組織の活性化を図るためには、年齢や採用年次にとらわれることなく、職員の能力、勤務実績を適切に評価し、優秀な人材を積極的に昇進させるような職員の人事管理が必要であり、昇任試験や昇任前研修など、職員の能力を客観的に評価する手法を検討する必要がある。

アメリカ、イギリスの公務員制度では、民間部門の管理手法であるニュー・パブリック・マネジメント（NPM）の考え方に基づいて、メリット・ペイ、パーフォーマンス・ペイ等の業績給が導入されてきているが、職階制に基づき個人単位で職務内容が明確に規定されているアメリカと異なり、職階制が未実施で、集団主義の執務体制のもとで個人の職務内容が明確に規定されていない

わが国の場合、個々の職員の勤務実績を客観的に評価することは容易なことではない。

「調査研究会」は、昇任試験・勤務評定・研修などの評価システムの整備を求める一方で、評価の公平性、公正性を確保し、職員の納得性を高めるため、自治体の実情に応じて、自己申告制度、目標管理、上司と部下の面談、合議制の評価機関の設置などの手法を検討するよう提案している[9]。

4　自主性の重視・透明化

組織単位で職務を遂行する公務組織の人事管理では、人材育成や能力開発に関しても組織的関心が優先し、個々の職員の関心や適性を配慮したものになっていないという問題がある。分権型社会における人材育成や能力開発に関しては、職務命令による多様な研修に加え、職員にも自己の能力開発に対する自主的な取り組みが必要になる。

「調査会」と「調査研究会」は、職員の自主性を重視した人材育成を推進するために、職員が自発的に内外の大学院に進学したり、民間の研究機関等で研究したりするために、一定期間公務を離れることのできる休業制度の導入を提案している[10]。

職員の職務意欲、自己啓発意欲を活かすために、こうした支援策を講じ、資格取得等に取り組む職員に対して費用補助の支援を行うことは、職場を活性化するとともに、意欲的な職員のモラールを高め、公務イメージを魅力的にするという効果を期待することができる。また、近年、官僚の不祥事の多発や天下り問題等により、公務員に対する信頼が損なわれてきており、公務員がその役割を十分に果たしていくためには、公務員に対する信頼を取り戻す必要がある。

国家公務員の場合、「調査会」が、再就職状況の公表、人材バンクの導入、再就職後の行為規制の導入等を提案し、公務員の再就職の透明化を図るよう求めている[11]。地方公務員の場合、退職管理や再就職の状況が国家公務員と比べてかなり異なっていることもあって、地方公務員の営利企業への再就職については、国家公務員のような規制規則は特に設けられていなかった。

「調査研究会」は、営利企業への再就職について、「再就職後の営利活動等に

47

関する行為基準等一定の基準を設けるなど、住民の不信を招かないよう適正な管理に努めるべきである」と提案し、再就職についての公正性、透明性の確保に努めるよう求めている。自治体においても、住民の信頼を確保するために、職員の営利企業への再就職状況を公表し、営利企業に再就職した者が自治体と接触することを規制する等の措置を講じ、職員の退職管理の適正を確保する必要がある。

なお、地方公務員の再就職については、地方公務員法の改正（2006年4月施行）により、元職員による働きかけの禁止規定（地公法第38条の2関係）と再就職情報の届出規定（地公法第38条の6第2項関係）が新たに設けられている。

5　人事管理システム改革の課題

今日の自治体が、分権改革に対応して分権型社会の担い手にふさわしい人材を育成し、職員のモラールの向上や組織の活性化を図る要請に応えるためには、ここで検討したように、現行の人事管理システムを「開放化」・「多様・柔軟化」・「能力・実績の重視」等の改革の視点に基づく人事管理システムに転換していく必要があろう。しかし、自治体がこうした人事管理システムの改革を推進していけば、一方では、職員の給与や処遇の評価をめぐって摩擦や苦情・相談が増加することも予想されるため、それらを解決するための紛争処理のシステムを整備することも必要である。

この点について、調査研究会は、職員の人事管理上の不平不満、勤務条件に対する苦情等に対応するために、職員相談制度やカウンセリング制度等を整備する必要があり、人事院の職員相談室の設置による苦情相談の対応を事例に、第三者機関である人事委員会等による職員の苦情相談の対応を検討する必要があると提案している。[13]

この提案のように、職員からの苦情相談等を人事委員会等の所掌事務にするかどうかは別にしても、自治体が人事管理システムの改革を推進していけば、人事委員会や公平委員会制度の役割や機能のあり方が、次に問われることになるのは確かである。

この人事委員会・公平委員会制度の役割や機能のあり方に関連して、「調査研究会」は、人事委員会の設置を促進するための人事委員会の設置基準および

所掌事務の弾力化、公平委員会の所掌事務の弾力的拡大、人事委員会や公平委員会の共同設置、人事委員会への事務委託の促進、委員の兼職禁止の緩和、事務局職員の専門能力の向上・協力体制の充実など、人事委員会・公平委員会制度の拡充の方向を提示している。[14]

　人事委員会や公平委員会の制度が創設されてすでに半世紀以上が経過するが、制度の現状については、「調査研究会」が提案するように改善すべき課題も少なくない。人事委員会の設置基準については、3次にわたる地公法改正を経て緩和されたにもかかわらず、自治体における人事委員会の設置数が極めて限定されていること、[15] 人事委員会・公平委員会事務局の設置についても、都道府県、指定都市以外は置かなくてもよいため、ほとんどの自治体では一般部局の職員の兼務体制となっていること、また、事務局が設置されていても事務局の職員数が平均20名程度（東京都が最大で70名）で小規模であることなど、人事委員会・公平委員会の組織体制は、十分といえる状況ではない。特に公平委員会の場合、自治体が専任職員による事務局設置に消極的であるのは、事務局経費の問題に加え、一般職員の措置要求や不利益処分の申し立て件数が近年激減してきているという状況認識によるものと思われる。しかし、自治体が公平委員会を設置している以上、制度として事務局体制の整備を図るべきであり、調査研究会が提案するように、公平委員会の機能を拡充して「人事委員会化」の措置を講じることを検討するのも一案であろう。

　なお、今後、地方分権改革がさらに進展し、地方分権型の行政システムが確立されるようになると、地方レベルでは、これまでほとんど論議されてこなかった行政委員会制度の改廃論議が展開される可能性がある。それ故、人事委員会・公平委員会制度の改革の方向についても、調査研究会が提案するような制度拡充の視点とは別に、抜本的な制度改革の視点からの論議が必要になると思われる。いずれにせよ、自治体は、分権改革に対応して、人事管理システムの改革とともに、人事行政機関としての人事委員会・公平委員会制度のあり方の再検討を迫られている。[16]

第Ⅰ部　各国における公務員の人事制度改革

Ⅱ　自治体の任用人事システム改革の視点

　わが国の公務員制度が取り組むべき課題について、2001年12月に閣議決定された「公務員制度改革大綱」(以下「改革大綱」)は、能力・実績重視の人事管理制度の確立を求め、地方公務員制度についても「地方自治の本旨に基づき地方公共団体の実情を十分勘案しながら国家公務員制度の改革スケジュールに準じて速やかに行う」ように求めている。2007年4月に「能力・実績主義」と「再就職に関する規制」を骨子とする国家公務員法等の一部改正法案が国会に提出され、2007年6月に可決成立している。そして、地方公務員制度についても、2007年5月に「能力・実績主義」と「再就職に関する規制」を盛り込んだ地方公務員法等改正法案が国会に提出され、同年6月に成立している。

　地方自治体は、能力・実績重視の任用を実現するための対策と並行して、「改革大綱」等が要請する女性公務員の採用・登用の拡大や多様な人材確保に向け、開放的で柔軟な任用を行うための対策を迫られている。

　こうした人事制度改革の視点は、換言すれば、公務員の任用に関してメリットの原則の強化を求める一方で、メリットの原則の柔軟な適用を求めている。以下では、自治体の任用(採用、昇任)におけるメリットの原則の強化とその柔軟な適用というジレンマ性を伴う任用人事システム改革の問題について検討してみよう。

1　任用におけるメリットの強化

(1)　院卒者試験区分の新設

　「公務員制度の総合的な改革に関する懇談会」(以下「懇談会」)は、公務員制度を内外の状況と国民のニーズに適したものに改めるために、2008年2月に報告書を提出している。「懇談会」は、採用試験に基づき幹部候補を固定化する現行のⅠ種・Ⅱ種・Ⅲ種の試験区分を廃止して、人事院の行う資格試験を「院卒者試験」、「大卒者試験」、「高卒者試験」の3種類に分け、幹部候補とされる総合職(事務系・技術系)も、採用後の勤務実績により幹部候補から除外され、一般職・専門職・民間からの中途採用者にも幹部候補の機会が開かれる「能力

主義」を促すことで、任用におけるメリットの強化を図ろうとしている。

分権時代の人材育成の方策として、自治体においても、院卒者を対象にした採用試験区分の新設を検討する時期に来ている。

(2) 能力・実績重視の任用

地方公務員法は、「職員の任用は、この法律の定めるところにより、受験成績、人事評価その他の能力の実証に基づいて行わなければならない。」(第15条)と規定し、また、「職員の執務については、その任命権者は、定期的に人事評価を行い、その人事評価の結果に応じた措置を講じなければならない。」(第23条第2項・第3項)と定めている。しかし、自治体における職員の任用については、採用の場合を除き年功序列で昇任や昇給を行う傾向がみられる。公務組織の人的資源を有効に活用するためには、職員の年齢や採用年次にとらわれることなく、職員の能力や勤務実績を職員の昇任や昇給に反映させる人事評価の制度が必要になる。自治体では、これまで昇任試験や勤務評定などの制度を実施してきているが、まず、昇任試験の実施状況から見てみよう。

① 昇任試験の実施状況　総務省公務員課の調べ(2006年度)によると、一般行政職員対象の昇任試験(主任級)を実施している団体は344団体(18.4％)、検討中の自治体が95団体(5.1％)、実施予定のない自治体が1435団体(76.6％)となっている。団体別にみると、都道府県の6団体(12.8％)——北海道、東京、埼玉、滋賀、大阪、長崎——、指定都市の10団体(58.8％)——札幌、仙台、横浜、川崎、名古屋、静岡、京都、堺、神戸、北九州——、市区の225団体(28.6％)、町村の103団体(10.1％)が昇任試験を実施している。

1997年度の実施状況と比較すると、都道府県の状況にほとんど変化はないが、指定都市の場合、最近指定都市に移行した自治体を加えて分母が増えたため、昇任試験の実施率は低下しているが、実施に向けて検討中の3団体を含めると、76.5％に達する。また、市区町村の場合も、昇任試験を実施する自治体が市区、町村とも増えており、自治体全体の昇任試験の実施率(18.4％)は、1997年度(8.3％)より2倍以上に増加しているのが注目される。

ちなみに、東京都の場合、後述するように、昇任試験の実施を通じて女性の管理職の比率が高くなるという効果も現れている。しかし、昇任試験の実施には、公正・平等な内部選抜制度としての効果を期待できる反面、筆記試験で管

理職の能力を評価できないのではないかという指摘に加え、試験準備の時間に恵まれない職場職員には不利であり、内部管理業務の職員の方が現業職員よりも有利である、昇任試験合格者と不合格者の間に優劣意識が芽生え職場の雰囲気がギスギスしたものになる、職員組合からの反対が強く実施に踏み切れない、などの問題点が指摘されている。[17]

しかも、昇任試験を積極的に実施している東京都においても、最近の20歳代、30歳代はあまり上昇志向がなく昇任試験を受けない層が増え、有能な人材を上位に持っていけないという問題点が指摘されており、自治体の昇任試験の実施には、問題点も少なくない。

② 勤務評定の実施状況　第18次公務能率研究部会の調査（2004年）によると、全自治体（3288団体）のうち、32.6％の自治体が勤務評定を実施している。団体別の内訳では、都道府県の87.2％、指定都市（12団体）の91.7％、市区町村の30.1％（市区55.8％・686団体、町村25.1％・2543団体）の自治体が実施しているが[18]、自治体の規模により実施状況にかなりの格差が見られる。しかし、2006年度の総務省の調べでは、全自治体（1874団体）における実施率は54.2％と過半数を超えており、団体別の内訳では、都道府県と指定都市（17団体）が100％、市区町村（1810団体）が52.5％という実施状況である（総務省給与能率推進室調査資料）。

従って、自治体の勤務評定は、都道府県と指定都市が完全実施の状況であるが、市区町村では、まだ半数近くが実施していない。これらの自治体が勤務評定の実施に踏み切れない理由として、「評価の客観性、公平性、統一性等の確保の点で検討が必要」、「実施の方法や活用の仕方等実施に当たってノウハウが不足」といった評価体制の問題や「顔見知りを評価することへのアレルギーが強い」（小規模自治体）という職員意識の問題が挙げられている。[19]現在、能力・成果を給与に反映させることを盛り込んだ地公法が改正されているが、勤務成績に応じた「昇給」の運用を行っている団体は、全自治体の56.1％にとどまるのに対して、勤務成績に応じた「勤勉手当」の運用を行っている団体は、全自治体の76.6％に達している（総務省給与能率推進室調査資料）。また、勤務評定結果を「昇任」に活用している団体は、全自治体の63.1％であるのに対して、「配置転換」に活用している団体は、全自治体の51.4％という状況である（総

務省給与能率推進室調査資料)。

　以上のように、自治体における勤務成績に応じた「昇給」については、5割から6割程度の運用状況であるが、「勤勉手当」は、指定都市、市区町村で7割以上運用されている。一方、「昇任」と「配置転換」については、都道府県と指定都市が勤務評定結果を9割以上活用しているのに対して、市区町村では6割から5割以下の状況にとどまっている。こうした状況は、能力・実績重視の人事管理がまだ地方自治体に浸透していないことを示唆している。そのため、2007年6月に成立した国家公務員法改正を受けて、地方公務員法の改正は、公務員の任用、給与、分限その他の人事管理の基礎として活用する新たな人事評価の実施を定めている（地公法第3章第3節人事評価「第23条」)。

　③　人事評価の実施状況　　国家公務員の場合、これまで上司が企画力、実行力、勤務態度などを査定し勤務評定を行っていたが、統一的な基準がなかった。政府は、新しい人事評価制度を導入するため、2006年1月から半年間、中央省庁の課長級300人と課長補佐級約1300人を対象に第1次試行を開始している。評価基準は、職務行動（能力）と役割達成度（実績）の2種類で、共通の人事評価シートを用いて課長級が課長補佐級を、局長が課長級を評価している。職員の実績評価では、課長級と課長補佐級が面談し、評価シートでチェックし、査定結果は本人に通知され、評価に対する不服を受け付ける窓口も設けるとしている。[20]その後、2007年1月から第2次試行を半年間開始し、10月から2008年3月にかけて、地方機関の行政職員と専門職種の人事評価を実施している。

　こうした国家公務員の新しい人事評価実施の動きに対応して、自治体においても多様な人事評価の取り組みが行われている。新たな人事評価の実施は、組織の活性化と個々の公務員のモラール（morale）を促進すると同時に、顧客である市民の期待と信頼に応えられるものでなければならない。では、自治体が人事評価を実施するにあたって、配慮すべき条件、課題は何か。

　第1に、自治体が人事評価を行う場合、その前提条件として、評価の公平性と客観性を確保すると同時に、評価基準と評価結果を公開し、人事評価の透明性を確保する必要がある。そのため、いくつかの自治体では、評価結果を全面的に開示したり、管理職員（部長・次長、課長・主幹等）に対する人事評価に、

上司の評価や部下・同僚の評価を加えた「360度評価」を実施し、人事評価の客観性、信頼性を高めようとしている。

　第2に、人事評価を行う場合、被評価者の意見・主張を聞かず、上司が一方的に評価することがないように、上司と部下との面談を密にすることが求められる。いくつかの自治体では、部下主体の面談となるように配慮したり、人事評価を円滑に行うために、制度の構築に職員代表の参加を求めたり、全職員を対象に説明会を実施して制度導入への理解を深める配慮をしている。

　第3に、人事評価を行う場合、いくつかの自治体では勤務評定の結果を勤務手当や昇給・昇任（降任）などの処遇に反映させることで、仕事をやってもやらなくても同じという不公平感を無くし、職員一人一人のモラールの向上を図ろうとしている。

　第4に、人事評価を行う場合、住民がこれまで放置されてきた勤務成績の不振な職員の処分が行われるという期待を持てるものでなければならない。その意味で、勤務評定で最低評価の職員を再教育し、改善されない職員に自主退職を勧める「勧奨退職」を実施している県や、勤務成績に基づく降格制度を導入している市などの取り組みが注目される。

　以上のように、自治体における人事評価の実施には、組織内と対市民との2つの観点からの評価が必要になる。自治体の組織を活性化するためには、勤務評定の透明性、客観性を前提に、職員の仕事ぶりを公正に評価して昇任や昇給に反映させる任用人事が必要であると同時に、対市民への影響を配慮して怠慢な職員を分限処分にする任命権者の管理能力・指導力が求められる。

　なお、職員の不利益処分を行う場合、その前提条件として、人事委員会や公平委員会における不服申立の審理を1年以内に結審するために、審理手続きを簡素化する等の措置を講じる必要がある。

(3)　任用におけるメリットの柔軟な適用

　自治体は、効率的で有効な任用を行うために、メリットの強化を図る一方で、モデル・エンプロイヤーとして、民間の範となる任用を行うように要請されている。アメリカでは、メリット・システムのもとで、少数民族集団や女性の採用・登用を推進するために、メリットの原則を柔軟に適用する「割当制」（quota system）の導入等の差別撤廃政策（affirmative action policy）を実施して

きている。こうした政策をわが国の自治体に適用するとなると、女性や障害者、定住外国人の任用が問題になるが、以下では、女性の採用・登用の進展状況と柔軟な任用とされる任期付採用・中途採用制度の実施状況を中心に検討する。

① 女性の採用・登用の拡大　2007年度の内閣府男女共同参画局の調査によると、すべての都道府県・指定都市が男女共同参画に関する計画を策定し、市区でも80.9％の自治体が共同参画計画を策定しているが、町村では27.4％にとどまっている。そして、「男女共同参画」条例の制定状況については、46都道府県と全指定都市が制定しているのに対して、市区では36.1％の自治体が制定し、町村では6.6％にとどまっている。こうした男女共同参画の取り組み状況のもとで、女性の採用・登用が進展しているかどうか見てみよう。

(a) 女性公務員の採用　　地方公務員の試験別の女性の受験者数と合格者数の推移をみると、都道府県の上級試験の場合、1985年の時点で受験者に占める女性の比率が12.2％、合格率が9.0％であったのが、1995年には受験率が26.6％、合格率が21.1％と大幅に増加している。しかし、2006年の時点では、女性の受験率は22.6％、合格率は17.0％となり、受験率、合格率とも減少傾向にある。一方、市区の上級試験の状況をみると、1985年の時点で女性の受験率が19.2％、合格率が19.6％であったのが、1995年には受験率が33.6％、合格率が31.0％となり、女性の受験率、合格率とも大幅に増加している。そして、2006年になると受験率が29.9％、合格率が33.3％になり、女性の合格率がさらに増加している。また、町村の上級試験の状況をみても、1995年の時点で女性の受験率が30.4％、合格率が29.2％であったのが、2006年度の時点では、女性の受験率が35.6％、合格率が44.7％となっており、特に女性の合格率が大幅に増加している（『地方公務員月報』1997年1月号58頁および2007年2月号93頁の調査表）。

こうした自治体における上級試験の女性合格率の推移をみると、都道府県レベルでは、女性の合格率は2割前後にとどまっているが、市区レベルになると、女性の合格率が3割を超え、町村レベルでは4割を超えるまでに進展しており、自治体の上級試験における女性の採用数が着実に増加している状況を確認できる。

(b) 女性管理職の登用　女性の管理職の登用を促進するために、登用目標値を設定している都道府県は12団体、指定都市は5団体となっている（2007年4月）。都道府県、指定都市、市区町村における管理職（本庁の課長相当職以上）に占める女性の比率の推移をみると（「内閣府男女共同参画局」報告書・2007年度調査資料）、都道府県全体の平均が5.1％、指定都市の平均が7.7％、市区町村の平均が8.6％（うち市区で8.7％、町村で8.3％）という状況で、着実に女性管理職の比率が増加してきている。また、本庁と支庁・地方事務所別の女性管理職の割合をみると、都道府県の場合、本庁（平均3.5％）より支庁・地方事務所（平均6.6％）で2倍近く任用され、指定都市の場合も、女性管理職の割合が本庁（平均5.6％）より支庁・地方事務所（平均9.9％）で2倍近く任用されているのが注目される[22]。

ちなみに、東京都の女性管理職比率の推移をみると、1999年の時点で、課長級（副参事）の女性比率が10.9％、部長級（参事）の女性比率が4.7％であったのが、2006年の時点で、課長級が14.7％、部長級が6.9％に増加しているが、これは、主任級と課長以上の二段階の昇任試験制度を導入している成果と考えられる[23]。

一方、市区町村における女性管理職（本庁課長相当職以上）の任用状況をみると、都道府県と指定都市において、女性管理職の比率が10％を超えている団体は東京都だけであるのに対して、市区では234団体、町村では309団体に達しているのが注目される。しかし、その一方で、女性の管理職が1人もいない自治体が全体の3割近い513団体もあり、自治体間で女性管理職の登用状況に格差が生じてきている（「内閣府男女共同参画局」報告書・2007度調査資料）。

東京都では、主任級と課長以上の二段階の昇任試験の実施を通じて、女性の管理職への昇任が進展しているが、本来的には、職場組織において、男女を問わず優秀な人材が管理職に登用されるような公平な人事評価システムが確立されていなければならない。職場の上司の女性職員に対するステレオタイプの見方や偏見は、公平な人事評価の障害になるだけでなく、職場の人的資源の有効な活用を制約することになる。

ちなみに、アメリカでは、1980年代から、女性やマイノリティの管理職への昇進を制約する眼に見えない障害を説明するのに、「グラス・シーリング」（ガ

ラスの天井）という用語が使用されてきている。アメリカ連邦公務員制度では、能力主義に基づく昇進の実現に責任を負うメリット・システム保護委員会（MSPB）が、女性やマイノリティに対する「グラス・シーリング」の存在の是非を検討する一連の調査報告書を提出している[24]。

同報告書は、女性に対する「グラス・シーリング」が存在すると結論づけ、その対策のために次のような趣旨の勧告を行っている。

「管理者は、昇進人事の評価に使用している基準が職務に関係があるかどうか、また、その基準が女性に不利益な影響を与えていないかどうか再検討し、職員の昇進の可能性を有する仕事に多くの時間をかけられるか転勤が可能かといった基準で判断するのではなく職員の職務実績を基礎に評価するものでなければならない。また、管理者は女性職員の能力を軽視するようなステレオタイプの評価をしていないかどうか自ら自問自答し、女性が少ない状況では女性は名目だと考え、女性に対するステレオタイプの評価が強化されることを認識するとともに、伝統的に男性に割り当てられている任務や役割を資格ある女性に提供し能力を発揮する機会を与える必要がある」と[25]。

こうした勧告は、わが国の自治体の管理職も肝に銘じるべき提言であり、自治体においても、女性職員のキャリア発展の障害状況を早急に調査し、公平な人事評価システムを確立する必要がある。

(c) 女性審議会委員の登用　女性の審議会委員の登用を促進するため、2007年4月現在、44都道府県と15指定都市が女性人材名簿を作成し、43都道府県と16指定都市が委員の公募を行っている。女性の登用枠が対象となる審議会における女性委員の状況を見ると、国の審議会等委員の女性比率が31.3％（2006年9月現在）に対して、都道府県では平均32.6％、指定都市では平均29.7％となっている。また、市区町村の場合、法律、条例等で設置されている審議会等における女性委員の比率は、平均で21.9％となっているが、団体別では、市区が23.6％、町村が18.4％という状況である。市区と町村間の格差については、市区の78.3％が審議会等委員の登用目標を定めているのに対して、町村では22.3％にとどまることも一因であろう[26]。

② 任期付採用・中途採用の活用　「調査研究会」の報告書は、メリット・システムのもとで、多様な人材を確保するための柔軟な任用形態として、

任期付採用や中途採用の制度を活用するように求めている。2000年に「地方公共団体の一般職の任期付研究員の採用等に関する法律」が制定され、また、2002年には「地方公共団体の一般職の任期付職員の採用に関する法律」が制定されたのを受けて、自治体は、行政の専門化などに対応するために、条例を制定して任期付研究員・任期付職員・任期付短時間勤務職員等の採用制度を実施しようとしている。

(a) 任期付職員の採用状況　総務省公務員課の調査結果（2007年4月現在）によると、任期付研究員の採用状況は20団体68人（うち都道府県18団体65人）、特定任期付職員・一般任期付職員（3条規定）の採用状況は160団体2461人（都道府県38団体288人、指定都市8団体96人、市区町村114団体2077人）、任期付短時間勤務職員の採用状況は17団体1782人（指定都市1団体62人、市区町村16団体1720人）となっている[27]。こうした任期付職員の採用状況を見ると、任期付採用制度が限定的にしか活用されていないことを確認できる。

その原因としては、法律上の規定により、任期付研究員の採用の場合、対象者が「優れた研究業績や高度な専門知識を有する者」に限られ、しかも人事委員会との採用計画の協議や承認手続きが必要とされること、任期付職員・任期付短時間勤務職員の場合も、競争試験又は選考による採用が原則とされていることなどが考えられる[28]。任期付採用制度は、採用者の身分が不安定で落ち着いて職務に専念できないといった職員意識の問題だけでなく、任期付採用にメリットの原則を厳格に適用しているため、行政の専門化などに柔軟に対応する仕組みとして活用しにくいという問題もある。任期付採用制度は、情実任用に陥らない選考を前提条件として、採用方法を簡素化するなどの見直しをする必要があろう。

(b) 中途採用試験の実施状況　1999年の「調査研究会」の報告書は、職場の活性化、職員の年齢構成の平準化等の効果が期待できるとして、中途採用による人材を確保するように求めている。総務省公務員課の調べ（2006年度）によると、経験不問の中途採用試験（新卒者と「経験者採用試験」受験者以外を対象）を実施している団体は、都道府県が3団体、指定都市が2団体にすぎない。また、民間企業等の一定の社会経験を有する者を対象にした「経験者採用試験」を実施している団体は、都道府県が17団体、指定都市が13団体となっている。

都道府県、指定都市等の団体では、「経験者採用試験」の受験資格として、通常民間企業、NPO等における5年以上の職務経験や活動経験を求め、民間企業やその他の専門分野の人材を即戦力として活用して組織の活性化を図ろうとしている。なお、地方公共団体全体の活用状況については、市区町村のデータが集計されていないため不明である。

ところで、「懇談会」の報告書は、中途採用を公務員制度を適正にする柱と位置づけ、一般職・専門職・総合職の3種類の中途採用試験を実施するように求めている。国家公務員の中途採用試験は、2007年度から再チャレンジ政策の一環として導入されるようになっている。地方公務員についても、民間企業等で多様な経験、高度の専門能力・知識を有する人材を確保して、組織の活性化や民間のコスト意識の向上を図るために、中途採用試験を実施していく必要がある。

職員の中途採用は、入り口選別中心の閉鎖的人事政策を転換し、任用の「多様・柔軟化」を通じて組織の活性化をもたらすことを期待できるが、中途採用試験の実施にあたっては、「調査研究会」が指摘するように、応募者の資格・学位の取得や実務経験に基づく専門能力等の客観的な評価を行う仕組みを整備し、中途採用者の処遇の公平性や透明性を確保することが必要である。

Ⅲ 自治体の管理職の役割と任用人事

「公務員制度の総合的な改革に関する懇談会」（2007年2月、以下「総合懇」）の報告書によると、幹部候補の育成課程においては、幅広い視野、高い専門性やマネジメント能力などを養う機会を一定期間において計画的かつ集中的に付与し、法案・政策の立案能力やマネジメント能力等を育成・発揮できるポストに幹部要員を配属するとしている。

また、人事院の「公務研修・人材育成に関する研究会」（2009年2月、以下「人材研究会」）は、「新しい時代の職業公務員の育成」と題する報告書を提出し、職業公務員が身につけるべき要件として、公務員としての①基本的能力、②使命感・職責の自覚、③勇気・気概、④幅広い視野・識見、⑤問題解決能力、⑥状況分析・洞察力の6つの能力・資質を挙げている。

第Ⅰ部　各国における公務員の人事制度改革

こうした「総合懇」や「人材研究会」の提言は、国家公務員制度の公務員に求められる問題以外はおおむね地方自治体の管理職のあり方として適用すべき内容になっている。以下では、分権時代の地方自治の中核を担う自治体の管理職に求められる役割と任用人事のあり方について検討してみよう。

1　自治体の管理職の役割

(1)　管理職の範囲

「組織は人なり」と言われるように、行政組織の管理活動の質が職員や管理職の意識や能力に左右されることが大きいことから、国・地方を問わず、公務員の幹部要員の人材育成が重要な人事課題になっている。特に、自治体においては、地方分権推進法に基づく地方分権の進展に伴い、地方自治の中核を担う管理職の役割や任用人事のあり方が問われるようになっている。自治体の管理職について検討する場合に厄介なのは、どの職制をもって管理職とするか、いわゆる管理職の範囲をどう規定するかという問題である。

わが国の行政組織においては、稟議制に象徴される特有の意思決定過程によって、国の場合には課長補佐行政、府県・市町村では係長（主任）行政と言われるように、職制のかなり下の者が実質的な意思決定者であることが多いことから、課長だけでなく、係長や主任までが管理職とみなされる傾向がある。

例えば、尼崎市の管理職員の範囲についてみると、秘書課、総務課、人事課、財政課等の場合は、課長補佐、係長が管理職に含められ、給与課や教育委員会の職員課の場合は、主任や主事に加え職員団体担当の職員も管理職に含められている。尼崎市の場合、6級（課長）以上の役職者を管理職員等と規定しているが、労使関係に関する機密の事務を取り扱う5級（課長補佐）以下の職員も、管理職員等の範囲の中に組み入れている。

こうした措置は、尼崎市に特有のものでなく、他の自治体にもみられる一般的なものであり、自治体の管理職の範囲を職制の上下関係によって明確に規定できないことを示している。このように、自治体における管理職の概念は、実際には、職制上の課長職よりもかなり下位の者を含む曖昧なものになっているが、ここでは、課長級の管理職の役割について見てみよう。

(2) 管理職の役割

① 人事管理者の役割イメージ　自治体の人事管理者（都道府県人事課長、指定都市・市人事部長）を対象にしたアンケート調査によると[29]、自治体の課長級の管理職に求められる能力や資質は、行政のレベルによって状況が少し異なり、都道府県では、「政策の企画・立案能力」が「部下の把握・育成能力」より重視され、「人間的魅力」や「専門的知識」等の資質が重視されているのに対し、指定都市では、「外部との対応能力」が「政策の企画・立案能力」と同様に重視され、「専門的知識」や「健康」等の資質が必要とされている。一方、市の場合は、「政策の企画・立案能力」とともに、「部下の把握・育成能力」がより重視され、「専門的知識」や「向上心」等の資質が必要とされている。

なお、部長級に求められる能力については、都道府県・指定都市・市を問わず、「外部との対応能力」や「大局的な視野」が重視され、部長級に求められる資質等についても、一様に「幅広い教養」と「人間的魅力」が必要と考えられている。

② 行政研究者の役割イメージ　自治体の管理職に求められる役割について、例えば、足立忠夫は、組織人としての管理職の役割と対市民サービスの提供者としての管理職の役割に分け、組織人としての管理職の役割として、(a)自己の担当分野の専門的知識・技術の濃密化と最新化、(b)他の専門分野の人と協働できる能力、(c)現代社会に関する広範な一般的知識の獲得、(d)人間の信念や感情に対する共感能力の開発、(e)チームワークを形成する民主的リーダーの5つの要件を課している[30]。

この管理職の役割イメージによると、自治体の管理職は、幅広い教養を身につけ、自己の所管する職務の専門的知識・技術の修得と最新化に努め、職場の部下の気持ちがよく理解できる感性を持ち、職場において良好な人間関係を形成することのできる民主的リーダーとしての役割が期待されるとともに、対外的には、一般の市民と対話、協働できる能力を身につけた対市民サービスの提供者としての役割（市民的立場への復帰）が期待されている。

大森彌は、職場組織の所属長としての管理職の機能として、(a)職場の仕事の割り振り、(b)良好な人間関係の維持、(c)公正な人事の3つの役割を重視してい

る。この役割イメージによると、まず、管理職は、職場における仕事の割り振りを所属職員の信頼と承認が得られるような形で行い、部下の職員に職場組織における仕事の意義を明確に伝えることが重要な機能になる。また、管理職は、職場におけるチームワークの形成のために悩みを抱えている職員を察知し、その悩みを聞き職員の方から悩みを打ち明けられるような存在になることが望ましいと考え、管理職自身が誠実で明朗な性格をもち、度量が大きく人間的魅力に富む人柄の持ち主になるよう求めている。そして、管理職は、適材適所の人事配置によって組織の人的資源を有効に活用するためには、公正な異動・昇任人事を行い、職員個々に異動の趣旨を説明するなどの配慮の必要性が強調されている[31]。

この他、自治体の管理職に対しては、行政ニーズの把握者としての役割とともに、組織と外部との「境界関係」を担当する利害調停者としての役割が指摘されている[32]。また、最近の地方分権の進展に対応して、自治体の政策形成能力の向上が課題とされており、特に管理職には、職場で政策を企画・立案し、他部課、議会、市民、諸団体とも調整して政策の実現を図る「政策ネットワーク・リーダー」としての役割も期待されるようになっている[33]。

このように、自治体の管理職には多様な役割、能力が期待されているが、都道府県レベルと指定都市ないし市のレベルでは、組織の規模や行政を取りまく環境も異なるため、管理職に期待される役割も当然変化することになろう。しかし、職場における職員の異動・昇任を公正に行う人事評価者としての役割は、モデル・エンプロイヤーとしての公務組織の管理職に期待される重要な要件である。次に、公正な人事評価者としての管理職の役割に関連して、管理職の任用人事について見てみよう。

2 自治体の管理職の任用人事
(1) 能力主義と専門性の強化

管理職の任用に関しては、地方公務員法の規定で「職員の任用は、受験成績、人事評価その他能力の実証に基づいて行われなければならない」（第15条）となっているが、自治体では、一般に地公法（第21条第4項）の規定する昇任のための「競争試験」を実施せず、「選考」により管理職を任用している。

自治体の管理職の「能力」の実証方法としては、昇任試験や人事評価の実施が考えられるが、自治体における管理職の昇任方法を見ると、全体に、勤務評定に基づく年功序列的な昇任が多く、昇任試験等による能力主義的昇任を行っている自治体は依然として少ない状況にある。しかし、昇任試験等の実施による管理職人事への能力主義の導入は、終身雇用を前提にした年功序列的、横並び主義的な人事システムの弊害を是正できると同時に、有能な若手職員に昇任と能力発揮の機会を与えることによって、職員のモラールの向上と組織の活性化をもたらすことが期待できる。

　ちなみに、わが国の公務組織の管理職の選抜人事には、昇任試験や勤務評定の実施の有無にかかわらず、課長級なら課長級の職務の遂行能力を評価するものではなく、一般的な管理職の職務の遂行能力を判定するにすぎないという問題がある。したがって、仮に人事課や福祉課の課長に任用されたとしても、その課長は人事問題や福祉問題に関して専門能力を有するエキスパートというわけではない。

　わが国の場合、国・地方を問わず、いわゆる職階制を実施していない関係で、いったん管理職に任用されると、職務内容が変わっても、同じ課長級で他の課に異動するという人事政策が採用され、部長級や課長級以下のレベルでも同様の配置転換が行われている。

　しかし、この人事政策には、社会環境の変化に適切に対応しうる仕事のエキスパートが育成されにくいという問題があり、採用後のキャリア発展の一時期に、専門職群のコースを選択させ、特定の職務の専門知識・技術の修得者を対象に、管理職に登用するといった専門性の強化対策が必要である。また、行政の多様化、専門化に対応するためには、昇任速度が遅れやすい専門職に対する昇進ルートの導入という対策も必要になる。

(2) 民間の管理概念の導入

　自治体においては、1980年代の前半以降、「第二臨調」およびそれに続く「行革審」の答申に沿って、小さな政府に向けての行財政改革の取り組みが展開されてきている。しかし、近年の官官接待やカラ出張等の問題によって、自治体職員の親方日の丸的な役所体質が依然として克服されていないことが明らかになり、改めて自治体職員のコスト意識や組織の効率的な運営のあり方が問

われている。

　まず、自治体職員のコスト意識の強化のために、外郭団体・民間組織への人事異動（交流）や管理研修等の成果が期待されているが、職員のコスト意識を広く市民にアピールする方法として、例えば、アメリカの連邦公務員の使用する封筒に「私信に使うと300ドルの罰金」と印刷されているように、自治体の封筒等にこうした市民へのメッセージを印刷するような工夫が必要であろう。

　役所の場合、民間企業の場合と異なり、コストの削減や予算の節約等に貢献してもあまり評価されないという雰囲気があるが、財政支出の節約、削減に貢献した職員を積極的に表彰、褒賞するような人事評価システムを設ける必要もあろう。

　また、自治体組織の運営には、民間の厳しいコスト意識を導入し、時間・仕事・人員のムダを排した効率的な人事管理が求められている。しかし、公務組織における効率性は、あくまで市民的利益と調和し、社会的ニーズに敏感に反応するものでなければならず、市民には、納税に見合う有効な行政サービスが提供されなければならない。

　ちなみに、イギリスでは、1995年に、メージャー首相が公共サービスの質を向上させるために、シティズン・チャーター制度を導入し、官僚主義的サービスを一掃しようとした[34]。このシティズン・チャーターは、国民を「消費者」として位置づけ、迅速なサービス、人間味のあるサービス、情報の提供、苦情処理、利用者による満足度評価といった目標を設定し、納税者である国民の評価を中心にした公共サービスの提供を目指している。自治体の組織においても、市民を消費者ないし顧客と位置づけ、市民の意見や評価を反映した行政サービスを提供するために、各部局のシティズン・チャーターを積極的に設ける必要があろう。

　さらに、自治体組織の人事管理に関連して、管理職の部下に対する指導力や職員の仕事に対する評価能力が問われている。管理職には、職場において職員の仕事ぶりを公正に評価し、職務実績の優れた職員を積極的に管理職に抜擢し、逆に怠慢な職員を指導した上で適正に処分できる指導力や管理能力が求められている。

　最近、自治体の人事委員会（公平委員会）に対する職員からの不利益処分の

申し立て件数が全国的に少なくなってきているが、こうした状況が自治体における良好な労使関係の形成によって生じているのではなく、職員の不服申し立てを審理する人事委員会（公平委員会）の存在により、管理者が職員に対する不利益処分の行使を自己規制したことによって生じているのであれば、人事委員会（公平委員会）制度の効用をむしろ評価すべきであろう。[35]

しかし、自治体の管理職に問われているのは、職場に怠慢な職員がいれば、まず適切な指導を行い、それでも勤務状況を改善できない職員を思い切って処分できる部下の仕事ぶりに対する評価能力であり、対市民への影響を常に配慮して組織を効率的に運営できる管理能力であることを忘れてはならない。

IV　自治体の外郭団体と派遣人事

自治体の提供する行政サービスの範囲が拡大することに伴い、自治体は自治体としての制度的制約を超え、行政サービスを弾力的に提供する必要に迫られるようになっている。自治体においては、従来の公共サービスと民間サービスの中間領域の市民サービスを提供する行政手法として、外郭団体が積極的に設立され、都市経営の推進力として活用されてきている。以下では、神戸市の外郭団体と派遣人事について検討してみよう。

1　自治体の外郭団体
(1)　外郭団体の概念

外郭団体とは何か。明確に定義したものはないが、旧自治省によれば、自治体が25％以上出資する法人を地方公社と定義している。具体的には、地方自治法によって市長の調査権が及ぶものおよび監査委員の監査権が及ぶものである。市長の調査権が及ぶのは50％以上出資している法人であり、監査委員の監査権が及ぶのは25％以上出資している法人である。こうした意味での外郭団体は、その設立時に準拠する法律によって、次の3つの形態に分類される。

(2)　外郭団体の設置形態

第1の形態は、特別法により「公法上の法人」として、地方自治体が全額出資して設立する土地開発公社、住宅供給公社、道路公社などの公社である。

第2の形態は、民法に基づき「民法上の法人」として設立される公益法人（財団法人と社団法人）であり、第3の形態は、商法に基づく「商法上の法人」として設立される株式会社と有限会社である。

神戸市の外郭団体と他の政令指定都市の外郭団体と比較してみると、25％以上の資本金又は基本財産を出資し、出向者を送り出している団体数は34と大阪市に次いで多い。外郭団体の設立条件は、設立される外郭団体の機能によって多様であるため一義的に規定できないが、外郭団体を都市経営の推進力として積極的に活用した宮崎元市長の次の見解は、神戸市の外郭団体の特徴を端的に示唆しているように思われる。

> 「外郭団体には三つのメリットがあると考えている。一つは、それぞれを独立採算にしているため、職員に役所でできない企業経営を修得させ、経営セシスを磨かせることができる。本局にいると無愛想なものも、外郭団体へ出向するとていねいな対応をしている。自分で稼がせ、月給は天から降ってくるという役人根性を捨てさせるわけだ。二つには、外郭団体は企業とみなされ、銀行から金を工面できる。国の許可を必要としない起債みたいなもので、抜け道といえないこともない。三つ目は、（略）定員の問題だ。人が必要でも定員というものがあり、国がなかなか認めない。その場合、外郭団体の職員として雇う」[36]。

こうした外郭団体効用論は、非能率、汚職の温床、市退職者のはけ口といった従来の外郭団体に対する暗いイメージを一新するものとして注目される。神戸市の外郭団体の機能で特に注目されるのは、自治体経営の効率化の手段としての効用だけだけではない点である。宮崎元市長自身が強調するように、外郭団体の人事管理上の効用が外郭団体の設立を積極的に刺激したとすれば、神戸市の外郭団体の設立要因は、経営的要因とともに人事管理上の要因が大きいということになる。

(3) 外郭団体への派遣形態

神戸市における市組織と外郭団体との人事交流は、特に宮崎市政以降積極的に展開され、神戸市の人事政策の慣行として定着しているといってよい。市の職員を外郭団体に派遣する場合、まず問題になるのが職員の派遣形態である。

市の職員を外郭団体へ派遣する場合、職員派遣の根拠や派遣職員の身分取扱いに関する特別な制度は、現時点では存在しない。そのため、自治体の外郭団

体への職員派遣は、職務命令、休職、職務専念義務免除（職専免）および退職の4つの方法のいずれかによって行われているが、一般に、常勤職員の派遣の大多数は、休職又は職専免の形態で行われている。

神戸市においては、地方公務員法第27条に基づく「職員の分限及び懲戒に関する条例」により、派遣期間中を休職扱いにして職員を外郭団体に派遣する場合と、地方公務員法第35条に基づく「職務に専念する義務の特例に関する条例」により、派遣期間中職員の職務専念義務を免除し、現職のまま派遣する場合の2つの方法が採られている。この2つの方法のいずれを出向者に適用するかは、出向先の団体の組織形態や機能によって選択されるようであるが、いずれの場合も、市職員の身分のまま、外郭団体に出向していることに変わりはない。

2　外郭団体への派遣人事
(1)　派遣人事の特徴

神戸市職員の定例異動に関する調査資料によると[37]、人事異動の特徴として、局間の異動がかなり頻繁に行われているだけでなく、特に係長級以上の役職者の人事異動の場合（総数914人）、その約30％（総数273人）が外郭団体への異動であるのが注目される。

また、外郭団体への出向職員数（係長級以上）に関する調査資料によると[38]、神戸市の場合、係長級以上の外郭団体への異動の特徴として、昇任者が派遣されるというケースが多く、その割合は1990年度では、昇任者全体（317人）の30％近く（86人）を占めている。また、外郭団体への出向者（147人）に限ると、昇任者の割合は60％近くに達する。こうした派遣人事の特徴が示すように、神戸市では、役職に昇進直後のやる気のある職員を外郭団体に出向させることによって（期間は約3年）、役所では身につかない経営センスやコスト意識を身につけさせ、市の組織を活性化しようとしている。

外郭団体の法人形態別の市職員の出向状況に関する調査資料によると[39]、特別法人の土地開発、住宅供給、道路三公社の役員（部長級以上）の場合、道路公社の一人を除く全員が市からの出向者と市の退職者で占められている。

次に、財団法人の状況をみると、水道サービス公社、㈲神戸市開発管理事業

団などの役員は、全員市からの出向者か市の退職者であり、都市整備公社、スポーツ教育公社、緑農開発公社などの役員については、その大半が市から派遣されている。さらに、株式会社の状況をみると、特に神戸交通振興㈱の場合、市からの出向者の比率が高いが、その他の株式会社では、市からの派遣者の割合は小さくなっている。

こうした役員レベルの出向状況に対し、部長以下の役職者の出向状況が注目される。役職者の外郭団体への出向状況に関する調査資料（1989年）によると[40]、課長級の地方三公社への出向状況は、土地・住宅公社の課長級の役職者の大半が出向者で占められているのに対し、道路公社の場合半数程度にとどまる。

また、財団法人については、水道サービス公社、緑農開発公社、海浜管理協会の場合、全員出向者で占められ、都市整備公社、市民文化振興財団、開発管理事業団、市民福祉振興協会、スポーツ教育公社などにおいても出向者の比率が非常に高い。これに対し、株式会社の場合、神戸交通振興㈱で50％を少し超えているが、その他の法人では出向者はゼロに近い。

したがって、外郭団体への派遣状況を法人形態別にみると、法人の形態によって出向比率は異なるが、特に地方三公社と特定の財団法人において、役員ポストと課長級ポストにおける市からの出向者の比重が非常に高くなっていることがわかる。こうした状況に、外郭団体における管理職の経験を通じて、職員に経営感覚を身につけさせようとする神戸市の人事政策の特徴が現われているといってよいであろう。

(2) 派遣人事の課題

神戸市の場合、外郭団体への派遣は本庁組織と外郭団体間の人事ローテイションの一環として行われているため、一般に派遣人事に伴いがちな暗いイメージはない。むしろ、「市に入って八年目に受けられる係長試験をパスしたあたりの若手を優先して送り出す。2、3年の期間で、出先の成績次第でいいポストに帰すので、目の色が違う」（宮崎辰雄『神戸を創る』）と言われるように、職員の側にも、キャリア・パスとしての外郭団体派遣の成果に対する期待度も高くなっている。

外郭団体の人事構成は、上述のように、個々の外郭団体の業務内容や出資割合によって当然多様にならざるを得ないが、特に、公共性の強い公社と企業性

の強い株式会社の中間に位置する準公共的、準企業的な団体（財団法人）の場合に、職員人事のあり方が問われることになる。

　将来、確実に高齢化するプロパー職員（約3000人）の昇進などの処遇をどうするかは、神戸市の外郭団体に勤務するプロパー職員のモラールに影響する重要な問題であろう。

　現在、市の職員数（一般行政）が二万人以上に及び、40代のいわゆる団塊の世代が多数を占めるポストレス状態が継続するなかで、神戸市における外郭団体への派遣人事は、今後とも、外郭団体の性格に応じてプロパー職員と出向職員双方のモラールを確保しながら、行政組織の活性化を達成するという課題に取り組んでいかなければならないだろう。

［注］
1）　公務員制度調査会『公務員制度の基本方向に関する答申』（1999年3月）13頁。
2）　地方公務員制度調査研究会『地方自治・新時代の地方公務員制度』、1999年4月、25頁。
3）　地方公務員制度調査研究会、前掲報告書2）、27頁。
4）　地方公務員制度調査研究会、前掲報告書2）、27-28頁。
5）　公務員制度調査会、前掲答申1）、15頁。
6）　政府間人事法については、坂本勝「アメリカ連邦公務員制度における人事行政の動向」――メリット・システムと代表性を中心に」『龍谷法学』29巻3号、1996年、29頁以下を参照されたい。
7）　地方公務員制度調査研究会、前掲報告書2）、17頁。
8）　この問題については、坂本勝「地方公務員研修の現状と問題点」『都市問題研究』34巻8号、1982年で検討したことがある。
9）　地方公務員制度調査研究会、前掲報告書2）、32頁。
10）　公務員制度調査会、前掲答申1）、17頁。地方公務制度調査研究会、前掲報告、34頁。
11）　公務員制度調査会、前掲答申1）、40-41頁。
12）　地方公務員制度調査研究会、前掲報告書2）、43頁。
13）　地方公務員制度調査研究会、前掲報告書2）、50-51頁。
14）　地方公務員制度調査研究会、前掲報告書2）、53-54頁。
15）　人事委員会の設置は、都道府県が47団体、指定都市が18団体、特別区が1団体（23区共同で1978年設置）、市が2団体（熊本市と和歌山市）の合計68団体となっている。また、公平委員会の設置は、単独設置が834団体（15万以上市108、15万未満市351、町村127、組合248）、共同設置が749団体（15万以上市22、15万未満市111、町村288、組合328）・一部事務組合方式による設置が182団体（15万以上市7、15万未満市44、町村55、組合76）の合計1765団体となっている（2022年4月・総務省公務員課資料）。
16）　人事行政機関の機能のあり方については、坂本勝「人事行政における人事委員会と人

事局」『都市問題』80巻3号、1989年、毛桂榮「公務員制と政治体制」(1)(2)・完——5カ国人事行政機関の比較研究」『法学研究』66-67号、1999年などを参照。
17) 「行政改革推進本部専門調査会小委員会」議事要録「東京都からのヒヤリング」(2007/1/18)。http://www.gyoukaku.go.jp/senmon/iinkai/dai1/a_gijiyouroku.pdf
18) 第18次公務能率研究部会報告書『地方公共団体における人事評価システムのあり方に関する調査研究——新たな評価システムに向けて』、2004年、133頁。
19) 第18次公務能率研究部会「地方公務員の人事評価システムのあり方に関するアンケート調査結果」、上記報告書、134頁。
20) 「今後の行政改革の方針」(2004年12月閣議決定)による「新たな人事評価の第1次試行について」、2005年10月人事管理運営協議会幹事会申合せ
21) 女性、障害者、定住外国人の「代表性」の問題については、坂本勝『公務員制度の研究』法律文化社、2006年、150頁以下を参照。
22) 内閣府男女共同参画局報告書「地方公共団体における男女共同参画社会の形成は女性に関する施策の推進状況について」(2007度)集計表5-1。
23) 東京都人事委員会「都職員の構成」2007年、「都職員の階層別女性比率の推移」(管理職)資料。
24) U.S. Merit System Protection Board, A Question of Equity: Women and the Glass Ceiling in the Federal Government, 1992, PP.1-55. U.S. Merit System Protection Board, Fair and Equitable Treatment: A progress Report on Minority Employment in the Federal Government, August, 1996, pp.1-87.
これらの報告書の詳細については、坂本、前掲稿6)、60頁以下を参照されたい。
25) MSPB (1992), ibid., p.39.
26) 内閣府男女共同参画局「地方公共団体における男女共同参画社会の形成又は女性に関する施策の推進状況について」(2007年)、集計表4-5。
27) 川嶋豊一「地方公共団体における任期付採用制度の運用状況に関する結果について」『地方公務員月報』2007年10月号、156-161頁。
28) 西村美香「地方公務員制度における任用の多様化・柔軟化の限界」『都市問題』95巻12号、2004年、34頁を参照。
29) 地方自治研究資料センター『管理職の選抜(登用)及び育成に関する研究報告書』自治研修協会、昭和60年3月。
30) 足立忠夫『現代の行政管理』公職研、1993年、190-199頁。
31) 大森彌「自治体の管理職——所属長としての役割」(『法学セミナー増刊・これからの地方自治』1986年、206-209頁。
32) 田尾雅夫「地方行政における自治体管理者の立場と役割」『都市問題研究』42巻5号、1990年、67-68頁。
33) 江口清三郎「政策形成能力の育成と人事・研修体制」『都市問題』88巻1号、1997年、36頁。
34) シティズン・チャーターについては、竹下護「行政組織の改革——イギリスのシティズン・チャーターを事例に」『季刊行政管理研究』75、1996年9月、4頁以下を参照。
35) アメリカでは、管理者の人事統制権を強化するために人事委員会制度改革が進展している。この問題については、坂本、前掲稿16)で検討している。

36) 宮崎辰雄『神戸を創る』河出書房、1993年、155頁。
37) 職員の定例異動に関する神戸市都市問題研究所編『外郭団体の理論と実践』勁草書房、1991年の調査資料は、坂本勝「外郭団体」『新修神戸市史 行政編Ⅰ・市政のしくみ』所収、神戸市、1995年、310頁を参照。
38) 出向職員数に関する神戸市都市問題研究所編『外郭団体の理論と実践』の調査資料は、前掲稿37)、310頁を参照。
39) 職員の法人形態別の出向状況に関する地域政策研究会編『地方公社総覧』ぎょうせい、1990年の調査資料は、前掲稿37)、311頁を参照。
40) 役職者の出向状況に関する蓮見音彦・似田貝香門・矢澤澄子編『都市政策と地域形成 神戸市を対象に』東京大学出版会、1990年の調査資料は、前掲稿37)、313頁を参照。

第3章 イギリスの人事委員会の再編と「公務員法」の制定

序

　近年、米英の公務員制度では、人事委員会の廃止や組織の再編が行われてきている。アメリカでは、連邦公務員法により1883年に人事委員会が設置されたが、1978年の連邦公務員法の改正により廃止され、人事委員会は、人事管理庁（Office of Personnel Management）とメリット・システム保護委員会（Merit System Protection Board）に再編されている。人事委員会の廃止は、1937年のブラウンロー委員会（Brownlow Committee）による廃止勧告以来の懸案であった。

　イギリスでは、ノースコート・トレベリアン報告の勧告により、1855年に人事委員会が設置されたが、1968年のフルトン委員会の勧告を契機に、最近に至るまで人事委員会の再編や民営化の試練に晒されてきた。2010年4月、懸案の「公務員法」が制定されると、新しい人事委員会が設置されている。

　本章では、まず、イギリス公務員制度における人事委員会の設置と人事委員会の再編について記述し、「公務員法」の制定論議を整理、検討する。そして、イギリスの「公務員法」の規定と新しい人事委員会の機能および「公務員法」の評価について詳述し、日本の公務員制度への示唆について考えることにしたい。

I　ノースコート・トレベリアン報告と人事委員会の設置

1　ノースコート・トレベリアン報告

　イギリスの公務員制度の歴史は1855年に遡り、それ以前の政府機関の職員は公務員とは区別されている。1914年の公務員の採用・昇進方法に関する「マクドネル王立委員会」（McDonnell Royal Commission）の観察によると、1855年以

前には統一の職員募集の規則も統制原理も存在せず、腐敗した政治的情実人事を規制するものは何もなかった[1]。

　情実任用制（patronage system）の時代には、最良の者が選抜されず仮に有能な者が任用されても、彼らの才能が活用されることはほとんどなかった。また、政府機関が分節的で統一的人事制度を欠いていたため、職員の昇進は所属する省庁においてのみ行われた。

　1854年2月に議会に提出されたノースコート・トレベリアン報告は、19世紀の近代化プロジェクトとしてより能率的なサービスを実現するために、次の3つの目標の実現を求めている。

①徹底して能率的な男性を公務員制度に供給するために、適切な試験制度を実現する。

②公務員の勤勉を奨励し、メリットを助長し功績に応じた昇進を楽しみにしているすべての公務員を教育し、公務員制度において資格があれば誰でも最高の賞賛を期待できるようにする。

③公務員制度の分節的特徴から生じる悪弊を緩和し、統一的要素を公務員制度に導入するために、画一的な体制に公務員の最初の任用を行い、公務員の所属省庁以外の任用に関して官吏にまで昇進できる途を開き、また低等級の職員群（補助的な書記階級）のサービスをどのオフィスでもいつでも利用できるようにする[2]。

　ノースコート・トレベリアン報告は、腐敗した政治的情実人事に代えて公開競争試験を実施し、各省共通の2つの職（知的業務と機械的補助的業務）に若者を募集するように勧告し、良き公務員を獲得し採用後になすべき最良の方法は、試験による選抜後の短期の試用期間を経て生涯職に任用される若者を注意深く訓練することである、としている。そして、ノースコート・トレベリアン報告は、各省庁を通じて有効で一貫したやり方で確実に試験を実施するために、中央試験委員会（Central Board of Examiners）の設置を勧告している。

　人事委員会のコミッショナーは、公務員志願者に筆記試験を実施し、志願者が試験に合格し、年齢・健康・道徳的適性・職務遂行能力の要件を満たしているという証明書（Certificate）を発行する責任を負うものとされた。省庁に任用されるすべての若者は、試用期間の機会を与えられる前に、この「証明書」を

受け取らなければならないことになった。

2　人事委員会の設置

　ノースコート・トレベリアン報告は、法律による勧告の実施を期待したが、この期待に反する手続きがとられることになった。1854年1月31日のクイーンズ・スピーチは、公務員制度の能率を高めるために、公務員の採用制度の改善と準備すべき計画について言及している。この計画は、リチャード・チャップマン（Richard Chapman）によると、公務員法案のことであったが、閣僚の変更があったために1855年5月21日付の勅令により勧告が実施されることになったとしている[3]。

　人事委員会の最初の会議は、1855年6月4日に大蔵省のライアン・アパートで開かれた。コミッショナーたちは、トレベリアンからの手紙を受け取り、彼らを任命した枢密院令の規定を読み、志願者の資格証明書・推薦状・答案を審査するために、会議を毎日（土曜を含む）開催することにした[4]。

　この枢密院令（Civil Service Order in Council）の公布後、議会での審議は数週間が過ぎるまで一切行われず、審議の終了後の採決では公開競争試験の実施に反対し、人事委員会の機能も、推薦人事の継続を含む公開競争に依らないあまり厳しくない人事手続きの責任を委譲するというものであった。人事委員会の設置にも関わらず、多くの省庁は、なお情実人事で志願者を任用した。その後、下院は1860年に公開試験の支持を再確認し、公開試験は1870年に完全に実施されることになったが、内務省と外務省における試験の実施は一時的に除外された[5]。

　ノースコート・トレベリアン報告は、公務員法による人事委員会の設置を勧告したが、勅令によって設置されることになった。しかし、当時の議会の反応を勘案すると、いみじくもイートン（Dorman Eaton）が1880年の著書で述べるように、「議会の法律を求める最初の計画が実施されていたら改革はできなかったかもしれない。勅令だからこそ情実人事に致命的となる改革プログラムを進展させることができた[6]」と言うべきかもしれない。とはいえ、ノースコート・トレベリアン報告が勧告するように、人事委員会が公務員法に基づき設置されていれば、公務員の憲法上の地位の位置づけは違っていたかもしれない。

しかし、1855年の枢密院令による人事委員会の設置は、リチャード・チャップマンが指摘するように、イギリスの公務員制度の展開において歴史的意義をもたらした。第1に、人事委員会が公務員法ではなく勅令に基づき設置されたことで政府は人事委員会の再編を容易に行うことができた。第2に、勅令による人事委員会の設置は、公務員制度において生涯職の政治的中立性の価値を形成するのに役立った。[7]

II 人事委員会の再編とRASの設置・民営化

1 人事委員会の再編

イギリスの人事委員会は、1968年のフルトン委員会の勧告に基づき公務員省（CSD）が創設されると、人事委員会はCSDに吸収されることになった。大蔵省の給与・管理部門の業務もCSDに移管され、人事機能の集権的管理の時期が続いた。1981年に公務員省を廃止して管理人事庁（MPO）が設置されると、給与・管理機能は、内閣府付属のMPOと大蔵省に移管され、大蔵省事務次官と内閣府事務次官が公務員制長官を兼務することになった。

また、1983年には、人事委員会と各省大臣に採用人事権を分割する枢密院令の改正が行われ、人事委員会は、上級・中間レベルの公務員（15%）を任用する責任をもち、各省庁は、公開競争試験の成績に基づきすべての下級公務員（85%）を選考する責任を与えられることになった。そして、1987年には、MPOを廃止して公務員制度担当大臣庁（OMCS）が内閣府に設置されると、大蔵省との間に事務配分が行われている。

その後、人事委員会は、1991年の枢密院令の改正で改組され、募集・評価サービス庁（Recruitment and Assessment Services: RAS）が内閣府のエージェンシーとして設置されている。この時期には、7等級（旧主査等級）までのすべての等級の採用人事権の各省庁への大幅な権限委譲と、各省庁から所管エージェンシーへの人事権の委譲を通じて人事の分権化が進行し、省とエージェンシーが公務員の95%以上の任用に責任をもつようになっている。1992年に、公務・科学庁（OPSS）が内閣府に設置されると、OPSSに付属する形で公務員制コミッショナーと少人数の補佐職員だけが残ることになった。また、1995年に

は、OPSSを公務庁（OPS）に改組し、科学技術部門を貿易産業省に移管し、大蔵省から上級公務員の給与および退職等に関する総合調整機能を吸収している[8]。そして、1996年には公務員コードの改正で、公務員制コミッショナーに公務員からの申し立てを審理する権限が付与されている。

このように、イギリスの人事委員会は頻繁に組織の再編が行われ、再編に伴い機能も変化しているが、ここでは、内閣府のエージェンシーとして設置され、その後民営化されたRASの変遷を見てみよう。

2 RASの設置と民営化

(1) RASの設置

RASは、1991年に政府のエージェンシー化計画の一環として設置されたが、RASのエージェンシー化の目的は、公務員の募集と選抜のセンターとして実績をあげることにあった。RASは、設置から3年後、他のエージェンシーと同様に審査が行われているが、この審査で特に注目されたのは、幹部要員を採用するFast Stream（FS）試験に関するものである。1994年の内閣府審査報告書は、保健省、大蔵省、社会保障省のスタッフによって作成され、FS試験による採用を継続すべきかどうか、また質の高い人材を供給しているかどうかについて実績を審査している。

同報告書は、各省庁はFS試験による幹部要員の採用数の不足を問題にしているものの、FS試験任用者の職務実績には満足し、FS試験の継続を求めていることを評価し、FS試験について多くの勧告を提示している。この勧告の多くはメージャー政府に受け入れられ、1996年からこれまでのFS試験プログラムに代わってFS試験開発プログラムが開始されている。また、1996年までにFS試験による任用等級が変更され、任用時の年齢が26歳以下であればAT職として、それ以上であればHEO（D）職として任用されるようになり、3年から5年以内に中間管理職への昇進を期待できるようになった[9]。

(2) RASの民営化

RASの民営化は、ヘーゼルタイン（Michael Heseltine）の首相代理（公務員制担当大臣兼務）への就任とともに進展している。ヘーゼルタインは、下院「公務員制度特別委員会」における証言（1996年7月2日）で、『RASの民営化は実

を言うと政府としてすでに決定し民営化を進めている。段取りが決められ入札が進行中である』と述べ、7月11日付で、政府はRASの落札者がCapita Group plcであることを明らかにしている。RASは、キャピタ・グループに売却され、1996年10月1日付で民営化されている[10]。

リチャード・チャップマンは、下院と上院の議事録の審議内容を丹念に検討し、RASの民営化はヘーゼルタインが強引に押し切ったものと観察している。チャップマンが引用している上記委員会におけるベロフ卿（Lord Beloff）の次のコメントは興味深いものである。

『首相代理と比べると、「朕は国家なり」と述べたルイ14世などは全くつつましい小者であるように思われる。……我々は憲法上の問題を検討しつつある。我々の立憲制の基盤とされる1850年代のイギリス政府の性質に関してなされた変化を検討しているところであるが、この核となる政府の要素を民営化することは、近衛歩兵連隊を民営化するようなものである[11]』と。

下院と上院の委員会審議で物議を醸したRASの民営化は、その後、ブレア労働党内閣が誕生すると、ブレア内閣の内閣府大臣カニンガムが1999年2月に下院に提出した文書で、「1996年に民営化され、キャピタ・グループに移管されたFS試験開発プログラムの選抜は契約の満了（2001年）をもって公務員制度に戻されることになろう」と回答している[12]。

RASの民営化は、人的資源の点で犠牲を強いられるようになっている。チャップマンは、RASの民営化によってキャピタ・グループに移されたRASのスタッフは5年のうちに1人もいなくなり、RASの民営化の審議過程でも全く批判されるようなことのなかったRASのスタッフの専門性は、わずか5年で失われてしまったと嘆いている[13]。

イギリスの場合、人事の分権化が進展する一方で人事の透明性が低下し、アカウンタビリティが不明確になるという副作用も生じてきている。こうした副作用は、省と所管のエージェンシーとの間において生じ、エージェンシーと外部委託の企業との間において生じる可能性がある。RASの民営化は、結果的に人事行政の人的資源の損失という大きな犠牲を強いることになった。

勅令による人事委員会の設置は、人事委員会の再編を容易にし、人的資源の喪失という副作用を生じさせることになったが、その一方で、公務員制度にお

いて生涯職の政治的中立性の価値を形成するという効用があった。

Ⅲ 公務員の伝統的理念と「公務員法」の制定論議

1 公務員の伝統的理念

イギリスの公務員制度において、公務員の伝統的理念とされる大臣の説明責任、生涯職制、政治的中立性、匿名性、統一性の5つの価値は、1990年代前後以降の公務員制度改革に対応して変容を迫られるようになっている。ここでは、本章の主題との関連で、生涯職制と政治的中立性について検討してみよう。

イギリスの公務員は、米国の猟官制的人事システムとは異なり、メリット・システムに基づく生涯職制 (permanence) の価値を伝統的に享受してきた。しかし、メージャー時代の1994年と95年に公表された「公務員制度―継続と変化」と「継続と変化の推進」の2つの白書は、出向や人事交流を通じて上級公務員が民間セクターでの経験を身につけることを奨励するとともに、上級職の任用に公開競争試験の原則を導入するように勧告した。[14] この勧告を契機に、138名のエージェンシーの長官のうち92名が公開競争試験で採用され、このうち31名（23％）は公務員以外の民間から採用されている。[15] しかも、これらの長官は、生涯職制の理念に反する任期制の契約に基づき任用されたり、事務次官のポストが公開競争の対象にされるようになり、イギリス公務員の生涯職制は解体されつつある。

また、公務員は、党派的活動に従事せず公務の職務に関して個人的見解を明らかにせず、大臣に対して不偏不党の助言をするように期待されるが、いったん大臣が決定するとその決定を忠実に実行するものと期待されている。サッチャー時代の公務員の昇進人事への介入や公務・科学庁の第二事務次官Peter Kempの突然の解任事件を契機に、昇進を望む官僚は、大臣に対して不快な助言をしなくなり、エージェンシーの長官の場合も、免職を恐れる者や契約の更新を望む者は、大臣に直言するリスクを冒さないようになると懸念されている。公務員の政治的中立性は、これまで生涯職制を前提にした身分保証があったからこそ、公務員は免職を恐れることなく大臣に助言できたのが、管理改革

が生涯職制を浸食するにつれて政治的中立性を弱体化させている。

この問題の対策として、サッチャー政府時代には公務員の役割を規定したアームストロング・メモが公表されたり、メージャー政府時代には公職者の行為規範に関するNolan委員会の報告書が公表されたりした結果、公務員の中立性を再び強調する新しい公務員コードが導入されることになった。そして、ブレア政府の下でも、特別顧問（special adviser）の任命数の増加や各省の報道担当官の政治的任用に対する批判に対応して、2000年1月にNeill委員会の報告書が公表されている。

公務員の生涯職制や政治的中立性の伝統的理念が変容し、特別顧問の政策役割が増大する動きの中で、公務員の地位や政治的中立性を強化するために、公務員の職務を規定している公務員コードと公務員管理コードを公務員法に改めるべきであるという要請が強く出されるようになった。こうした要請は、コモン・ローに基づくイギリス不文憲法を改革しようという要請と軌を一にするものである。

公務員法の制定論議の中で争点となるのは、公務員法の範囲と内容をどのように規定するかという問題である。公務員法を制定する場合の選択肢としていくつかの方法が考えられる。第1の方法は、現行の公務員コードに法的効力を与えるだけの最小限の規定の公務員法を制定するというものである。第2の方法は、包括的な公務員法を制定するというものであるが、この方法では、公務員に関する規定が複雑かつ詳細すぎて、社会的環境の変化に政府が対応しにくいという問題がある。そこで、第3の選択肢として、公務員制度の「良い管理」の障害になるような詳細な規定はできるだけ避け、管理の「柔軟性」と公務員制度の基本的価値を共有できる規定にとどめるという方法が考えられる。以下において、議会に提出された報告書における公務員法の制定論議について検討してみよう。

2　「公務員法」の制定論議
(1)　下院「大蔵・公務員制委員会」の報告書（1994年）

下院の「大蔵・公務員制委員会」は、『公務員制度の役割』と題する報告書において、公務員制度の必須の価値を維持するために、全公務員の雇用条件を

定める新しい公務員コード（公務員行為規範）を制定するように勧告し、政府に報告書の巻末に添付した新しい公務員コードの草案に対する回答を求めている。そして、同委員会は、大臣と公務員の職務と責任を明確にする必要から公務員法を制定するように勧告している。同委員会の勧告する公務員法の内容は、詳細な規定の公務員法ではなく、公務員制度の必須の価値を維持し、保護することに対する議会の関心の反映であることを強調している[16]。

(2) 下院「公職者行為規範委員会」の第1報告書（1995年）

下院の「公職者行為規範委員会」は、第1報告書（通称Nolan報告書）において、公職に関して無欲（selflessness）、清廉性（integrity）、客観性（objectivity）、説明責任（accountability）、公開性（openness）、誠実性（honesty）、指導性（leadership）の7つの原則を掲げ、大臣は公務員に党派的な政治的職務を遂行するように求めるべきでないと勧告している。Nolan報告書は、「公務員法を制定することにメリットがあると考えているが、公務員法の制定を待たずに新しい公務員コードを導入することが急務である」と勧告している[17]。

メージャー政府は、こうした勧告に対して、「大蔵・公務員制委員会」の勧告する公務員法の制定を見送りながらも、同委員会の公務員コードの草案をもとに新しい公務員コードを制定している。この新しい公務員コードは、公務員がその範囲内で行動する憲法上の枠組みおよび公務員が保有するように期待される価値に関する概要を述べ、公務員コード違反の申し立てと内部手続きで解決できないような「良心の危機」の問題に関して、コミッショナーにアピールする新規の措置を講じている[18]。新しい公務員コードは、公務員にとって「良心の危機」を感じるような政治的上司からの指示に対する行動の指針を示すものになっているが、懸案の公務員法の制定は先送りにされている。

(3) 上院「公務員制度特別委員会」の報告書（1998年）

上院「公務員制度特別委員会」の報告書は、公務員制度を定義づけ、公務員コードを立法化する公務員法の制定に好意的であった。同委員会は、「公務員法は公務員制度が変化に迅速に適応できるように充分なる柔軟性を与えるべきである」（415節）、「公務員法は1992年の公務員管理機能規定に代えてクラウンのサーバントとしての公務員の募集と管理に関して画一的かつ明白なる指針を与えなければならない」（417節）、「公務員法は公衆の関心の下に公務員法の規

定違反を報告できるメカニズムを明記すべきである」(418節)[19]と勧告している。

この報告書に対する労働党政府の回答は、「公務員コードを立法化する用意があることを確約し、カニングハム (Jack Cunningham) 公務員制担当大臣も、公務員法の制定には政党間の合意が必要であるため立法化の時期を約束できないが、なお労働党政府の政策である」と述べ、上院「公務員制度特別委員会」の勧告におおむね同意するとしている。[20]

(4) 下院「公職者行為規範委員会」の第6報告書 (2000年)

2000年1月に公表された下院の「公職者行為規範委員会」の『規範の強化―公職者行為規範第1報告書の審査報告』と題する第6報告書 (通称 Neill 報告書) は、公務員法の規定の範囲等を決定する前に政党間の合意を形成する必要性を承認した上で、審議日程表が作成されていない点を批判し、労働党政府が1999年3月の『政府の現代化』と題する白書で公務員法の制定に言及していないだけでなく、同年12月に首相に提出されたウィルソン報告書のアクション・プランでも言及していない点を問題視している。[21]

労働党と自由民主党のジョイント・コミティーは、新しい公務員コード (公務員制度の中立性の強化) に法的強制力を与える公務員法の制定に合意し、2001年3月に公表された下院「行政特別委員会」の「政府の機能化―当面の課題―」と題する第7報告書も、分権改革 (スコットランド議会・ウェールズ国民会議の開設)、人権法の制定 (1998年)、情報の自由法の制定 (2000年) を通じて形成された新しい憲法秩序の下で、公務員法制定の機が熟していると述べている。[22]

(5) 下院「公職者行為規範委員会」の第9報告書 (2003年)

下院「公職者行為規範委員会」の第9報告書は、公務員制度の組織と規制に関する枢密院令の活用は不充分なものであったと述べ、政府がこれまで上院特別委員会の審議 (1998年・2000年) で繰り返し公務員法の立法化を約束し、リチャード・ウィルソン (Richard Wilson) 公務員制長官も、2002年のスピーチで公務員法案にコミットすると公言したにも関わらず、公務員法案の協議さえ行っていない政府の対応の鈍さに失望している。[23]そして、政府に対して公務員法案の内容について協議をすぐに開始するように勧告し、公務員法に盛り込むべき規定を勧告している。[24]

労働党政府は、この勧告に対して次のように回答している。

「政府は原則として立法化を受け入れるが、他の立法化の必要に応じて優先順位を付けなければならない。……政府は、公務員制度の不偏不党性を補強し続けることが必要と信じている。下院「行政特別委員会」の公務員法の制定を促す報告書が提出されれば、協議を進める基礎として政府の公務員法案を公表することになる」[25]。

(6) 下院「行政特別委員会」の報告書(2004年)

下院の「行政特別委員会」は、『公務員法草案──改革の完成』と題する報告書において公務員法の骨子を、①公務員制度の問題を勅令に代えて公務員法で規定する、②コミッショナーの地位を強化する、③公務員コードを立法化する、④特別顧問の数を制限せずにその役割を明白にする、と述べている[26]。

同委員会が提示した公務員法の草案は、法律に基づく人事委員会の設置と議会への年次報告書の提出および公務員コードの公表を規定し、公務員制担当大臣に公務員法に基づく命令を出させるように求めている。特に注目されるのは、特定の状況下でのメリットの選抜免除を可能にする特別顧問の任用に関するもので、特別顧問は公務員制度を尊重し、いかなる管理権限も行使してはならないと規定している[27]。

労働党政府は、2004年11月、公務員法の草案と一緒に協議文書を公表した。この協議文書の目的は、公務員法が必要かどうか、不偏不党性、清廉性、誠実性、客観性の核となる価値を支えるために措置を講じるべき段階かどうかを協議することにあった。政府の草案は、最近の「行政特別委員会」の草案と同様に、人事委員会に審査の権限を付与し、公務員志願者からの不服申し立てを聞き、公務員コード違反に対する公務員からの不服申し立てを審理すると規定している。

政府の草案は、公務員コード違反に対する人事委員会の独自の調査権を認めていない点を除けば、「行政特別委員会」の草案と同様に、特別顧問の職務内容を規定し、公務員制担当大臣に公務員コードと特別顧問行為規範を公表し、公務員の任期と条件を決定する権限を付与し、人事委員会のコミッショナーは女王が任命すると定めている[28]。

(7) 2005年以後の展開

2005年5月に行われた総選挙では、自由民主党だけがマニフェストで公務員法の制定を公約したが、労働党と保守党はいずれも公約しなかった。労働党が勝利した総選挙後のクイーンズ・スピーチでも、公務員法への言及はなかったが、ゴードン・ブラウン内閣が誕生すると、2007年7月4日、ブラウンが首相として初めて公務員法に言及している。この発言がきっかけで、公務員法の制定がにわかに現実味を帯びるようになり、2008年5月、『憲法リニューアル草案と白書』(Constitutional Renewal: A Draft Bill and White Paper) が公表されている。

この憲法リニューアル草案は、公務員制度に関してはじめてメリットに基づく任用の原則だけでなく、公務員制度の清廉性、誠実性、客観性、不偏不党性のコア価値に関する規定とともに、特別顧問の規定と人事委員会の規定を盛り込み、公務員コードに反する行為に対する公務員の申し立てに対する人事委員会の調査権の規定を修正すべきであると示唆している。[29]

「公務員法」の立法化は、2008～2009年の会期内に実現せず2009～2010年の会期に持ち越されたが、懸案の公務員法は、2010年5月の総選挙直前の4月、会期の終了間際にようやく Constitutional Reform and Governance Act 2010 として制定されている。

Ⅳ 「公務員法」の制定と新しい人事委員会の設置

1 「公務員法」の制定

2010年憲法改正・ガバナンス法 (Constitutional Reform and Governance Act 2010 (以下「2010年法」と略す) は、2010年4月8日に女王の署名を得て成立した。懸案とされてきたイギリスの公務員制度に関する法律は、7編・7附則から成る「2010年法」の第1編 (The Civil Service) の第1章 (Statutory Basis for Management of the Civil Service) で規定されている (以下「公務員法」と略す)。「公務員法」の概要は、以下のようになっている。

(1) 「公務員法」の適用対象 (第1条)

「公務員法」の規定は国家公務員を対象にしているが、秘密情報サービス、

安全保障サービス、政府コミュニケーション本部、北アイルランド公務員制度および司法制度に関わる公務員には適用されず、UK 以外の外国での職務遂行を目的とした公務員ではない職員の選抜およびこうした目的のために選抜される者の任用等には適用されない。

(2) 人事委員会の設置（第 2 条）

政府から独立した組織として人事委員会を設置し、人事委員会は、公務員制度の任用の選抜に関係する役割をもち、公務員コードに抵触する行為の是非を決定する等の役割をもつ。

(3) 公務員制度の管理（第 3 条）

公務員制担当大臣は、内務公務員を管理する権限と任用権をもち、外務大臣は外務公務員を管理する権限と任用権をもつが、国家安全保障審査業務は管理権の対象から除外されている。

(4) 公務員の行為規範（第 5 条）

内務公務員と外務公務員が遵守すべき行為規範として、清廉性、誠実性、客観性、不偏不党性の 4 つのコア価値を掲げている。公務員コードは、これらの価値に基づき職務を遂行するように求め、内務公務員については公務員制担当大臣が、外務公務員については外務大臣が、公務員コードと外務公務員コードをそれぞれ出版し、議会に提出する義務を負う。

(5) 公務員の任用（第10条）

公務員制度の任用の選抜は、公正で公開の競争に基づくメリットの原則に基づいて行われなければならない。特別顧問の選抜は、大臣の個人的任用によるものとして、メリットの原則に基づく選抜の例外とされる。

(6) 特別顧問の行為規範

特別顧問は、客観性と不偏不党性を求める公務員コードの適用から除外される（第 7 条）。特別顧問の行為規範については、公務員制担当大臣が特別顧問コードを出版し、議会に提出しなければならない。特別顧問には人件費の予算を認めず、公務員に対する管理統制権を付与しない（第 8 条）。

特別顧問は、大臣の個人的任命により選抜された後、クラウンの大臣を補佐するために任命されるが、首相の承認を得なければならない。任命の任期と条件は、公務員制担当大臣によって承認される（第15条）。

公務員制担当大臣は、特別顧問の人数と人件費の情報を記載した年次報告書を作成して議会に提出しなければならない（第16条）。

以下において、「公務員法」が設置する人事委員会の機能を見てみよう。

2　新しい人事委員会の設置

(1)　人事委員会の機能

人事委員会は、公務員の募集規定を制定し、募集の原則を公表し（第11条）、公正で公開の競争手段に基づくメリットの原則による選抜とは何かについて、どのようなケースをメリットの原則の例外にするかについて詳細を決定する（第12条）。

人事委員会は、募集規定の原則に違反していると信じる者からの不服申し立てをヒヤリングしてその是非を審理し、その解決策を勧告する。また、公務員コードに違反していると信じる公務員からの不服申し立てを調査してその是非を審理し、その解決策を勧告する。人事委員会がこうした公務員からの不服申し立てを審理するために、人事管理機関と不服申し立て人は、人事委員会に対して必要な情報を提供しなければならない（第13条）。

人事委員会は、公正で公開の競争に基づくメリットによる選抜の原則を適用し、募集の原則のコンプライアンスが侵害されないようにするために、募集の政策と実施のモニタリングを行わなければならない。この目的のために、公務員管理機関は、必要な情報を提供しなければならない（第14条）。

(2)　人事委員会の人事

① コミッショナーの任命　　人事委員会は、7名の委員で構成される（「2010年法」附則1第1条）。

第1コミッショナー（First Commissioner）は、公務員制担当大臣の助言に基づき女王によって任命される。第1コミッショナーの任命は、公正で公開の競争に基づくメリットを基礎に行われる。公務員制担当大臣は、第1コミッショナーの選抜にあたってスコットランド第1大臣とウェールズ第1大臣とともに、野党の党首たちと協議しなければならない。任期は、公務員制担当大臣が決定するが、5年以下でなければならず、再任することはできない（附則1第2条）。

コミッショナーは、公務員制担当大臣の助言に基づき女王によって任命される。コミッショナーの任命は、公正で公開の競争に基づくメリットを基礎に行われ、第1コミッショナーの合意なしに選抜することはできない。コミッショナーの任期は、5年以下で再任できず、第1コミッショナーとの兼務は認められない（附則1第3条）。

② コミッショナーの辞任と解任　コミッショナーの辞任は、公務員制担当大臣に文書で申し出ることができる。コミッショナーが委員会の同意なしに3回続けて会議を欠席したり、職務を適切に遂行できない場合、コミッショナーが裁判で有罪判決を受けたり破産宣告を受けた場合、女王は大臣の助言に基づきコミッショナーを解任することができる（附則1第5条）。

(3) 人事委員会の地位と権限

① 人事委員会の地位　人事委員会のコミッショナーおよび職員は、クラウンのサーバント又はエージェントとして見なされず、クラウンのサーバントとしての地位・特権・恩典を享受するものではない。人事委員会の資産は、クラウンの資産とは見なされない（附則1第7条）。

② 人事委員会の権限　人事委員会は、その機能の遂行を助長するために必要な資金を調達できるが、公務員制担当大臣の同意を得なければならない（附則1第8条）。

人事委員会は、委員会を設置することができ、設置される委員会は、小委員会を設置することができる。委員会および小委員会の委員は、コミッショナー以外の委員を任命することができる（附則1第9条）。

人事委員会は、その手続きを規定し、委員会と小委員会の定足数を含む手続きを規定することができる。人事委員会と委員会および小委員会の手続きの有効性は、委員の欠員や委員の不足によって影響を受けない（附則1第10条）。

人事委員会は、スタッフを雇用することができる（附則1第11条）。

以上の「公務員法」の規定はどのように評価できるか、イギリス議会における「公務員法」の制定論議を手がかりに、評価の視点について検討してみよう。

V 「公務員法」の評価の視点

1 公務員の地位

　イギリスの公務員の地位は、クラウンのサーバントとして位置づけられている。イギリスの公務員制度の展開を回顧すると、絶対制国家における君主のサーバントとしての官僚制の段階から、議会の多数派のサーバントとしてのパトロネージ・システムに基づく公務員制度に移行し、パトロネージ・システムの弊害を除去するために、メリット・システムに基づく公務員制度に移行している。こうしたイギリス公務員制度の展開からすると、メリット・システムに移行した段階で、国民のサーバントという位置づけに変化すると思われた。

　クラウンのサーバントとしての公務員の地位は、人事委員会がノースコート・トレベリアン報告の勧告する公務員法に基づき設置されずに、クラウンの勅令によって設置されたことに起因すると言われてきた。こうした公務員の地位に関して、イギリスの研究者の関心は総じて希薄である。そうした状況の中で、公法学者のルイス（Norman Lewis）は、1998年の『公法』誌において、公務員法が規定すべき要件として、①公務員の雇用契約上の地位の規定、②公開競争による資格任用原則の規定、③公務員の遵守すべき価値および大臣の遵守すべき義務の規定、④人事委員会機能の拡大規定、⑤大臣と事務次官の役割と責任に関する規定、⑥政策助言の有用性に関する規定、⑦公務員制長官の地位規定と内閣秘書長との兼職を禁止する規定、の7つを指摘している[30]。

　ルイスの指摘する第1の公務員の地位規定は、公務員の使用者を今後も「クラウン」とするのか、それとも「シビル・サービス・コミッショナー」を使用者とするのかと公務員の地位についての回答を求めている。仮に後者が公務員の使用者と規定されれば、憲法上、公務員の地位はクラウンのサーバントではなくなる可能性がある。

　1996年と1999年に改正された公務員コードは、「公務員はクラウンのサーバントである。憲法上、クラウンは大臣の助言に基づき行動する。公務員は、公務員コードの各規定に従い自らが奉仕する政府に対して忠誠の義務を負う[31]」と規定しながらも、「2010年法」では、公務員の地位についての規定はない。

「2010年法」では、人事委員会の地位について、附則1第7条が「人事委員会はクラウンのサーバントでもエージェントでもない」、「人事委員会はクラウンの地位・特権・恩典を享受するものではない」と規定しているだけである。

「2010年法」において公務員の地位を規定しなかった理由は不明であるが、ノースコート・トレベリアン報告が勧告するように、法律に基づき人事委員会を設置したにも関わらず、クラウンのサーバントとしての地位の位置づけに変化はない。

ちなみに、下院「行政特別委員会」における公務員法案に関するPeter Browningや公務員制コミッショナーなどの覚書きなどを見ると、ルイスが期待したような公務員の地位の位置づけを避けようとしているようにも思われる。公務員の地位についての問いは、「公務員は引き続きクラウンのサーバントであるべきか、それとも個々の大臣のサーバントであるべきか」となっており、「クラウンのサーバントであるべきか、それとも国民のサーバントであるべきか」という設定になっていないからである。

Browningの場合、個々の大臣が雇用者であれば公務員制度が政治化されるリスクを冒すことになるため、クラウンのサーバントであるべきと回答している。[32]

イギリスの議員や高級公務員が、Lord、Sir、Lady、Dame等の称号の特典を享受し、高級公務員が年俸や年金等で優遇されていることを鑑みると、公務員がクラウンのサーバントとしての地位の変更を希望する理由は見当たらない。しかし、メージャー保守党政府時代のCitizen's Charterの導入や、ブレア労働党政府以降のPeople's Firstなどのスローガンなどを想起すると、イギリスの公務員の地位の位置づけにパーセプション・ギャップを感じているのは、戦後、天皇のサーバントとしての官吏制度から国民のサーバントとしての公務員制度への転換を経験した我々だけなのであろうか。

2　公務員の行為規範

公務員の行為規範の問題は、公務員の行為規範が衰退しているという公衆の批判に応えるために、メージャー内閣が「公職者行為規範委員会」（Nolan委員会）を設置したことを契機に注目されるようになった。上述のように、Nolan

委員会は、1995年の報告書において公職者が遵守すべき行為規範として、清廉性、客観性、開放性、誠実性など7つの原則を掲げ、1996年の公務員コードは、公務員の行為規範として、客観性（objectivity）と不偏不党性（political impartiality）の価値を掲げている[33]。

「公務員法」（第5条）は、内務公務員と外務公務員が遵守すべき行為規範として、清廉性、誠実性、客観性、不偏不党性の4つを掲げているが、この行為規範は、1995年のNolan委員会と1996年の公務員コードの掲げる価値を規定したものである。イギリスでは、1980年代に発生した公務員の「良心の危機」をめぐる事件が90年代に入っても続発し、1995年には、禁止されているはずのイラクへの武器輸出を政府が黙認していた疑いが浮上し、スコット（Richard Scott）を委員長とする調査報告書（全5巻）が公表されている[34]。

「2010年法」は、公務員が違法な活動や議会をミスリードする行為を大臣から強いられるような場合に公務員が対処すべき手続きについて規定していない。公務員コード（第11項）は、「良心に反する行動を求められている時は、関係する手続きに従って報告することができる」と規定しており、大臣と上級公務員との良好な関係を維持するためにも、こうした公務員コード規定の立法化が必要であろう。

3　特別顧問の行為規範

「2010年法」第15条は、特別顧問について「公務員の地位を有する」、「クラウンの大臣を補佐するために大臣によって個人的に選抜され、その任命は首相によって承認される」と規定し、法律ではじめて特別顧問を定義している。大臣は、2名までの特別顧問を任命できるが、その任期は5年を超えてはならず、彼らを任命した政権と運命を共にする。

同法第8条第5項は、「特別顧問は公務員に対する管理統制権がない」と規定している。ちなみに、枢密院令（第3条3項）は首相に上限3名までの任命権を認め、公務員に対する執行権を有するが、この例外規定は立法化されていない[35]。

特別顧問は、「大臣規範」第50節が規定するように、大臣に政治的助言と専門的助言を提供するために任命されるが、その任命には政治的助言を行う特別

顧問と一線を画することで、生涯職公務員の政治的中立性を強化しようという狙いがある。

　特別顧問は、公務員としての位置づけにも関わらず、大臣の個人的選抜の故に「客観性」と「不偏不党性」を求める公務員コードの適用から除外され（第7条）、また、特別顧問の任用は、公正で公開の競争に基づくメリットの原則に基づく選抜の例外とされる（第10条）。こうした規定は、特別顧問が、任期満了とともに時の政権と運命を共にすることを前提にしているが、特別顧問の中には、任期満了とともに退職せず公務員の生涯職に異動するケースも見られる。

　マウントフィールド（Robin Mountfield）内閣府前事務次官によると、そうした特別顧問は少数ではあるが、公開競争の手続きを経て生涯職に異動し、人事委員会の承認を得て生涯職のポストを手に入れていると言う。マウントフィールドは、公務員の生涯職の任用資格は、メリットの原則だけで判断されるものではなく、忠誠心を持って職務を果たす能力を発揮し、異なる政治的見解の後継政府によっても受け入れられる存在でなければならないと述べている。[36]

　「公務員法」第7条の規定は、特別顧問が将来の施政に対する信任を期待していないことを示唆するものであり、特別顧問の生涯職への任用については、今後資格要件をさらに強化する必要があろう。また、第16条の「公務員制担当大臣は、特別顧問の人数と人件費の情報を記載した年次報告書を作成して議会に提出しなければならない」という規定は、不偏不党性と客観性をもって行動する必要のない特別顧問の任命数が増加することに伴って、政官関係と公務員の役割に及ぼす影響を意識したものと考えられる。

　ちなみに、特別顧問の人数と人件費の推移を見ると、2001年1月のブレア内閣時代には、76名（人件費総額440万ポンド）の特別顧問が任命され、メージャー内閣時代（38名）の2倍の規模になっている。

　2007年11月のブラウン内閣時代には、68名（人件費総額590万ポンド）の特別顧問が任命され、ブレア内閣時代と比べて、特別顧問の人数が少し減少している。そして、2010年5月キャメロン連立内閣が誕生すると、5月20日付けで「特別顧問の人数に制限を設ける」というプログラムが発表されたが、2010年10月現在、キャメロン連立内閣は69名（人件費総額490万ポンド）の特別顧問を

任命している。

　ブレア内閣誕生時には、保守党から労働党への政権交替に伴い、特別顧問が大幅に増員され、sofa-style government と揶揄されることになったが、キャメロン連立内閣の誕生による労働党から保守党への政権交代時には、特別顧問の人数に変化は見られない。

4　人事委員会の機能

　人事委員会は1991年に廃止され、RAS と Office of Civil Service Commissioners に再編されたが、「2010年法」第2条は、人事委員会の設置を規定している。また、同法第5条は、公務員制担当大臣が議会の同意を得て公務員コードを出版し、すべての公務員が彼らの職務を清廉性、誠実性、客観性、不偏不党性をもって遂行しなければならないと規定しているが（第7条）、特別顧問には客観性と不偏不党性の要件は除外されることになる。

　同法第13条は、人事委員会の機能について、募集規定の原則に違反していると信じる者からの不服申し立ておよび公務員コードに違反していると信じる公務員からの不服申し立てをヒヤリングしてその是非を審理し、その解決策を勧告すると規定している。そして、人事委員会がこうした公務員の不服申し立てを審理するために、人事管理機関と不服申し立て人は、人事委員会に対して必要な情報を提供しなければならないと規定している。

　しかし、この規定では、人事委員会は公務員からの不服申し立てを受けて調査を行うことができるが、公務員からの不服申し立てがない限り独自に調査を行うことはできない。現行規定では、人事委員会のメリットの監視役としての機能に制約が課されている。ちなみに、2008年5月に提出された下院「行政特別委員会」の憲法改正草案は、次のように勧告している。

　「我々は人事委員会が政府の同意なしに公務員からの個別の不服申し立てに応える以外に、公務員コードの作用に関して独自に調査を行う権限を持つべきであると今も確信している。公務員法の草案は人事委員会に公務員からの不服申し立てを適切に考慮するように求めているが、それは他の種類の不服には適切ではない。コミッショナーにあらゆる無責任な要求に応えるように強いるような規定は、水門を開放しコミッショナーを水浸しにしてしまうことになりか

ねない。人事委員会に公務員の不服問題を調査する裁量権を付与することを可能にすべきである」と。[37]

また、この規定の審議における「公務員コードの違反に関して人事委員会が独自に調査する権限を持つべきである」という提案は、第1公務員制コミッショナー、公務員組合会議、ウィルソン前公務員制長官、マウントフィールド前内閣府事務次官などの証言でも共有されている。[38]その後、2008年7月に公表された両院「憲法改正草案委員会」においても、「我々は、個別の不服申し立てがなくとも公務員コードの作用やコンプライアンスの遵守についてコミッショナーに調査する権限を与えるように草案の規定修正を求める行政特別委員会および公務員制コミッショナーの勧告に同意する」[39]と述べられている。

同委員会は、人事委員会が公務員からの申し立てがなくとも独自に調査できるように規定の修正を求めているが、結局、規定の修正は行われなかった。現行規定では、公務員はキャリア・パスへの影響を配慮して公式に不服を申し立てることに躊躇する傾向があるため、実際に調査が行われるのは、極めて希なケースにとどまることになるかもしれない。

なお、「2010年法」の附則1第9条は、人事委員会の下に委員会の設置を認めている。今後、公務員の不服申立委員会を設置してキャリア・パスへの影響から不服申し立てを躊躇する公務員の不安を解消する措置を講じることが課題になる。人事委員会のメリットの監視役としての機能を強化するためには、第13条規定の修正が急務である。

VI 日本の公務員制度への示唆

本章では、イギリス公務員の人事制度改革の動向として、「2010年法」の制定と新しい人事委員会の機能を中心に検討してきた。「2010年法」は、長年懸案とされてきた公務員制度に関する規定を「公務員法」として制定し、1854年にノースコート・トレベリアン報告が勧告した「法律」によって人事委員会を設置した。こうしたイギリスの公務員制度改革が、日本の公務員制度にどのような示唆を与えるか考えてみよう。

第 3 章　イギリスの人事委員会の再編と「公務員法」の制定

1　人事行政機関の再編

　わが国の人事行政機関は、上述の人事院の改廃論議を経て、2014年5月に「内閣人事局」が設置された結果、人事院は、「基本法」が規定する人事院の廃止を免れ、今のところ所管の一部移管にとどまっている。国家公務員の人事行政に関する業務の所管は、これまで「人事院」、「総務省人事恩給局」、「官民人材交流センター」、「再就職等監視委員会」、「内閣総務官室」にそれぞれ分かれていた。この人事行政機能をめぐる移管案は、人事院の存在が各省庁の人事管理機能を制約し、各省庁が効率的な人事管理を行うことを困難にしているという認識に基づくものと考えられるが、人事院総裁は、「政府案は公務員制度改革基本法の範囲を超えている。日本国憲法第15条に由来する重要な機能が果たせなくなり、労働基本権制約の代償機能も損なわれると強く懸念する」と、人事院の機能移管に遺憾の意を表明しており、[40] この労働基本権の代償機能の今後を注視していきたい。

　なお、イギリスでは、公務員コード違反に対する人事委員会の調査権について、公務員からの不服の申し立てがなくとも調査権を認めるかどうかがホットな争点になっている。人事委員会の調査権の規定修正論議が熱を帯びているのは、それだけ大臣と公務員の政官関係の緊張が高まっている証左であろう。今後、わが国の「内閣人事局」による幹部職人事をめぐって、公務員サイドからの不服申し立てをできるように、人事行政機関の機能強化を求めるような状況は、果たして生まれるだろうか。

2　政官の行為規範と接触規制

(1)　政官の行為規範

　①　イギリスの公務員と大臣の行為規範　　イギリスの「公務員法」は、公務員が遵守すべき行為規範として清廉性、誠実性、客観性、不偏不党性の4つの価値を掲げている。公務員コードは、これらの行為規範に基づき公務を遂行するように求め、次のように規定している。

　「公務員は大臣に対して誠実かつ公平な助言を行い、政策決定に関連するあらゆる情報を提供しなければならない。公務員は大臣、議会又は国民を欺いたり故意にミスリードしたりしてはならない」(第5項)、「公務員は、本コード

違反の事実を知るに至った場合、又は良心に反する行動を求められている場合は、関係する手続に従って報告することができる」（第11項）、「公務員が、関係する服務規定又は指針に従って第11項に規定される事項を報告した場合、当局からの回答が適切でないと考えるときは、コミッショナーに書面で通知することができる」（第12項）、「公務員は、大臣およびこれに相当する他の責任者等の決定に基づく行動をとることを拒否したり回避したりすることによって、政府の政策・決定・行動を妨げようとしてはならない。上記第11項及び第12項に定める手続によって当該公務員にとって満足のいく解決がなされない場合、当該公務員は上司に従うか辞職しなければならない。公務員は離職後も引き続き秘密保持の義務を負う」（第13項）と。

一方、大臣規範（Ministerial Code）は、公務員と大臣の関係について公務員に対する責務を次のように規定している。

「大臣は政策の決定に当たってその分野に通じた公務員の中立的な助言に対して、他からの助言と同様に適正な考慮を払う責務がある。公務員の政治的中立性を尊重し、公務員コードに抵触するような行為を求めない責務がある。また、公務員の任命への影響力が党派的目的のために濫用されないようにする責務および部下の公務員の雇用条件について善良な雇用主の義務に従う責務がある」（第5章第58節）[41]。

このように、大臣規範の第5章「大臣と公務員」は、大臣と幹部公務員のそれぞれの責務と行為規範を記述し、大臣と公務員の関係が政治化しないように規定している。こうした規定は、公務員にとっては政治的中立性の原則から当然の措置であるが、大臣にとっては公務員の活動範囲の限界を示すものであり、より柔軟な人材の活用を求める契機にもなりうる。そのため、歴代の首相と大臣は公務員よりも柔軟に活用できる人材として、特別顧問（special adviser）を任命する傾向がみられた。特別顧問を任命する理由、契機は多様であるが、イギリスでは、ブレア内閣の下での特別顧問の任命人事を通じて、大臣と公務員の関係が大きく変容するようになってきている。

ブレア労働党内閣は、17年以上続いた保守党に奉仕した公務員の「政治的中立性」に対する不信感から、メージャー内閣時代の2倍の特別顧問を任命した。メディア戦略として活用した特別顧問が「スピン・ドクター」（spin doctor）の批判を受け、「公職者行為規範委員会」（2001年）と「行政特別委員会」（2002年）の審議を通じて、特別顧問行為規範が制定されることになった。

　2001年9月から2002年5月にかけて起きたJo Moore事件では、運輸・地方政府・地域省の特別顧問Jo Mooreが報道担当の公務員に指示を出して行為規範に違反し、指示を受けた公務員も行為規範に違反した。[42]この事件後、「行政特別委員会」と「公職者行為規範委員会」は、政府に対して特別顧問と公務員の区別を法律で明白に規定するように求め、大臣と影の大臣に対しても「慣習法」の規範を身につけ、研修を受けるように要請している。[43]「2010年法」における公務員規範と特別顧問規範の立法化は、イギリスの大臣と公務員と特別顧問の政官の緊張状況が継続して進行していることを示唆している。

　②　日本の公務員と大臣の行為規範　　日本の公務員の行為規範は、1999年の国家公務員倫理法が公務員の倫理規程として、国家公務員の行動ルール、贈与等が行われた際の報告ルールを定めている。また、2000年の国家公務員倫理規程は、公務員の倫理行動規準を「(a)職員は常に公正な職務の執行に当たらなければならない、(b)職員は常に公私の別を明らかにし職務や地位を私的利益のために用いてはならない、(c)職員は権限の行使の対象となる者から贈与等を受けること等の国民の疑惑や不信を招く行為をしてはならない、(d)職員は職務の遂行に当たっては公共の利益の増進を目指し全力を挙げて取り組まなければならない、(e)職員は勤務時間外においても自らの行動が公務の信用に影響を与えることを常に認識して行動しなければならない」と定めている。

　こうした公務員の倫理規程に対して、大臣の行為規範は、2001年1月、国務大臣・副大臣および大臣政務官の行為規範を閣議決定している。これは、副大臣および大臣政務官の制度導入を契機に、国務大臣等の公職者の清廉さを保持し、政治と行政に対する国民の信頼と公務員の政治的中立性を確保し、副大臣等の役割分担を明確にするために、国務大臣・副大臣および大臣政務官に関する行為規範を定めたものである。

　この行為規範は、国務大臣・副大臣および大臣政務官の服務の根本基準として、国務大臣等（内閣総理大臣その他の国務大臣・副大臣・内閣官房副長官および副長官を含む）および大臣政務官（長官政務官を含む）は、国民全体の奉仕者として公共の利益のためにその職務を行い、公私混淆を断ち、職務に関して廉潔性

を保持すること、と規定している。

また、公務員との関係については、国家公務員法等の趣旨を踏まえ、国民全体の奉仕者として政治的中立性が求められる職員に対し、一部の利益のためにその影響力を行使してはならないこと、国務大臣は職員の任命権を一部の政治的目的のために濫用してはならないこと、と規定している。

大臣等の行為規範の内容を見る限り、わが国の政官関係においては、イギリスの大臣と公務員の関係において公務員が「良心の危機」を感じるような状況は、今のところ表面化していない。また、日本の政官関係の現状では、イギリスのような政官関係の緊張が生じる状況はほとんど見られないが、今後日本の公務員制度に、イギリスのSCS（Senior Civil Service）のような幹部職制が導入されるようになると、大臣と生涯職の幹部公務員との間において、また、イギリスの特別顧問に相当する大臣の政治的任命の幹部公務員と生涯職の幹部公務員との間において、イギリスと同様の緊張関係が生じる可能性がある。[44]

こうした緊張関係は、官僚のカウンターパートとしての人材を外部から霞ヶ関に送り込むことによって生じる可能性を前提にしているが、日本には、イギリスの政党が保有するようなシンクタンクも存在せず、特別顧問のような人材も不足している。官僚のカウンターパートとしての人材育成が今後の課題になる。

(2) 政官の接触規制

日本の政治家と公務員の接触については、2008年の「基本法」第5条が「職員が国会議員と接触した場合における当該接触に関する記録の作成、保存その他の管理をし、及びその情報を適切に公開するために必要な措置を講ずるものとすること。この場合において、当該接触が個別の事務又は事業の決定又は執行に係るものであるときは、当該接触に関する記録の適正な管理及びその情報の公開の徹底に特に留意するものとすること」と規定している。

これは、政治家と公務員の接触規定を設けない代わりに、接触記録の作成や情報公開で透明化を図るとするものである。こうした公務員と政治家の接触を容認する規定は、原則として公務員が大臣以外の政治家と接触することを認めないイギリスの慣行とは大きく異なる。

イギリスでは、公務員は時の政府に奉仕するという考えから、公務員が政府

外の政治家に接触することは、政府への忠誠義務違反と考えられている。わが国においても、政官関係の透明化を促進し、内閣の政策決定の責任および政策の立案と実施の各段階における公務員の責任の所在を明確にするために、公務員と与野党政治家との接触は、大臣の許可がない限り認めない方向に改める必要があろう。

3　幹部公務員の再就職と幹部要員の採用試験
(1)　幹部公務員の再就職

イギリスでは、幹部公務員の民間への再就職を規制する規定は、「2010年法」や公務員コードに設けられていないが、事務次官などの幹部公務員が民間に再就職を希望する際には、本人から独立機関の「企業就職諮問委員会」（Advisory Committee on Business Appointments）に申請し、この諮問委員会が幹部公務員の再就職について審査し、当該省庁の大臣と首相に助言する手続きが取られている。

大臣の離職後の再就職についても、2007年6月のブラウン内閣誕生時に「大臣規範」が改訂され、首相や大臣が辞職後2年以内に民間に就職する際には、事務次官などと同様に、本委員会の助言に従うように手続きが強化されている（2007年版大臣規範第7章「大臣の私的利害関係」）。

日本の幹部公務員の離職後の再就職については、国家公務員法が退職後2年間は原則として職務に関わる営利企業に再就職することを禁じると規定していたが、2007年6月の国家公務員法の改正により規定は廃止され、新たな再就職に関する行為規制として、職員による再就職のあっせん規制（国公法第106条の2）、現職職員の営利企業への求職活動規制（国公法第106条の3）、元職員が出身府省等に対して行う働きかけ規制（国公法第106条の4）等が規定された。そして、2007年7月の国家公務員法等の一部を改正する法律により、中立・公正の第三者機関として、再就職等監視委員会が内閣府に設置されている。

再就職等監視委員会は、再就職等規制の違反行為についての調査を行い、調査結果を受けて任命権者等に対し行うべき措置の勧告を行う。しかし、本委員会の委員長1名（常勤）および委員4名（非常勤）の人事は、ねじれ国会の影響で同意が得られず本委員会が成立していないことで、国家公務員の退職管理が

承認されない事態が懸念されたため、職員の退職管理に関する政令によって対処された。なお、大臣が離職後に民間に再就職する場合は、イギリスの大臣に課せられるような規制手続きは存在しない。

ところで、イギリスの幹部公務員の民間への再就職は、組織が準備するというのではなく、個々の公務員の意思で決定するという点で、わが国の状況とは全く異なる。イギリスの事務次官は、退職すると慈善活動に従事したり、公務員大学校で研修講師として活動したり、大学の学長職に就任するケースがみられるが、ガーディアン紙等のメディアは、こうした元事務次官が亡くなると、彼らの生前の仕事ぶりを高く評価して哀悼の意を表している。

イギリスでは、若手公務員の研修において、大蔵次官であったフィッシャー（Warren Fisher）やブリッジス（Edward Bridges）等の生き方を理想的な公務員像として研修の教材として活用し、公務員倫理はいかにあるべきかを指導している。幹部公務員の死亡記事におけるメディア等の評価も、在職公務員の倫理・使命観を強化し、公務員に対する社会的評価を高める効果がある。

しかし、最近のイギリスの高級官僚の再就職状況は、厳しくされていた民間への再就職規制が緩和されるようになったことと、ニュー・パブリック・マネジメントの影響を受け、貿易・産業省の官僚が所管の民間企業に、国防省の官僚が軍需産業に再就職するようになり、日本型の天下り官僚のイメージに近づいている。公務員のトップである公務員制長官の場合も、アームストロング卿（Lord Armstrong）はシェル・グループに、バトラー卿（Lord Butler）はHSBC銀行というように慣行として大企業に再就職し、2003年にはあのリチャード・ウィルソンさえ、マードックの衛星テレビ会社BskyB（マードックは政府にメディア拡大のロビー活動をしていた）に迎えられている。[45]

イギリスでは、伝統的な公務員制度の価値が喪失されつつあるが、公職行為規範委員会や公務員制コミッショナーが主張するように、民間セクターと異なる公務員の「エトス」として、政治的中立性や清廉性などの価値は維持されなければならない。しかし、最近の公務員制長官の退職後の行動は、フィッシャーやブリッジスに代表される伝統的な公務員制長官の「清廉性」のイメージとはかけ離れたものになっている。イギリスの公務員制度においては、あの事務次官の政策役割の象徴であり、最も有名な「イエス・ミニスター」の

サー・ハンフリーのような事務次官がホワイトホールから姿を消しつつあるだけでなく、フレーザー（Angus Fraser）のような「サー」の称号にふさわしい「騎士」たちも次第に姿を消しつつあるといえるかもしれない。

わが国の場合、事務次官が退職後慈善事業などに献身的に活動していたとしても報道されることはない。そもそも追悼記事が掲載されること自体異例であるし、通常、報道される場合は、公務員の威信を失墜させるようなケースが多い。こうした報道が優れた人材の公務への誘致を断念させ、意欲的な公務員のプライドを傷つけることになる。まさに幹部公務員の一挙手一投足を若手の公務員は見守っているのである。

若手の公務員が理想とする幹部公務員の登場を期待するには、幹部公務員の画一的なキャリア・バイアスを修正し、キャリア・パスの多様化を実現する必要がある。この幹部公務員のキャリアの多様化を実現するために、幹部要員の育成のあり方が問われることになる。

(2) 幹部要員の採用試験

公務員制度は、模範的使用者（model employer）として、公平で開放的な人事システムを確立するように期待されている。しかし、日本の幹部要員を採用するⅠ種試験にはキャリア組および事務系（法律職）の優越というバイアスが認められる。Ⅰ種試験合格者がいわゆるキャリア組として、将来の幹部職への昇進の機会が特権的に与えられているという意味で、Ⅰ種試験には旧官吏制度の高文試験との〈連続性〉が認められる。

キャリア組が一種の特権的なエリートとして昇進していくという現行システムには、キャリア組のモラールを高める効果がある反面、公務組織で大きな比重を占めるノンキャリア組の職務へのモラールに影響を及ぼし、公務組織全体の非能率を生み出すという問題がある。

イギリスでは、フルトン報告が従来管理的地位を占めてきた行政職とその従属的地位に置かれていた執行・書記職および専門技術職との関係を改善し、従来の特定の「職」を想定した「閉鎖的」任用から、水平的かつ垂直的な任用を可能にするような「開放的」任用への転換を図る制度的措置を講じてきている。特に注目すべきは、1971年以降実施しているノンキャリア組を対象にした昇進試験制度である。

これは、外部志願者を対象にした幹部要員試験を内部の在職者にも受験する機会を与え、合格者を特急組（fast streamer）として任用するというものである。合格率は年度によってバラツキがあるが、最近では、志願者の3割以上が幹部要員のコースに配属されるようになっている。ちなみに、2010年度の任用状況に関するパイパーらの調査データによると[46]、184名の公務員が受験し、69名（合格率38％）が任用されている。その内訳は女性が43名（62.3％）、マイノリティ出身者が8名（11.6％）、障害者が4名（5.8％）となっている。

　イギリス公務員制度における任用の「オープン化」の措置は、わが国の公務員制度にとっても示唆的であろう。また、イギリスでは、フルトン勧告を契機に行政職（ゼネラリスト）の従属的地位に置かれてきた専門技術職（スペシャリスト）の地位を改善するために、72年以降上級公務員制に「オープン構造」を導入し、課長補佐級の専門技術職を対象に、政策立案能力と管理能力を修得させ、行政職と競争させながら「オープン構造」のポストへの昇進の機会を提供する措置を講じている[47]。

　わが国の場合も、次官、局長級の上級ポストにおける技術系の比重の低さに注目すると、課長補佐級の技官に管理能力や政策立案能力の開発を目的とした研修を実施し、事務系と競争させながら将来の局長、次官になる人材を育成していく必要があろう。

　イギリスでは、こうした人事制度改革の進展にも関わらず、幹部要員を採用するAT試験（現在はFS試験）に関しては、「オックス・ブリッジ」出身者と「人文科学」専攻者に有利なバイアスが存在すると指摘され、幹部要員の採用試験の有効性に疑問を投げかけられてきた[48]。こうしたバイアスは、最近のFS試験において解消されているのであろうか。

　ここで、幹部職へのキャリア・パスとされる現行のGraduate Fast Stream（ゼネラリスト職）の合格者に関するパイパーらの調査データを見ると（Burnham and Pyper [2008]）、2010年の時点で、男女の合格者の比率が均衡するようになっている。「オックス・ブリッジ」出身者の比率も年々減少する方向に推移し、2010年には31％まで減少してきている。「人文科学」の専攻者の比率も33％に減少し、1970年代の状況と比べて半分以下に減少してきている。このデータを見る限り、これまでAT試験（FS試験）に対して指摘されてきた

「オックス・ブリッジ」出身者と「人文科学」専攻者に有利なバイアスは、解消されつつある。

わが国の場合も、イギリスと同様に、幹部要員を「入り口選別方式」で採用し、FS試験に相当するⅠ種試験の採用者を「キャリア組」として優遇する閉鎖的な人事政策を長期にわたって維持してきた。しかし、2008年の「懇談会」の報告書を契機に、Ⅰ種試験採用者を幹部候補として固定化する「キャリア・システム」を廃止し、新たな採用試験制度の導入が提案されることになった。

この提案に基づき、2008年の「基本法」第6条は、現行のⅠ・Ⅱ・Ⅲ種試験を廃止し、「総合職試験」、「一般職試験」、「専門職試験」に再編する新しい採用試験を実施すると規定している。2012年度から新しい採用試験に院卒者試験と中途採用試験の試験区分が新たに設けられているが、「総合職試験」に設けられる院卒者試験区分の制度化によって、公共政策系大学院における公務の人材育成への期待が高まっている。

「基本法」は、現行の幹部要員の昇進人事の固定化と閉鎖性を克服するために、「幹部候補育成課程」への選抜は採用後2年程度の働きぶりを評価して行い、「総合職試験」の採用者で「幹部候補育成課程」に在籍する者も、勤務状況によっては課程から外れるとしている。しかし、採用後2年程度の働きぶりで、幹部要員の政策立案能力や業務管理能力を評価することが可能かどうか、選抜基準の有効性の検証と見直しが今後の課題となる。

また、幹部要員の研修では、若手の公務員が模範とするような退職公務員の生き方などを公務研修に活用し、公務員の倫理・使命観を強化することも重要な課題である。わが国の公務員制度において、新しい公務員採用試験の実施と新たな「幹部候補育成課程」の人事政策を通じて、将来、イギリスのサー・フレーザー[49]やデイム・ミュラー[50]のように、追悼記事で称賛されるような幹部公務員が育成されていくように期待したい。

［注］
1）　Richard Chapman（2004）, The Civil Service Commission, 1855-1991: A Bureau Biography p.11.
2）　Richard Chapman, ibid. p.15.
3）　Richard Chapman, ibid. p.17.

第Ⅰ部 各国における公務員の人事制度改革

4) Richard Chapman, ibid. p.18.
5) Robert Pyper and June Burnham (2011), The British Civil Service, Perspectives on 'Doctrine and Modernization,' The British Journal of Politics and International Relations, Vol.13, p.199.
6) Richard Chapman, op.cit. p.17より引用。
7) Richard Chapman (2005), The Proposed UK Civil Service Act: A legal framework for enhancing ethics and integrity, p.4. (http://soc.kuleuven.be/io/ethics/paper/Paper%20WSI_pdf/Richard%20Chapman.pdf)
8) Richard Chapman, Recruitment to the Civil Service Fast Stream Development Program (2000), Public Policy and Administration, Vol.15, No.1, p.6. および Richard Chapman (2004), op.cit. pp.73-85を参照。
9) ここでの記述は、Richard Chapman (2000), ibid. pp.6-7に負っている。
10) Chapman (2000), ibid. p.8.
11) Chapman (2000), ibid. p.11より引用。
12) Chapman (2000), ibid. p.3,
13) Chapman (2000), ibid. p.11.
14) White Paper, The Civil Service: Continuity and Change (1994), Cm.2627, pp.36-37, The Civil Service: Taking Forward Continuity and Change (1995), Cm.2748, p.16.
15) John Greenwood (1999), Tradition and Change in the Civil Service, Talking Politics, Vol.11, No.3, p.170.
16) The Role of Civil Service: Fifth Report from the Treasury and Civil Service (1994), Vol.1, pp.xxix (para.105)-xxxiv (para.116).
17) Committee on Standards in Public Life (1995), First Report: Standards in Public life (Nolan Report) Cm.2850, Vol.1, p.60 (para.55).
18) White Paper, The Civil Service: Taking Forward Continuity and Change (1995), Cm2748, p.5.
19) House of Lords (1998), Select Committee on Public Service Report, Part5, para.415-para. 418.
20) Chancellor of the Duchy of Lancaster (1998), Government's Response to the Report from the House of Lords Select Committee on Public Service, Cm.4000, p.4. (para.10)
21) Committee on Standards in Public Life (2000), Sixth Report: Reinforcing Standards Review of the First Report of the Committee on Standards in Public Life (Neill Report), p.66.
22) Public Administration Select Committee (2001), Seventh Report: Making Government Work: The Emerging Issues, p.xii.
23) Committee on Standards in Public Life, (2003), Ninth Report: Defining the Boundaries within the Executives: Ministers, Special Advisers and permanent Civil Service, p.68 (para.10.7), p.69 (para.10.14, para,10.21).
24) Committee on Standards in Pub Life (2003), ibid. p.70 (R33, R34)
25) Chancellor of the Duchy of Lancaster (2003), A Government's Response to the Ninth Report from the Committee on Standards in Public Life, Cm.5964, Chapter 6.

26) Public Administration Select Committee (2004), A Draft Civil Service Bill: Completing the Reform First Report, HC128-1, pp.3-4.
27) Public Administration Select Committee (2004), ibid. p.18 (Clause5).
28) Minister for the Cabinet Office (2004), Draft Civil Service Bill; A Consultation Document, Cm.6373.
29) Public Administration Select Committee (2008), Constitutional Renewal: A Draft Bill and White Paper pp.7-18.
30) Norman Lewis (1998), A Civil Service Act for the United Kingdom, Public Law, Autumn, pp.487-488.
31) The Civil Service Code, Section 2, 1999. なお、公務員コード（1999年5月改正）については、坂本勝「イギリス公務員制度の変容——事務次官と特別顧問の役割を中心に(1)」『龍谷法学』35巻4号、2003年3月、138頁以下「資料2」として訳出している。
32) Public Administration Select Committee (2004), A Draft Civil Service Bill: Completing the Reform, HC128-II (Minutes of Evidence) 所収の証言のうち、Memorandum by Mr. Peter Browning: A Civil Service Bill (CSA3) および Memorandum by the Civil Service Commissioners: Civil Service Legislation (CSA2) を参照。
33) The Civil Service Code, 1999, Section 5.
34) Report of the Inquiry in to the Export of Defense Equipment and Dual-use Goods to Iraq and Related Prosecutions [Scott Report] (1996), Vol.1-5.
35) 公務員枢密院令（2001年）については、坂本、前掲稿31)、132頁以下「資料1」として訳出している。
36) Content of a Civil Service Act Note by Sir Robin Mountfield (2002), p.4. (http://www.civilservant.org.uk/csactcont.pdf)
37) Public Administration Select Committee (2008), Constitutional Renewal: Draft Bill and White Paper, P.19.
38) Public Administration Select Committee (2008), ibid. pp.18-19.
39) Joint Committee on the Draft Constitutional Renewal Bill (2008) p.73 HL166-1, HC551-1
40) 朝日新聞朝刊（2009年2月4日）。
41) 大臣規範については、坂本勝「イギリス公務員制度の変容——事務次官と特別顧問の役割を中心に（2・完)」『龍谷法学』36巻1号、2003年6月、101頁以下で検討している。なお、大臣規範の改定については、廣瀬淳子「ブラウン新政権の首相権限改革——イギリス憲法改革提案緑書の概要と大臣規範の改定」『レファレンス』、2008年、1月号を参照。
42) この事件は、特別顧問のJo Mooreが政府にとって不都合な発表からメディアの関心をそらすために、発表日を意図的に操作するように報道担当の公務員に指示を出し行為規範に違反したことなどが原因で、特別顧問、担当公務員、大臣が辞任した事件である。
43) Burnham and Robert Pyper (2008), Britain's Modernized Civil Service, p.231.
44) イギリスのSCSについては、坂本勝『公務員制度の研究』法律文化社、2006年。第4章107頁以下で検討している。

45) Anthony Sampson (2004), Who Runs The Place: The Anatomy of Britain in the 21st Century p.120,
46) Burnham and Pyper (2008), 196頁のデータ参照。ただし、2010年のデータはCabinet Office, Civil Service Fast Stream Recruitment 2010, March 2011による。
47) オープン構造の導入については、坂本勝「イギリス公務員制におけるオープン化〉」日本行政学会編『年報行政研究』16、1982年、257頁以下および坂本、前掲書44)、106頁以下で検討している。
48) イギリス公務員の任用人事のバイアスについては、坂本、前掲書44)、101頁以下で検討している。
49) アングス・フレーザー (Angus Fraser) について、アンソニー・サンプソンは、ガーディアン紙に追悼の記事を寄せている。記事によると、フレーザーはグラスゴー大学を卒業後公務員になり、関税消費税庁の事務次官を退任後サッチャー、メージャー両首相の能率特別顧問を歴任し65歳で退職している。彼は、幼少時代からビクトリア朝時代の作家ジョージ・ボローの作品に魅せられて公務員在職中からジプシー研究を行い、1992年に『ジプシー』(The Gypsies) と題する本を出版し、ボローの作品をすべて収集してジョージ・ボロー協会を設立している。サンプソンは、彼の死は彼の価値を知るホワイトホールの同僚や政治家に惜しまれるだけでなく、権力の世界とは無縁な人々やジョージ・ボローの言葉で人生を観察することの好きな人々に惜しまれるであろうと追悼の辞を結んでいる。フレーザーの退職後の社会への献身ぶりや権力とは無縁な人々と文明社会から遊離したジプシーの人々への支援や共感は、まさに彼の公務員生活の原点というべきものであった。なお、フレーザーの追悼記事の見出しは、Champion of Government and Gypsies となっている (The Guardian, June15, 2001)。
50) アン・ミュラー (Anne Mueller) について、ガーディアン紙は、「彼女の時代に最も成功した公務員の女性」という見出しをつけてデイム・ミュラーの業績を称えている。追悼記事によると、彼女は、オックスフォード大学を卒業後、1953年に公務員になるが、その3年後不運にも自動車事故で足に障害を負い、杖をついての歩行を余儀なくされることになる。彼女は身体の障害にも関わらず、毅然とした態度で公務の仕事に邁進し1984年に大蔵省第二事務次官に任用されている。彼女は、50歳代後半にパーキンソン病と診断されパーキンソン病の障害と闘いながら退職後も公務員大学校で若い幹部要員の教育・指導に献身した (The Guardian, August 1, 2000)。ちなみに、公務員大学校のMichael Duggett は、「公務員大学校が近代を代表する公務員の女性にちなんだ名前を建物につけるのであれば、アン・ミュラーこそまさに最適の人である」と彼女の公務員としての業績を称えている (M. Duggett, Anne Mueller DCB 1930-2000: Managing and Morale, Teaching Public Administration, Spring, 2000, VoL XX, No.1, pp.4-5)。

第4章 アメリカの柔軟な任用人事政策とインターンシップ事業の再編

序

　1989年のヴォルカー報告書は、連邦公務員制度は「静かな危機」（quiet crisis）に直面していると警告した。「静かな危機」とは、学生の公務員志願者が少なく、幹部公務員も機会があれば転職を考えている連邦公務員制度の危機的状況を表現したものである。[1] 連邦公務員制度は、こうした危機に加え、ベビーブーム世代が大量に退職する「退職津波」（retirement tsunami）の危機にも直面している。

　人事管理庁の試算によると、2014年までにベビーブーム世代の約50万人（多くの管理職を含む）の連邦公務員が退職し、最大の行政機関の国防総省では、2012年までに約20％の公務員の退職が見込まれ、特に管理職層の補充と人材育成が喫緊の人事課題になっている。[2] これは日本を含めグローバルな人事課題であるが、アメリカの場合、公務員の社会的評価が伝統的に芳しくないという事情もあって深刻な人事課題になっている。

　また、民間に先駆け優れた人材を連邦公務員制度に確保するために、柔軟な任用制度としてエントリー・レベルに導入されているインターンシップ事業は、2010年12月、事業の再編を求めるオバマ大統領の行政命令（Executive Order 13562）が出され、新しいインターンシップ事業が実施されている。

　本章では、まず、連邦公務員制度のイメージ（連邦公務員のプロフィールと意識）について記述する。そして、連邦公務員制度の人事制度改革として注目される「メリット・システム」の柔軟な任用人事である「インターンシップ事業」の実施・評価・再編の状況について検討し、幹部要員の人材育成、幹部職の任用人事等の考察を通して、柔軟な任用制度が日本の公務員制度に与える示唆について考えることにしたい。

I 連邦公務員制度のイメージ

1 連邦公務員のプロフィール

　連邦文官公務員の総数（郵政を除く）は、206万1569人（常勤公務員185万6733人：2010年9月）となっている。連邦公務員の性別構成は、男性が55.9％、女性が44.1％で、常勤公務員の平均年齢は46.8歳、平均在職期間は14.3年という状況にある。退職資格者の割合は57.8％に達し、2004年度の29.8％と比べて2倍に増加している。人事管理庁の資料によると、連邦公務員に占める50歳以上の割合が2008年には10年前の33％から42％に増加し、連邦公務員の高齢化が一段と進行している。[3]

　ちなみに、アメリカでは、雇用における年齢差別禁止法により定年制は存在しないが、年金受給資格——55歳以上で勤続30年以上又は60歳以上で勤続20年以上——を得て退職する連邦公務員の年齢は、公務員年金制度の充実もあって、平均60歳前後という状況にある。[4]

　連邦公務員の人種別構成は、少数民族集団（以下、マイノリティと略す）が全体の33.3％を占め、その内訳は、黒人が17.5％、ヒスパニック系が7.8％、アジア系が5.5％、ネイティブ・アメリカンが2.1％、ハワイ・太平洋諸島系が0.4％となっている。そして、障害者が全体の7.0％、退役軍人が全体の23.1％（ベトナム戦争期の退役軍人8.0％）を占めている。

　連邦公務員の職は、競争職が69.7％に対して、除外職およびSES職が30.3％という割合になっている。また、連邦公務員の職の構成は、ブルーカラー職の9.9％に対して、ホワイトカラー職（専門職25.1％、行政職36.2％、技術・書記職等28.8％）が90.1％となっており、監督・管理職が全体の12.0％を占めている。そして、連邦行政機関の中では、国防総省が全体の36.1％、退役軍人省が14.6％、国土安全保障省が8.9％を占め、国防・安全保障関係の行政機関に勤務する公務員が全体の約6割を占めている。[5]

2 連邦公務員の意識

　連邦公務員制度は、民間と競争して優れた人材を確保するための取り組みと

して、2003年度より連邦公務員が評価する行政機関のランキングを公表してきている。この行政機関ランキングは、人事管理庁の「連邦公務員意識調査」のデータ（26万3千人）に基づき、非営利団体（NPO）のPartnership for Public Serviceとアメリカ大学の公共政策研究所が共同で分析したものである[6]。

この調査では、290の連邦機関（大規模機関32、小規模機関34、下部機関224）——常勤職員2千人以上の組織を大規模機関、常勤職員2百人以内の組織を小規模機関に分類——を対象に、①職務上のスキル・ミッションに満足しているか、②戦略的管理が行われているか、③リーダーシップが有効か、④ワークライフ・バランスに満足しているか、⑤給与について満足しているかを質問し、連邦公務員の満足度を分析している。

2010年度の調査結果によると、連邦公務員が勤務する職務と職場に対する満足度は全体で65%にとどまり、21%の者が普通、13%の者が良くないと回答している。意識調査が開始された2003年度と比較すると、連邦公務員の満足度は7.4%上昇しているが、民間企業の社員の満足度（70.6%）と比べると低い状況にある[7]。

この意識調査では、大規模行政機関に勤務するマイノリティの職務と職場に対する満足度を尋ねている。マイノリティのうち、アフリカ系の評価の高い行政機関は、①原子力規制委員会、②会計検査院、③司法省、④NASA、⑤社会保障庁に対して、ヒスパニック系の場合は、①会計検査院、②原子力規制委員会、③社会保障庁、④国務省、⑤NASAという評価になっている。そして、アジア系の評価は、①原子力規制委員会、②会計検査院、③財務省、④合衆国国際開発庁、⑤NASAという順位に対して、ネイティブ・アメリカンの場合は、①NASA、②運輸省、③環境保護庁、④空軍省、⑤エネルギー省という順位になっている。

また、この調査では、大規模行政機関に勤務する女性と40歳以下の連邦公務員の満足度を分析している。女性の満足度の高い行政機関は、①会計検査院、②原子力規制委員会、③NASA、④司法省、⑤社会保障庁に対して、40歳以下世代の場合は、①原子力規制委員会、②会計検査院、③社会保障庁、④NASA、⑤国務省という評価になっている。

なお、この調査では、小規模機関と省庁下部機関の公務員を対象に、組織の

チームワークに対する満足度を尋ねている。評価の高い小規模機関は、①陸上運輸委員会、②連邦労使関係院、③連邦通商委員会、④国立芸術基金、⑤連邦海事委員会という順位に対して、省庁下部機関の場合は、①環境天然資源局（司法省）、②市民局（司法省）、③職員管理局（人事管理庁）、④L. ジョンソン宇宙センター（NASA）、⑤J. ステニス宇宙センター（NASA）という評価になっている[8]。当然のことながら、組織のチームワークの満足度が高い職場ほど、組織の生産性の向上が期待できる。

　2003年度より実施されている連邦公務員の意識調査は、いみじくもオバマ大統領が上院議員時代（イリノイ州選出）に指摘しているように、「管理者がより良い職場を創りあげる強い刺激となり、ひいては公衆のニーズに対する政府の応答性を高める[9]」シナジー効果をもたらすと評価できよう。

II　連邦公務員制度の採用人事と人事制度改革

1　メリット・システムに基づく採用人事
(1)　公開競争職と除外職

　連邦公務員の採用人事は、「メリット・システム」の原則に基づき、公正で公開の競争試験による能力、知識、技能を審査して任用される。連邦公務員制度の人事管理の基礎となる分類職には、すべての文官公務員が含まれるが、選挙で選出される政治家および政治家の任命する政策立案担当者、FBI、外務省、TVAのように独自の人事システムを有する行政機関の職員および司法部や立法部に雇用される職員は、一部を除き分類職から除外されている。分類職には、公開競争試験を課す職（competitive position）以外に、非競争の試験を課す職（non competitive position）と試験を免除する除外職（excepted position）の2つが組み入れられている。

　公開競争試験から除外される職は、スケジュールA職と呼称され、分類職における技術的な職として公開競争試験の対象から除外されている。スケジュールA職は、秘密を要する職又は政策決定の性質を有する職以外の職のうち、競争試験の実施が実際的ではない職として、従軍牧師、弁護士、会計士、医者などが任用されている。

1910年には、非競争の試験を課す職がスケジュールA職から分離して、スケジュールB職が設けられている。スケジュールB職は、秘密を要する職又は政策決定の性質を有する職以外の職のうち、人事管理庁が定める手続きによって競争試験によらずに任用される専門・行政職員である。
　また、1953年には、アイゼンハワー大統領の行政命令により、守秘義務が要求される職と政策に関与する職がスケジュールA職から分離し、スケジュールC職が新設されている。スケジュールC職は、秘密を要する職又は政策決定の性質を有する職のうち競争試験によらずに任用される職で、次官、次官補、高官の秘書などが含まれる。要するに、これらの職は、分類職が適用される「キャリア」公務員とは異なり、生涯職のテニュアーを持たない大統領の政治的任命職である。[10]
　さらに、2010年には、オバマ大統領の行政命令により現行のインターンシップ・プログラムが再編され、新たにスケジュールD職が設けられている。スケジュールD職は、秘密を要する職又は政策決定に関わる職以外の職のうち、競争試験の実施が実際的ではないと考えられる職で、後述するインターンシップ事業、新卒事業、PMF事業を通じて任用される。[11]

(2)　選抜の方法

　連邦公務員の採用人事は、伝統的に「三者択一法」(rule of three) の選抜方法により行われてきた。「rule of three」は、欠員を充員する場合、筆記試験又は面接試験の高得点上位3名を有資格者とし、この3人の中から学歴、職歴などを総合的に評価して選抜する方法である。こうした連邦公務員の選抜方法は、2002年の国土安全保障法（以下DHS法）の制定を契機に、変化が見られるようになっている。
　1つの変化は、2000年以降、公務員の選抜において「rule of three」に代えて「category rating」の選抜方法を法的に認めたことである。管理者は、これまで「rule of three」に基づき高得点の上位3人という狭い範囲の中から1人を任用しなければならず、情実や依怙贔屓を減らすという名目で管理者の選択の幅が狭められ、最良の人材を採用するのに制約があった。これまでの「rule of three」の方法では、管理者は、例えば、大学のキャンパスに出かけて面接して採用するようなことは認められていなかったが、こうした選抜方法の変化

は、管理者を人事の専門家として信頼して任用の裁量を認めるものである。

「category rating」は、資格を満たした最終選抜者を上級資格者又は資格者のカテゴリーに分け、トップ3人の得点者の中から選抜するのではなく、資格者全員の中から選抜することができる。しかし、行政機関における「category rating」の選抜方法を活用する動きは鈍く、2004年の会計検査院（GAO）の調査では、行政機関の人事担当者の過半数は「category rating」をほとんど活用していないと回答している。

こうした状況は、多くの管理者がこれまで得点のランク付けと「rule of three」による選抜方法が雇用過程における障害であると指摘してきた経緯から、想定外の反応と受け止められている。[12] なお、2010年5月のオバマ大統領の覚書は、「category rating」に移行していない行政機関に対して、「category rating」の選抜方法を活用するように要請している。[13]

採用人事におけるいま1つの変化は、不足している職群において直接雇用の活用を認めたことである。これまでの採用人事では、応募から採用まで数か月もかかることから、優れた人材が採用通知を待ちくたびれて民間に就職するという問題があった。そのため、農務省では人材が不足している職群の採用人事で、これまでの得点評価の選抜方法に代え、資質と資格の要件を満たす者全員を対象に選抜する直接雇用が1990年の時点で実験的に行われている。2002年のDHS法は、人材不足が深刻な場合か重要な雇用ニーズがある場合、時間のかかる採用手続きに依らず直接雇用する権限（direct hire authority）を認めているが、この直接雇用の任用は、充分に活用されていない。その原因としては、人事管理庁によるガイダンス不足に加え、この権限を活用する行政機関の人事政策や専門知識（expertise）の欠如などが挙げられている。[14]

2 人事制度改革の概要

連邦公務員のエントリー・レベルの新規採用は、人事委員会が実施する統一試験を中心に行われてきた。例えば、1974年に導入されたPACE（Professional and Administrative Examination）の場合、応募人数が採用人数を大幅に超過するようになると、70点の合格ラインが90点を下回っても不合格になるという事態が常態化するようになった。PACE試験は、高得点者だけが採用される開放

的で非政治的（apolitical）な任用制度としての評価を受ける一方で、マイノリティに不利な結果をもたらすことになった。

　カーター施政期に制定された1978年の連邦公務員改正法（CSRA）は、人事委員会の廃止および幹部職制度（SES）の創設などの人事制度の改革を実現した。しかし、行政機関の採用人事の迅速化をはかる人事権の委譲などは、ほとんど進展しなかった。また、1979年にルエバノ（ヒスパニック系）がPACE試験をマイノリティに不利な採用試験であると連邦地裁に告発し、2年後の1981年、連邦地裁はPACE試験の廃止などを求める「ルエバノ同意判決」（Luevano Consent Decree）を下している。[15]

　クリントン施政期には、1993年の「政府業務の見直し」（National Performance Review: NPR）を通じて、人事管理における規制緩和・分権化・権限委譲等の改革が進展している。具体的には、1万頁にも上る連邦政府の人事マニュアル・人事規則を廃止する規制緩和を行い、人事管理庁（OPM）の集権的な採用試験に代えて行政機関による分権的な採用試験の実施を可能にし、人事管理権をライン管理者に委譲する措置を講じている。

　また、ブッシュ施政期には、2001年の大統領管理課題（President Management Agenda: PMA）を通じて、行政機関の独自の人事管理制度の改革が進展している。具体的には、2003年に新設された国土安全保障省（DHS）と最大の行政機関である国防総省（DOD）では、職員の一般俸給表（GS）の適用を除外して新たにペイ・バンド俸給表を新設し、職員の職務実績に応じた給料査定を行う弾力的な給与制度を導入することで、管理者がエントリー・レベルの職員の給与設定や職員の迅速な昇進人事を柔軟に行えるようにしている。[16]

　こうした分権的人事システムの導入は、行政機関によってミッションと組織文化が異なることに注目すると評価できる反面、連邦公務員制度に「バルカニゼーション」（Balkanization）の混乱を生み出しかねない。人事システムが異なれば異なるほど、職員の組織間の人事異動が容易でなくなり、また、柔軟な職の分類と給与体系は、資源の豊富な行政機関の職員に高水準の給与の支給を可能にするが、資源の乏しい行政機関の職員の引き抜きを誘発し、組織間の人事対立を助長するかもしれない。[17]ブッシュ施政期に、DODとDHSが導入した独自の人事・給与システムは、連邦公務員に認められている団体交渉権を禁止

したことで訴訟が相次ぎ、職員のモラールに深刻な影響が出ると懸念されていた。[18]

その後、オバマ施政期になると、連邦公務員制度の「バルカニゼーション」の批判に応えて、連邦公務員制度の人事政策はブッシュ施政期の人事政策を転換する方向にシフトしている。DODとDHSにおいて導入された分権的な人事給与制度は廃止され、元の伝統的な人事給与制度に移行している。[19] また、オバマ大統領は、公務員の募集・採用過程の改革に取り組むため、2010年5月に「連邦政府の募集・採用過程の改善」と題する大統領覚書（presidential memorandum）を発している。この覚書は、行政機関の雇用過程をスピード・アップし、合理化する措置を講じるよう指示している。連邦行政機関は、「退職津波」の危機に対処するため、2010年から4年間に約60万人の雇用が必要と見積もられている。オバマ大統領の覚書は、大量の雇用を迫られている行政機関の雇用過程の改善措置として、時宜を得たものであると評価されている。[20]

こうした人事政策の展開に対して、連邦公務員の採用人事では、アメリカ社会の特質を反映して、メリット・システムの柔軟な任用が行われてきている。以下では、メリット・システムの柔軟な人事政策について検討してみよう。

Ⅲ メリットの柔軟な任用

1 退役軍人に対する優遇措置

退役軍人の優先雇用政策（Veteran Preference）の沿革は、南北戦争が終わりを告げる1865年に制定された規定（セクション1754）に求められる。この規定は、1883年の連邦公務員法（ペンドルトン法）の制定に伴い廃止されているが、連邦公務員法は、退役軍人をメリット・システムの適用から除外しているものの、優先任用については簡単に1行で規定しているだけである。[21] しかし、退役軍人の優先雇用政策は、第一次、第二次世界大戦の危機の時代を迎えると、急速に拡充の方向に転換していく。

第一次世界大戦が終結すると、1919年に退役軍人を優先的に雇用するために、退役軍人優遇措置法（Veteran Preference Act）が制定されている。この時期の退役軍人の任用比率の推移を見ると、1920年に13.6％であった退役軍人の

比率は、1921年には28.9%、1923年には34.1%に増加していくが、1940年になると、退役軍人の比率は15.3%に低下している。[22]

その後、退役軍人の雇用比率は、第二次世界大戦期の1944年に退役軍人優遇措置法（Veteran Preference Act）が制定されると、退役軍人の雇用は急激に増加している。1944年に14%であった退役軍人の比率は、1945年に23%、1949年に49%、1954年に50%まで増加している。[23]その後、ベトナム戦争を契機に、1968年のジョンソン大統領の行政命令と1971年のニクソン大統領の行政命令を通じて、退役軍人の優遇措置の拡充政策が実施されている。ちなみに、近年の連邦公務員の退役軍人の比率を見ると、2004年22.4%、2006年24.7%、2008年22.4%、2010年23.1%というように、おおむね20%台で推移している。[24]

ところで、メリット・システムの下における退役軍人に対する柔軟な任用政策は、どのように評価されているのであろうか。退役軍人の受験者には、1953年以降、競争試験を課すようになっているものの、退役軍人には試験の得点に5点の加算を認め、傷痍軍人とその妻および戦死軍人の未亡人・母親には10点の加算を認めている。しかも、「rule of three」の規定にも関わらず、行政機関は退役軍人を差し置いて名簿順位の下位の者を選択できず、退役軍人の順位が上位であれば原則として採用しなければならない。

こうした退役軍人に対する優遇措置は、女性とマイノリティの雇用の機会を制約するとして廃止すべきという批判がある。1978年の連邦公務員改正法の審議過程でも、退役軍人に対する優遇措置の規定を削除するように修正案が出されたが、結局規定の修正は行われなかった。[25]退役軍人の優遇措置がメリットの原則や公平性の価値を損なうという問題は、今日もなおホットな論議の対象になっている。

2　マイノリティに対する割当制（Quota System）

連邦公務員制度におけるメリット・システムの導入は、公務員の採用に関して必ずしも公正な競争原則を確立した訳ではない。メリット・システムの原則は、一方では、多年にわたる社会的差別の故に教育、経験等の資格に関してハンディを負うマイノリティ（少数民族集団）を結果的に排除するという副作用をもたらすことになった。また、メリット・システムは、個人の能力を意識

し、民族・宗教等の個人的属性を意識しないことを特質としていたために、組織の構成員は民族集団別に内分けが記録されず、仮に記録していても公表しないという方針がとられた。しかも、「rule of three」に基づく任用の慣行は、体色を意識した差別的任用を誘発する可能性があった。

1970年前後から、公務員組織における民族集団別の構成（「代表性」）に関する調査研究がさかんに行なわれるようになったのも、従来の体色に対する盲目（color blindness）から体色の意識化（color consciousness）へと関心が移行したことを傍証するものであろう[26]。しかし、われわれは、メリット・システムの原則と無関係なマイノリティの「代表性」（representation）を意識しなければならないジレンマ性をどのように理解したらよいのであろうか[27]。

公務員の雇用に際して一定の比率を少数民族集団に割当てるという「割当制」の導入については、さまざまな反応がみられる。例えば、シルバーマン（Charles Silberman）は、「優先的取り扱いや割当制は不可欠のものであり、単なる形式的な差別撤廃政策は不適切である」と肯定的に評価し、「黒人の雇用の遂行の程度を測定する基準として数字を使用しないことは、実際には名目的措置（tokenism）にたち戻ることになる」と主張している[28]。

これに対して、クリスロブ（Samuel Krislov）は、「割当制の要求は、社会的闘争を絶えず実践することなしに不充分に満足させられるべき自己充足的、自己規定的なものである」と批判し、「この考えに対する治療は病気に対する治療よりも始末が悪い」と述べている[29]。

また、西尾勝は、「この方式を公認すると他の民族集団からも同様の対抗要求が出される可能性があり、又黒人集団に有利な割当は他の民族集団には不利な割当になる。……要するに、割当制は、黒人と白人との比率の問題ではなしに白人間、マイノリティ集団間の民族集団別比率の問題に発展し、多民族社会の統合に致命的な作用を及ぼす」と指摘している[30]。

このように、「代表性」の概念の制度化としての「割当制」については、賛否両論の反応がある。「割当制」の導入が、多民族社会の統合に致命的な作用を及ぼすのか、それとも多民族社会の統合の知恵として作用するかの評価はともかく、「割当制」の活用について、少数民族集団であるという理由だけで雇用を認めるのは逆差別（reverse discrimination）[31]であるという批判がある以上、

この雇用方式には一定の歯止めが必要であろう。

　それ故、出来るだけ少数民族集団に雇用と昇進の可能性を認めながら、少数民族集団だけを特別扱いしないような人事政策が要求されることになる。今日、メリット・システムと「代表性」の調和をはかる公正で公平な雇用要件として求められているのは、個人の能力を単に試験の成績、資格、経験だけで測定するのではなく、志願者の志望動機、公務員としての資質、職務の遂行能力などの側面に力点を置いて個人を総合的に評価する柔軟なメリットの概念なのである。

　ところで、柔軟なメリットの概念は、退役軍人やマイノリティの雇用だけに活用されているわけではない。連邦公務員制度では、民間と競争して優れた人材を確保するために、メリットの概念を柔軟に適用する雇用事業を展開してきている。例えば、連邦地裁の「ルエバノ同意判決」に基づき、1981年に導入された学業優秀事業（Outstanding Scholar Program）では、学業成績がGPA3.5以上か学士号取得者の上位1割以内の成績優秀者は競争試験を免除し、GS5等級かGS7等級の職に雇用している。

　また、「ルエバノ同意判決」を受けて、ヒスパニック系などのマイノリティの雇用を拡大するため、1981年にバイリンガル・バイカルチュラル事業（Bilingual/Bicultural Programs）が導入されている。この事業では、スペイン語やヒスパニック文化に関する試験が実施されているが、得点のランキング評価ではなく、必要なレベルのスペイン語の語学力とヒスパニック文化の知識を身につけているかどうかを評価して、GS5等級かGS7等級の職に雇用している[32]。

　こうした事業を連邦公務員制度に導入している背景には、アメリカの公務員の社会的評価が伝統的に芳しくないという事情があり、民間に先駆け優れた人材を確保（いわゆる「青田買い」）しておきたいという思惑や多民族社会の分裂を回避したいという意図がある。以下では、民間に先駆け優れた人材を確保するために導入されているインターンシップ事業の柔軟な任用について検討してみよう。

Ⅳ インターンシップ事業の柔軟な任用

1 インターンシップ事業の概要

(1) 学生一時雇用事業 (STEP)

STEP (Student Temporary Employment Program) は、公募で競争試験が除外されるスケジュールB職に任用される。STEPの応募資格は、高校・大学・専門学校・大学院の学生であることと、アメリカ国籍を有する市民でなければならない。STEPの任用期間は1学期間か1年で、任期の延長は在学期間であれば可能であるが、卒業すると離職しなければならない。

STEP職は有給で、職務内容は自分の研究分野に関連したものに限られるわけではない。STEPの参加者には、健康保険、退職手当、生命保険の受給資格はなく、また、常勤職への配置転換の資格もないが、SCEPへの参加資格は認められている。

(2) 学生キャリア経験事業 (SCEP)

1977年10月のカーター大統領の行政命令 (12015) により導入されたSCEP (Student Career Experience Program) の応募対象は学生であり、競争試験が除外されるスケジュールB職に任用される。学生の応募には、行政機関と学校と学生の三者間に公式の合意協定が結ばれ、学位・資格の取得、職務経験等に基づき競争職に配置転換する任用基準などが規定されている。

SCEPは、有給で職務内容は直接的に研究分野に関連しており、学生が学位を取得し640時間の職務経験の要件を満たすと、常勤職に配置転換することができる。この職務経験の要件は、顕著な学業成績や職務実績を有する場合は、320時間に短縮することができる。

SCEPの終了時、学生は上限120日在職期間を延長することが認められているが、卒業すると常勤職に配置転換されるか離職する。SCEPの配置転換は、大卒はGS7等級（年俸4万2209ドル以上：2012年1月現在、ワシントンD.C.地域)、大学院卒はGS9等級（年俸5万1630ドル以上：2012年1月現在、ワシントンD.C.地域）の常勤職に任用される。なお、SCEP参加者には、健康保険、生命保険、休暇、病気休暇、退職給付を受ける資格がある。[33]

(3) 連邦キャリア・インターン事業（FCIP）

FCIP（Federal Career Intern Program）は、2000年7月のクリントン大統領の行政命令（13162）により導入された。FCIPは、競争試験が除外されるスケジュールB職に任用される。FCIPの目的は、「公共セクターのキャリアを求める優れた人材を募集し選抜する」ことにあり、応募資格は、学生限定ではなくすべての人を対象にしている。FCIPの任用等級は、交渉によりGS5等級（年俸3万4075ドル以上：2012年1月ワシントンD.C.地域）・GS7等級・GS9等級のいずれかに任用される。2年間のインターンシップの期間を首尾良く終了し、人事管理庁の規定する要件を満たすと、競争職に配置転換することができる。[34]

FCIPの事業は、行政機関が個別に雇用計画を立て、競争職に配置転換するのに面倒なランキング評価の必要がなく、行政機関の判断で直接雇用することができる。そのため、人事管理庁の資料によると、FCIPの任用数は2001年の411人から、2009年には2万6709人にまで激増している。[35]

行政機関は、FCIPの研修生に対して研修事業計画を立てなければならないことになっているが、PMFPが目的とするような管理能力の開発を意図するものではない。なお、行政機関に対応を任されている研修事業については、実施の是非を含め詳細を人事管理庁に報告する義務はないという問題がある。

(4) 大統領管理フェロー事業（PMFP）

当初、PMIP（Presidential Management Intern Program）という名称で開始されたPMFP（Presidential Management Fellows Program）の事業は、1977年8月のカーター大統領の行政命令（12008）により、「公共政策を策定し管理する特別な訓練を受けた管理能力を有する優れた男女を連邦公務員制度に引き入れること」を目的として導入された。[36]

PMFP（PMIP）は、政府全体の管理職の能力を強化することによって連邦公務員の質の向上を図ろうと意図していたため、当初、PMFPの応募資格は行政管理に関する修士号取得者に限定されていたが、1982年5月のレーガン大統領の行政命令（12364）によって、「公共政策と公共事業の分析と管理のキャリアへの関心」を持つ者に応募資格が変更されている。

PMFPの応募手続きは、USA JOBSのウェッブ・サイトを通じて申し込むが、各大学院は学業成績に基づき応募者を選考して指名し（約10％の難関）、

PMFP の管理運営を所管する人事管理庁（OPM）による審査を受ける。この事業は、任期2年の競争試験の除外職でスケジュールA職に任用される。PMF（PMI）は、競争除外職のGS9等級（年俸5万1630ドル以上：2012年1月：ワシントンD.C.地域）でスタートする。そして、2年間の試用期間を首尾良く終えると、PMF は生涯職に配置転換され、GS11等級（年俸6万2467ドル以上：同年同地域）からGS12等級（年俸7万4872ドル以上：同年同地域）に昇進する資格が与えられるが、全員昇進が保障されているわけではない。[37]

インターンの定員は、カーター大統領の行政命令では上限500名と規定されているが、最終の定員規模は、採用省庁により決定される。インターンの定員は、1982年のレーガン大統領の行政命令（12364）で200名に制限されているが、1988年の同大統領の行政命令（12645）で400名に増員されている。その後、2003年に、ブッシュ大統領の行政命令（13318）により、事業の名称がPMIPからPMFPに改称され、研修生の名称もPMIからPMFに変更されている。そして、本事業の名称が変更されると、400名定員の上限が撤廃され、フェローの勤務先もすべての行政機関に拡大されている。そのため、人事管理庁のPMFプログラムの統計データによると、過去10年の任用数は、2007年以降、最終候補者数と任用数が大幅に増える傾向にある。なお、PMFの任用者は、最終候補者（finalist）の約6割にすぎない。[38]

2 インターンシップ事業の評価

(1) STEP と SCEP の評価

2009年4月に公表された Partnership for Public Service（以下、Partnershipと略す）の報告書「人材の放置―高水準の職務実績を確保するためのインターンシップ事業投資―」を手がかりとして、STEPとSCEPの実施状況について検討してみよう。

同報告書によると、連邦政府は2007年度、STEPの参加者（4万4795人）とSCEPの参加者（1万4715人）を合わせて5万9510人のインターンを雇用している。学生のインターン数は、多いようにも思われるが、連邦公務員の規模（190万人：2007年度）からすると、ほんの一部を構成するにすぎない。[39]

また、インターンシップ終了後、常勤職に配置転換された比率を見ると、

2007年度のSCEP参加者の場合、常勤職に配置転換された者は3939人を数えるが、SCEP参加者全体の26.7％を占めるにすぎない。この比率は、2002年（18.6％）→2003年（22.0％）→2004年（21.8％）→2005年（23.2％）→2006年（24.3％）と年々増えつつあるが、インターンの期間が終了しても常勤職に配置転換されないSTEPの参加人数を加えると、インターン参加者全体では、参加学生のわずか6.6％が、卒業後連邦政府の常勤職に雇用されているにすぎない[40]。

連邦公務員制度における学生を対象にしたインターンシップ事業は、常勤職への雇用資格のないSTEP事業に大きく依存してきており、常勤職への雇用資格のあるSCEP事業も、おおむね4人に1人が常勤職に雇用されるという状況にある。こうした状況は、民間のインターンシップ参加者の2人に1人が雇用される状況（50.5％）と比べて、低い水準にとどまっている（2008年全米大学・使用者協会調査）。

ちなみに、SCEP参加者の受け入れ先は、海軍省（23％）、陸軍省（15％）、農務省（13％）、空軍省（12％）、内務省（8％）、NASA（4％）、その他（25％）の6行政機関に集中している。これらの行政機関職員が連邦職員総数に占める割合は40％であるのに対して、SCEP参加人数の占める割合は全行政機関の75％を占めており、連邦政府全体で学生の人材を活用しようという戦略がないと指摘されている。

また、SCEP参加者の学位専攻分野の割合をみると、工学・建築学が14.7％、一般管理・事務が11.4％、生物学が10.4％、学際的学問が4.6％、物理学が3.4％、その他が55.5％となっており、SCEPに参加している学生の28.5％は、工学・建築学、生物学、物理学の分野を専攻している。上記行政機関では、こうした学問分野の人材を確保するため、SCEPのインターン事業を人事政策に組み込んでいると言えるかもしれない[41]。

(2) FCIPの評価

① 上院小委員会の証言　FCIPの事業は、上院の公聴会や連邦職員組合の訴訟などを通じて注目されるようになっている。上院「国土安全・政府問題委員会」の「政府管理・監視小委員会」は、FCIPの評価について証言を求めている。例えば、PartnershipのJohn Palguta副会長は、2010年4月、「FCIP

は行政機関が公募せず特定の地域の大学生や一般社会人を対象に必要な人材を選抜できるため、この事業の雇用数が激増している」と証言している。FCIPの利用が激増している理由については、「任用手続きが採用試験の任用手続きのように複雑でないこと、行政機関にとって必要な人材を限定して選抜できること、任用後2年間の試用期間に職務能力を評価して常勤職員として採用する価値があるかどうかを判断できること」、などを挙げている。

また、FCIPの改善点として、「インターン」という用語が使われているが、FCIPは多くの人が考えるインターンシップ事業とは異なるため、誤解を与える用語の使用を控えるべきであると述べている。[42] 確かに、FCIPは「インターン」が意味するように、トライアウトの短期間学生に政府の仕事を経験させ、その期間を終えると学校に戻るような事業ではない。FCIPは、一般には2年間の試用期間を首尾良く終えると、給与と給付の損失なしに競争職に配置転換される雇用制度と考えられているからである。

② 連邦地裁の判決　FCIPを導入した2000年のクリントン大統領の行政命令は、FCIPの雇用過程において退役軍人優遇措置（Veteran Preference）と平等雇用機会を配慮するよう要請しているが、連邦政府の職員組合は、退役軍人優遇措置の適用を避けるためにFCIPを活用してきていると批判している。

例えば、全米財務省職員組合（NTEU）のMaureen Gilmanは、2010年5月、上院の「政府管理・監視小委員会」の証言で、「合衆国税関国境保護局は、2003年以降職員の採用をFCIPで行っている」と述べている。また、他の行政機関においても、財務の専門家、収税吏、エンジニア、保険代理人、会計士、契約専門家などの雇用をFCIPで行っていると言われる。[43] ちなみに、FCIPの退役軍人の割合は、連邦職員全体の退役軍人の割合が25％に対して、15％にすぎない。

こうしたFCIPの利用状況の下で、FCIPは退役軍人優遇措置法に違反していると告発する訴訟が相次いでいる。Larry Evans対退役軍人省およびDavid Dean対人事管理庁の一連の連邦地裁の訴訟におけるEvansとDeanの勝訴は、行政機関が欠員補充に利用してきたFCIPの採用に深刻な影響を及ぼしている。[44]

③ MSPBの評価　MSPBの2001年の報告書は、FCIPはPMIPのように

大学院の指名選考も人事管理庁の評価も必要とせず、応募者には魅力的な事業に映るため、PMIP が FCIP にとって代わられることを危惧している[45]。その後、FCIP による雇用比率は、MSPB が危惧したように、2001年の1％（約400人）から2004年には28％（約7000人）に増加している。そのため、MSPB の2005年の報告書は、「FCIP の利用の増加は雇用の柔軟性を高めるが、柔軟性は責任を伴う」、「行政機関の FCIP の利用には、メリット・システムの原則・退役軍人の優遇措置・平等雇用機会を配慮しなければならない」と指摘し[46]、FCIP がメリット・システムの原則や退役軍人優遇措置などを侵害することがないように、人事管理庁と行政機関に対して改善を求めている。

　しかし、近年の FCIP を告発する一連の訴訟は、退役軍人の優遇措置に対する配慮を欠いていることを示唆している。ちなみに、MSPB も、2010年の証言で、「FCIP は公募せずに欠員を雇用できる。退役軍人の雇用数が不明なのは優遇措置を受けられる退役軍人を閉め出していることを意味する」と述べている[47]。

　④　PMFP の評価　この事業は、1982年以前は行政管理の修士学位の人材の確保を目的としていたが、近年では、会計、財務、経営、経済、IT、環境サイエンス、工学、統計の分野に加え、保健・医学、人事管理の分野の人材が求められている[48]。2003年のブッシュ大統領の行政命令で、PMF の定員の上限が撤廃され、勤務先もすべての行政機関に拡大されたこともあって、公共政策系大学院の院生を中心に PMFP に対する関心が高まり、PMF の最終候補者数と任用数とも増加するようになってきている。PMF 最終候補者（finalist）の出身大学別の状況（2009年5月現在）については、ジョンズ・ホプキンス大学が50人で最も多く、次いで、ジョージ・ワシントン大学（48人）、ハーバード大学（46人）、ジョージ・タウン大学（40人）、アメリカン大学（31人）、コロンビア大学（28人）、エール大学・バージニア大学・メリーランド大学（各18人）、タフト大学（17人）、ミシガン大学（16人）、プリンストン大学・シカゴ大学・デンバー大学（各15人）、エモリー大学（14人）、シラキュース大学・デューク大学（各12人）、カリフォルニア大学バークレー校（10人）の順になっており、ワシントン D. C. 周辺の東部の大学出身者が上位を占めている。

　また、PMF 最終候補者の雇用機関の状況では、保健・厚生省が最も多く雇

用し (62人)、次いで、国務省 (55人)、住宅・都市開発省 (52人)、国防総省 (43人)、国土安全保障省 (32人)、エネルギー省・農務省 (27人)、退役軍人省・共通役務庁 (各23人)、内務省 (16人)、社会保障庁 (15人)、財務省・国際開発庁 (各14人)、商務省 (13人)、環境保護庁 (11人)、司法省 (10人) の順になっている。[49]

では、行政機関の管理者は、大学院生対象のインターンシップ事業をどのように評価しているのであろうか。

MSPBの報告書によると、行政機関の監督者の大多数 (86%) は、PMIPは行政機関にとって費用をかけるだけの価値があると述べている。また、監督者の79%の者がPMIPを今後も活用すると述べ、76%の者はここ3年間に任用されたPMIの質が他の任用者よりも優れていると信じている。そして、監督者の88%の者がPMIの職務評価は標準を超えていると指摘している。監督者のPMIに対する職務評価は、分析能力が89%、作文能力が88%、指導力が90%、公共政策・公共事業の知識が76%という評価になっている。[50]

しかし、こうした高い評価にも関わらず、PMIの転職率については、1982年から1994年に採用されたPMIの半分がすでに転職し、1995~1996年の採用者もその3割が転職するという状況にある。[51] 転職への動機づけとしては、俸給・キャリア発展に対する不満や職務・研修内容が期待通りではなかったなどの理由が考えられる。このように、PMIPの事業はPMIに対する評価が高い一方で、PMIの転職率も高いという問題がある。職員の転職は、連邦政府にとって高価な犠牲を強いることになるため、PMIのモラールを高める魅力的な人事政策が必要になる。

MSPBの報告書は、PMIの優れた人材を確保するために、人事管理庁に対して、将来の管理者を識別して能力開発の機会を提供するという本来のPMIの目的が理解されるように行政機関を指導し、行政機関と協力してPMI研修の改善に取り組むように勧告している。[52]

では、PMFPに名称が変更されて以降の評価はどうであろうか。2008年のNASPAA主催の会議資料によると、常勤職に採用されて3年後のPMFの保有率は、83-88%、採用5年後の保有率は63-77%という状況にあり、PMFの離職率が次第に高くなっている。[53] これは、PMIの離職と同様に処遇や職務へ

の不満が一因と考えられる。

　管理者のPMFに対する評価は、PMIと同様に高い傾向が見られるが、PMFは欠員の補充人事が目的で、将来リーダーシップを発揮する人材の育成という視点が欠けている。なお、1982年から1989年の期間に幹部職（SES）に昇進したPMFは、12人のうち1人にすぎない。SESのキャリア・パスとしてのPMFの人材の育成が、喫緊の人事課題である。

3　インターンシップ事業の再編
(1)　オバマ大統領の行政命令

　連邦公務員制度のエントリー・レベルの採用人事においては、就労経験をかなり有する社会人を優遇する傾向があるため、学生と新卒者の雇用を制約しているとして、オバマ大統領は、2010年12月27日、現行のインターンシップ事業の再編を求める行政命令（13562）を発し、次のように述べている。

　「連邦政府は、学生と新卒者を有効に競争させるため高校から大学院までの学生を対象にインターンシップ事業のパスウェイズ（経路）を提供し、彼らに有意義な研修、メンターリング、能力開発の機会を提供しなければならない。……社会の各層を代表する労働力を実現する良き行政の条件とは、連邦公務員制度の特定の職に関して競争による雇用規則の例外を設けることである」と。

　また、この行政命令は、再編されるパスウェイズ事業を実施するため、人事管理庁の長官に対して、①事業の対象となる職の規定、②公募の範囲と方法に関する規定、③事業参加者に対するキャリア開発、メンターリング、研修の規定、④事業参加者を常勤職に配置転換するための評価基準の規定、⑤人事管理庁の事業に対する監督規定等の人事規則、を策定するよう指示している。

　この行政命令が発効して45日以内に、行政機関のパスウェイズ事業の実施状況（雇用される職員数等）が人事管理庁に報告され、連絡を行うパスウェイズ事業担当官が任命されている。なお、この行政命令の公布に伴い、2000年に導入されたFCIP事業は、2011年3月1日をもって廃止され、1977年に導入されたSCEP事業も、人事管理庁長官の人事規則の公布日をもって廃止されている。

(2)　パスウェイズ事業の導入

　新たに導入されたパスウェイズ事業は、①インターンシップ事業、②新卒者

事業、③大統領管理フェロー事業で構成され、パスウェイズ事業の参加者は、オバマ大統領の行政命令で新たに設置された除外職のスケジュールD職に任用されている。まず、インターンシップ事業の概要から見てみよう。

① インターンシップ事業

(a) 応募資格　インターンシップ事業は、人事管理庁の認証する高校、コミュニティ・カレッジ、4年制大学、職業学校、キャリア技術教育事業などの在学生を対象に、在学中に有給で行政機関で働く機会を提供するものである。この事業は、上述のSCEP事業に代わるもので、参加者は「インターン」と呼ばれる。行政機関は、インターンに対して有意義な能力開発の職務を提供するように求められるが、その職務は、学生の学習・研究分野に関連するものである必要はない。行政機関は、インターンシップの成果のパスウェイズを明記した協定（Pathways Agreement）に、インターンとともに署名しなければならない。

なお、学生を対象にした民間のインターンシップ事業の参加者も、人事管理庁の承認があれば、政府のインターンシップ事業の参加者と同等に取り扱われる。

(b) 配置転換の要件　インターンシップ事業は、個々の行政機関において管理される。行政機関は、最低640時間の職務要件を満了し学位・資格を取得したインターンを、120日以内に常勤職又は非常勤職（1年から4年の任期付き）に配置転換することができる。行政機関は、顕著な学業成績や特に優れた職務実績を有するインターンについては、640時間の職務要件を320時間に短縮することができる。

また、行政機関は、上述のSTEP事業の任用と同様に、学生の卒業を制約しないために1年か一定の期間、臨時職員として任用することができる。

なお、2011年3月1日付で廃止されたFCIPの任用者の処遇については、減給されずに競争職に配置転換されることになっている。ただし、FCIPの試用期間が1年以上すでに経過した者は、試用期間を満了したと見なされることになるが、試用期間が1年未満しか経過していない者は、競争職において残りの試用期間を満了しなければならない。

② 新卒者事業の概要
(a) 応募資格　　新卒者事業（Recent Graduates Program）は、資格ある教育機関を最近卒業した者を対象に、連邦政府においてキャリアの機会を提供するもので、事業の参加者は、「新卒者」と呼ばれる。新卒者は、2年以内に学位—準学士号・学士号・修士号・博士号—を取得しているか、人事管理庁の承認するキャリア教育事業又は技術教育事業の資格を取得していなければならない。ただし、兵役に服していた退役軍人は、学位などを取得後2年以内の新卒者事業の参加要件を免除され、6年以内に資格ある学位を取得するか資格ある事業を終了すると、この事業に参加することができる。

行政機関は、インターンシップの成果のパスウェイズを明記した協定に、新卒者とともに署名しなければならない。この事業の参加者は、2年間のキャリア開発事業に取り組むことになる。

(b) 配置転換の要件　　新卒者事業は、個々の行政機関において管理される。新卒者には、オリエンテーション研修と能力開発の事業とともに、メンター制度が導入される。各行政機関は、新卒者のキャリア・プランや専門家の能力開発および研修活動の計画を策定し、能力別に編制するために個人の能力開発計画を立案する。この事業の各年度、最低40時間の公式の対話形式の研修を実施する。

新卒者は、この研修・能力開発事業を首尾良く終了し職務実績が良好であると、常勤職か非常勤職（1年から4年の任期付き）に配置転換することができる。希なケースであるが、雇用機関は、新卒者を配置転換するかどうかを決定する際に、試用期間を120日延長することができる。

③ 大統領管理フェロー事業の概要　　大統領管理フェロー事業（Presidential Management Fellows Program: 以下 PMF 事業）は、上述のように、公共政策と公共事業のリーダーシップと管理に関して関心を持つ大学院レベルの多様な学問分野から優れた男女を連邦公務員制度に引き入れることを目的として、2003年11月21日のブッシュ大統領の行政命令（13318）によって設置されたものである。

(a) 応募資格　　PMF 事業の参加者は、「フェロー」と呼ばれ、人事管理庁の承認する大学院の修士号の学位を2年以内に取得した者でなければならない。

各行政機関は、新規の PMF に対してオリエンテーション研修と能力開発の事業に加えて、管理職によるメンターシップを提供するように求められる。

(b) 配置転換の要件　PMF 事業のフェローは、2 年間の試用期間の各年度 80 時間の研修を受け、年次ごとにフェローに対する職務実績の評価が行われる。フェローは、試用期間の職務を首尾良く終えると、連邦政府の常勤の競争職に配置転換される。行政機関は、フェローを配置転換するかどうかを決定する際に、試用期間を120日延長することができる。[58]

　以上を要するに、オバマ大統領の行政命令により再編されたパスウェイズ事業は、インターンシップの試用期間を終えると、連邦政府の常勤職に自動的に任用されるのではなく、あくまで人事管理庁の規定する配置転換の要件を満たす場合に限り、常勤の競争職に配置転換される制度である。配置転換の要件を満たさない者は、連邦政府の任用期間を延長できず、離職しなければならない。また、この行政命令は、行政機関がパスウェイズ事業を実施するにあたり、メリットに基づく人事手続き、マイノリティに対する平等雇用機会、退役軍人に対する優遇措置を極力遵守するように要請している。[59]

　なお、学生のインターンシップ事業の常勤職の雇用を改善するために、インターンシップ改善法案（Federal Internship Improvement Act）が下院に提出されている。この法案は、各行政機関にインターンシップ調整担当官を任命し、インターンの任用実績のデータを収集し、重要事項―インターンの雇用方法・職務形態・職務実績の評価基準等―を議会と人事管理庁に報告することを義務づけている。また、同法案は、学生のインターシップ事業をエントリー・レベルの人材確保の重要な供給源として位置づけ、人事管理庁に対してインターンのデータベース化を図り、学生インターンの常勤職の雇用を促進するように求めている。この法案は継続審議の状況にあったが、2011年大晦日、オバマ大統領が同法案に署名し「連邦インターンシップ改善法」が制定されている。[60]

V 幹部要員の人材育成と幹部職の人事

1 幹部要員の人材育成
(1) 採用試験の変遷

連邦公務員の採用試験は、1883年のペンドルトン法によって実施されることになったが、ペンドルトン法の意図は、職務に関連する技能や能力を重視することによって、公職に就く機会を広範に認める開放的な人事システムを創設することにあった。この連邦公務員制度の人事システムの開放性は、競争試験の受験資格の年齢をイギリスのように狭く限定しないことや社会人の任用（lateral entry）の等級レベルを制限しないといった特徴に現れている。しかし、こうした連邦公務員制度の人事システムに対して、1935年の公務員制度調査委員会の報告書は、社会人の任用が公務員のキャリア形成の障害になっていることを指摘し、有能な若者が卒業後公務の世界を志願するようにするために公務員のキャリア形成を促進する人事政策の必要性を強調している。

また、1937年のブラウンロー委員会の報告書は、人事委員会が公務員の任用に関して職務に関連した技能を過剰に評価することによって、過度に専門化した人事を推進していると批判している。ブラウンロー委員会は、その改善策として「事務職試験によって採用される職員よりも広範な訓練と背景を身につけた若者を数多く採用すること」の必要性を強調し、大卒者を対象に「一般目的の試験」を新たに実施するように勧告している。この勧告は、大卒者を対象にした「一般目的の試験」を通じて幅広い能力を身につけた大卒者や大学院修了者を行政職に登用するように求めている。

第二次大戦後、こうしたブラウンロー委員会の勧告を受けて、ようやく各種のゼネラリスト志向の採用試験が実施されている。1948年には、副管理補採用試験（Junior Management Assistant Examination: JMA）が実施され、1955年には、行政機関別に実施されていたJMA試験に代わって行政機関共通の統一試験である連邦行政職採用試験（Federal Service Entrance Examination: FSEE）が実施されている。そして、1974年にはFSEE試験の廃止に伴い、専門・行政職採用試験（Professional and Administrative Career Examination: PACE）が実施さ

れている。

　このPACE試験は、マイノリティに不利益な結果を与えているとして告発された1979年のルエバノ対キャンベル事件（Luevano vs. Campbell）の影響で、1982年に廃止されている。その後、1990年にようやくアメリカ行政職試験（Administrative Career With America: ACWA）が導入されることになるが、個々の行政機関は、ACWA試験の導入以後も独自の選抜手続きで採用人事を行い、行政機関におけるACWA試験の活用は、極めて限定される傾向にある。

(2) ゼネラリスト行政官の人材育成

　上述のように、アメリカの連邦公務員制度では、第二次大戦後、ブラウンロー委員会が勧告したゼネラリスト志向の採用試験が実施されるようになった。しかし、それにも関わらず、最近の行政機関におけるFCIPの雇用数の増加に象徴されるように、スペシャリスト志向の採用人事が広範に行われるようになっているのは、何故なのか。

　第1に、政治主導の政官関係に起因する要因が考えられる。アメリカでは、連邦公務員制度が職業化することを恐怖する伝統から、政策役割を政治的に任命される幹部職に求める政治慣行が存在するため、ゼネラリスト行政官の人材育成に対する関心が必然的に希薄になる。

　第2に、多民族社会の特質に起因する要因が考えられる。アメリカでは、行政官の人材はゼネラリストかスペシャリストかという関心よりも、多民族社会の統合の知恵として、エントリー・レベルや管理職レベルにおけるマイノリティの「代表性」の進展状況への関心が高くなり、行政官の人材育成についての関心が希薄になりがちである。特に、マイノリティの提訴に対するルエバノ同意判決（Luevano consent decree）を受けて、採用試験が行政官の人材の確保に有効かどうかという関心よりも、マイノリティに不利益な影響を及ぼさないかどうかが注目されるようになっている。

　第3に、人事行政機関の採用試験の実施体制に起因する要因が考えられる。アメリカの行政機関では、伝統的にスペシャリスト色の強い人事が行われてきている。そのため、ゼネラリスト志向の採用人事を活発にするためには、個々の行政機関による分権的な採用試験ではなく、人事行政機関——人事委員会と後身の人事管理庁——による集権的な採用試験を実施する体制を整備する必要があ

る。しかし、最近の連邦公務員制度の採用人事の動向を見ると、2001年のブッシュ大統領のPMAや2002年の国土安全保障法の制定を契機に、行政機関が独自の人事システムを開発し、分権的な人事管理が実施されるようになっている。

こうした個々の行政機関におけるスペシャリスト色の強い採用人事の進行状況に注目すると、ゼネラリスト志向の採用試験の実施を求めた1937年のブラウンロー委員会の勧告の今日的意義を改めて評価せざるを得ない。

2 幹部職の人事

(1) トップ・マネジメントの構成

連邦公務員制度のトップ・マネジメントの構成は、正副大統領を頂点として、大統領が上院の承認に基づいて任命する職と上院の承認を要しない大統領の任命する職からなっている。この大統領の任命職のグループには、幹部職の俸給表（Executive Schedule）が適用されるキャビネット・レベルのメンバー（各省長官、次官、次官代理、次官補等）、ホワイトハウスのスタッフ、独立機関（人事管理庁、メリット・システム保護委員会、NASA、TVA等）の長官・委員長・局長などが含まれ、その約90％は上院の承認が必要とされる。

要するに、大統領が上院の承認に基づいて任命するトップ・レベルの政治的幹部公務員が573人、1978年の連邦公務員改正法（Civil Service Reform Act）で創設された上級幹部職（Senior Executive Service: SES）の政治的公務員（ノン・キャリア）が670人、上院の承認を要しない大統領の任命者が110人、機密事項を担当する補佐官（スケジュールC職任用者）が約1700人いて、これらを合わせた約3000人の政治的公務員がいわゆるin-and-outerと呼ばれるように大統領と去就を共にする。[65]

ちなみに、2010年時点のSES幹部職における女性の割合は、31.6％となっており、2003年の26.3％よりも増加している。また、SESにおけるマイノリティの割合は、18.1％（アフリカ系9.5％、ヒスパニック系3.1％、アジア系3.0％、ネイティブ・アメリカン他2.5％）となっており、2003年の13.5％（アフリカ系7.8％、ヒスパニック系2.8％、アジア系1.8％、ネイティブ・アメリカン1.1％）よりも増加している。[66]

なお、ヴォルカー委員会は、政権交代に伴う管理上の非能率を軽減し、SESの生涯職公務員（キャリア）の準閣僚レベルへの昇進を刺激するために、現在の約3000人の政治的公務員を2000人以下に削減するよう勧告しているが、この勧告は現在も実施されていないようである。[67]

(2) 幹部職の再編

① SESの再編　2003年のヴォルカー報告書は、幹部職（SES）の創設から四半世紀が経過した現状について、経験豊かな管理者が不足し、政府の管理能力を高めるために、行政機関の横断的な人事異動が柔軟に行われてこなかったこと、SESのメンバーの多くは管理者といえる者ではなく、科学者、専門家、技術者などのスペシャリストで構成されているにすぎず、民間の管理者が応募したこともほとんどないことなどを指摘し、SESの再編の必要性を強調している。[68]

ヴォルカー報告書は、SESを高度に有能な幹部職（executives）と管理者（manager）に分割し、新たに幹部管理団（Executive Management Corps: EMC）と専門・技術団（Professional and Technical Corps: PTC）の2つのグループに再編するように提言し、新しいEMCとPTCのメンバーの採用人事は、政府内部の公務員と民間企業・NPOの応募者の中から行うとしている。

ヴォルカー報告書の提言は、上級管理職レベルでは人事の柔軟性が重要であると考え、EMCの人事は任期制にするとしている。そして、EMCの俸給は、職務実績の評価に基づき支給し、EMCと分離されるPTCの俸給は、労働市場の水準に準拠して支給するとしている。[69] この提言が最も重視しているのは、行政機関の横断的な任用人事と管理能力の強化である。

そのため、政府内部の潜在的な管理能力を持つ者をキャリアの初期の段階で識別し、研修などによる管理能力の開発の重要性を強調している。この提言に対する連邦議会の対応が注目されるが、SESを再編するための立法措置は、現在も講じられていない。

② PMFの再編　2003年のヴォルカー報告書は、幹部職の人材を民間から採用すること（lateral entry）を認めながら、その大部分を政府部内の中間管理職層から任用するように要請している。この要請に歩調を合わせるように、2003年のブッシュ大統領の行政命令（13318）は、PMFを再編して新たにシニ

アPMFのキャリア・パスを設置するように求めている。シニアPMFの要件としては、広範囲の職務経験を通じて優れたリーダーシップと分析能力を発揮する者と規定されている。

会計検査院（GAO）によると、連邦政府の最大の問題は中間管理職の雇用であり、「退職津波」の危機がこの問題をさらに深刻にすると考えられている。ブッシュ大統領の行政命令は、シニア・フェローのキャリア・パスを新設することで、連邦政府の中間管理職に民間の有能な人材の受け入れを容易にし、1980年代生まれの若い世代（Generation Y）を対象に、幹部職へのキャリア・パスとしてのシニアPMFの人材を育成しようというものである。[70]

このPMFの再編プランは、既存のSES候補者を対象にした能力開発事業と重複するという批判もあって、実施されていない。[71] しかし、予定されている管理職の大量退職者を補充するためには、幹部要員のPMFを再編してシニアPMFを新設し、四百人規模のPMFを1989年のヴォルカー報告書の勧告する千人規模にまで拡充することが必要になる。

ところで、連邦公務員制度における政官関係は、政治的公務員の任用数が増加すると、生涯職公務員のキャリア発展が制約されるという相関関係にある。従って、PMFを再編してシニアPMFを新設すると、連邦公務員のノンキャリア（政治的公務員）とキャリア（生涯職公務員）の関係に変化が生じる可能性がある。連邦公務員制度におけるノンキャリアの増加は、単に管理職層へのキャリアの昇進を制約するだけでなく、SESのキャリア（生涯職幹部）の政策役割やモラールにも影響を及ぼすことになるのである。

こうしたSESのキャリアとノンキャリアのゼロサム的な関係に注目すると、抜本的解決策は、SESの「キャリア・サービス化」であるが、公務員の職業化を恐怖する連邦議会の伝統を想起すると、その実現は容易なことではない。しかし、連邦公務員制度の管理職の管理能力を高め、PMFなどの幹部要員の人材を育成し、彼らのモラールの向上を図るためにも、例えば、現行のSESのノンキャリアの任用比率（上限10％）を5％程度半減し、削減分を新設のシニアPMFの任用に割り当てる人事制度の改革は、SESの「キャリア・サービス化」の第一歩として期待できる。

連邦議会では、ベビーブーム世代の大量退職を補充する管理職の人材を育成

するために、2004年に「連邦職員フレキシィビリティ法」(Federal Workforce Flexibility Act) を制定して新任の監督職に1年以内の研修と3年周期の監督職研修を義務づけ、2010年には「連邦管理者研修法」(Federal Supervisor Training Act) を制定して管理職研修事業の予算措置を講じることなどを通じて、管理職の研修制度と能力開発事業を拡充するための立法措置に取り組んできている。[72]

しかし、連邦政府が民間と競争して優れた人材を確保するために何よりも取り組まなければならないのは、生涯職公務員が連邦公務員制度における将来のキャリア発展を期待できる人事政策を立案し、実施することである。今後、SESとPMFの再編を求めるヴォルカー報告書の人事制度改革案が、連邦議会の審議を通じて実現することになれば、SESの「キャリア・サービス化」が現実味を帯びてくる。

VI　日本の公務員制度への示唆

近年の「退職津波」の危機に直面して、管理職補充と人材育成という喫緊の人事課題の解決を迫られているアメリカ連邦公務員制度において、特に注目されるのは、「メリット」の柔軟な任用制度である。

本章では、「メリット」の柔軟な任用制度として、連邦公務員制度におけるインターンシップ事業の導入・評価・再編の状況を中心に検討してきた。インターンシップ事業に代表される柔軟な任用制度は、わが国の公務員制度の人事政策にどのような示唆を与えるのであろうか。

近年、わが国の公務員制度においても、国・地方を問わず、団塊世代の大量退職に直面し、管理職の補充と人材育成が喫緊の人事課題になっている。国のレベルでは、2012年度から国家公務員のⅠ・Ⅱ・Ⅲ種採用試験が再編され、総合職試験・一般職試験・専門職試験が実施され、総合職試験には、新たに院卒者対象の試験区分が設けられているが、院卒者を対象にした採用手続きは、あくまで「メリット」の原則を忠実に適用することが予定されている。

今後、アメリカの大学院の修了者を対象にしたPMF事業のような「メリット」の原則を柔軟に適用する人事政策を実施するためには、例えば、一次試験

免除などの採用手続きの簡略化を図り、修士論文の評価などを重視した柔軟な任用を検討する必要がある。

一方、地方のレベルでは、これまで院卒者のみを対象にした採用試験を実施してこなかったが、東京都や京都市などでは、すでに大学院修了者を対象にした試験区分を設けて実施してきている。地方分権時代の人材育成の方策として、地方公務員制度においても、院卒者を対象にした採用試験区分を制度化する時期に来ており、地方公務員の採用においても、「メリット」の原則の柔軟な任用を検討する必要がある。

例えば、自治体職員の採用にインターンシップ枠を新設し、試用期間として位置づけるインターンシップ期間（1年程度）における職務評価などを重視して採否を決定する柔軟な任用を検討する必要がある。なお、この採用方式を導入する前提条件として、アメリカのインターンシップ事業や新卒者事業における「合意協定」のように、自治体のインターンシップ採用枠の応募者は、当該自治体と地域の大学と学生との間に学業とインターンシップの両立を図る「合意協定」の締結が必要になる。

なお、わが国の公務員制度は、アメリカの公務員制度とは異なり、社会的評価が高いことや公務員志願者が多いことに胡座をかき、民間と競争して優れた人材を確保するための方策を十分に講じてこなかった。今後、例えば、府省庁公務員の意識調査を数年ごとに実施して「日本版」府省庁評価ランキングを公表し、「霞ヶ関」の組織文化や公務イメージを改善するとともに、採用人事に関しても、インターンシップの試用期間の職務実績を評価して採否を決定する柔軟な任用方法も検討していく必要があろう。

ともあれ、わが国の公務員制度は、2012年度に国家公務員採用試験が再編されたことに伴い、メリットの原則の「厳格」な任用を「柔軟」な任用に転換する転機としなければならない。

[注]
1） The Report of the National Commission on the Public Service (Volcker Report), Leadership for America: Rebuilding the Public Service, 1989, p.ix.
2） Developing Federal Employees and Supervisors: Mentoring, Internships, and training in the Federal Government Hearing before the Oversight of Government Management,

The Federal Workforce, and the District of Columbia Subcommittee of the Committee on Homeland Security and Government Affairs United States Senate, April 29, 2010 (Senate Hearing 111-594), p.6.
3) The Changing Nature of Government Service: A Woodrow Wilson School Task Force Final Report (Paul Volcker Chair), 2009, p.10.
4) Office of Personnel Management, An Analysis of Federal Employee Retirement Data: Predicting Future Retirements and Examining Factors Relevant to Retiring from the Federal Service, 2008, p.2. なお、米国連邦公務員の年金制度は、1986年の法改正で1984年以前の採用者と1984年以降の採用者では適用される年金制度が異なる。年金制度の実情については、村松岐夫編著『公務員制度改革』学陽書房、2008年、81頁以下が詳しい。
5) Office of Personnel Management, Profile of Federal Civilian Non-Postal Employees, 2006 and 2010を参照。
6) Partnership for Public Service, The Best Places to Work in the Federal Government 2010 Ranking, p.10 http://bestplacestowork.org/BPTW/rankings/
7) Partnership for Public Service, ibid. p.2.
8) Partnership for Public Service, ibid. p.4.
9) Partnership for Public Service, ibid. p.11.
10) Patricia Ingraham and David Rosenbloom, "The State of Merit in the Federal Government," in Ingraham and Kettle eds., Agenda for Excellence, 1992, p.272.
11) Federal Register, Part Ⅶ The President Executive Order 13562-Recruiting and Hiring Students and Recent Graduates 5 CFR PART 6, Section 7, December 30, 2010.
12) Carolyn Ban, "Hiring in the Federal Government: Political and Technological Sources of Reform," in Norma Riccucci, ed., Public Personnel Management: Current Concerns, Future Challenges, Fourth Edition, 2006, p.151.
13) Carolyn Ban, "Hiring in the Federal Government: Balancing Technical, Managerial, and Political Imperatives," in Norma Riccucci, ed., Public Personnel Management: Current Concerns, Future Challenges, Fifth Edition, 2012, p.143.
14) Carolyn Ban, 2006, ibid. p.151.
15) General Accounting Office, Federal Hiring: Testing for Entry-Level Administrative Positions Falls Short of Experience, March, 1994, p.13.
16) ここでの記述は、Carolyn Ban, ibid. pp.148-149に負っている。
17) Carolyn Ban, ibid. p.151.
18) 国防総省と国土安全保障省の新人事制度をめぐる訴訟については、坂本勝「アメリカ公務員制度の近況と労働基本権」縣公一郎・坂本勝・久邇良子・牛山久仁彦『欧米における公務員の労働基本権に関する調査研究報告書』所収、行政管理研究センター、2007年、44-45頁で検討している。
19) Carolyn Ban, "Hiring in the Federal Government: Balancing Technical, Managerial, and Political Imperatives," in Norma Riccucci, ed., Public Personnel Management: Current Concerns, Future Challenges, Fifth Edition, 2012, p.142.
20) Carolyn Ban (2012), ibid. 143.

21) Mark Emmett and Gregory Lewis, "Veteran Preference and the Merit System," in Century Issues of the Pendleton Act of 1983 edited by David Rosenbloom, 1982, p.47.
22) Emmett and Lewis, ibid. p.49.
23) Emmett and Lewis, ibid. p.51.
24) Office of Personnel Management, Profile of Federal Civilian Non-Postal Employees, 2004, 206, 2008 and 2010を参照。
25) Emmett and Lewis, ibid. p.46.
26) 連邦雇用の人種別構成比率を記録した年次報告書は、1969年以降公表されてきている。なお、「割当制」は連邦政府と契約関係にある民間企業の雇用に適用されるだけでなく、高等教育機関におけるマイノリティを対象にした入学枠や国際機関における国別の国際公務員専門職の採用枠としても活用されている。
27) ちなみに、連邦人事政策に付随するメリットの価値と「代表性」の価値のジレンマ性については、坂本勝「アメリカ連邦公務員制度における人事行政の展開――メリット・システムと代表性を中心に」『龍谷法学』29巻3号、1996年で検討している。また、日米英公務員制度における女性・マイノリティ（日本は定住外国人）・障害者の代表性の状況については、坂本勝『公務員制度の研究』法律文化社、2006年、を参照されたい。
28) E. Reeves, "Making Equality of Employment Opportunity A Reality in the Federal Service," Public Administration Review, January 1970, p.44より引用。
29) Samuel Krislov, The Negro in Federal Government, 1967, p.79.
30) 西尾勝『権力と参加』東京大学出版会、1975年、28頁。
31) ちなみに、カリフォルニア州立大学医学部を逆差別と訴えた1977年のバッキー事件では、白人受験生の訴えを認めると同時に、別枠入学制の合憲性を認める連邦最高裁の「大岡裁き」が注目されたが、ミシガン大学ロースクールの別枠入学制を逆差別として訴えた2003年6月の連邦最高裁判決でも、5対4で少数民族集団に対するquota systemを支持する判断が示されている（The New York Times, June 24, 2003）。
32) Office of Personnel Management, Background Information for Outstanding Scholar and Bilingual/Bicultural Programs (Luevano Consent Decree). (http://www.opm.gov/luevano_archive/luevano-archive.asp)
33) Office of Personnel Management, Student Educational Employment Program, Code of Federal Regulations, 1997. (http://www.opm.gov/employ/students/2133202.HTM)
34) Merit System Protection Board, Building a High Quality Workforce: The Federal Career Intern Program, 2005, pp.iii-3.
35) ワシントンポスト紙・ウェッブ・サイトFCIPの推移グラフ（2010年12月26日掲載）http://www.washingtonpost.com/wp-dyn/content/graphic/2010/12/26/GR2010122600039.html?sid=ST2010122502265
36) Merit System Protection Board, Growing Leaders: PMIP, 2001, p.viii.
37) PMFの年俸については、OPM, Salary Table 2012を参照。http://www.opm.gov/oca/12tables/html/dcb.asp
38) NASPAA, Regaining the PMF, Informational Summary: July 1, 2008 Conference, August 2008, p.3.
39) Partnership for Public Service, Leaving Talent On the Table: The Need to Capitalize

on High Performing Student Interns, April 2009, p.2.
40) Partnership for Public Service, ibid. p.3.
41) Partnership for Public Service, ibid. pp.3-6.
42) Testimony of John Palguta, Vice President, Partnership for Public Service in Developing Federal Employees and Supervisors: Mentoring, Internships, and training in the Federal Government Hearing before the Oversight of Government Management, The Federal Workforce, and the District of Columbia Subcommittee of the Committee on Homeland Security and Government Affairs United States Senate, April 29, 2010 (Senate Hearing 111-594), p.23.
43) Testimony of Maureen Gilman, Legislative Director, National Treasury Employees Union in Developing Federal Employees and Supervisors: Mentoring, Internships, and training in the Federal Government Hearing before the Oversight of Government Management, The Federal Workforce, and the District of Columbia Subcommittee of the Committee on Homeland Security and Government Affairs United States Senate, May 20, 2010 (Senate Hearing 111-626), p.28.
44) Joe Davidson, Federal hiring ruling goes veterans' way, The Washington Post, November 8, 2010.
45) Merit System Protection Board, Growing Leaders: PMIP, 2001, p.8
46) Merit System Protection Board, Building a High Quality Workforce: The Federal Career Intern Program, 2005, p.45 and p.47.
47) Merit System Protection Board, 2010 MSPB 213 David Dean v. Office of Personnel Management, and Larry Evans v. Department of Veterans Affairs, November 2, 2010, p.21.
48) NASPAA, Regaining the PMF, Informational Summary: July 1, 2008 Conference, August 2008, p.3.
49) Office of Personnel Management: Class of 2009 Finalist Selected on March 5, 2009.
50) Merit System Protection Board, Growing Leaders: PMIP, 2001, p.10.
51) Merit System Protection Board, Growing Leaders, ibid. p.9.
52) Merit System Protection Board, Growing Leaders, ibid. pp.27-29.
53)・54) NASPAA, Regaining the PMF, Informational Summary: July 1, 2008 Conference, August 2008, p.3.
55) Federal Register, Part Ⅶ The President Executive Order 13562-Recruiting and Hiring Students and Recent Graduates 5 CFR PART 6, Section 1, December 30, 2010.
56) The President Executive Order 13562, ibid. Section 2.
57) The President Executive Order 13562, ibid. Section 7 and Section 8.
58) The President Executive Order 13562, ibid. Section 3, Section 4 and Section 5.
59) The President Executive Order 13562, ibid. Section 7 [c].
60) Federal Times, Stephen Losey, New law encourages hiring of federal interns, January 3, 2012　http://www.federaltimes.com/article/20120103/PERSONNEL02/201030303
61) S. Heys and R. Kearney, "Examinations in the Public Service," in Century Issues of the Pendleton Act of 1983 edited by D. Rosenbloom, 1982, p.26.

第 4 章　アメリカの柔軟な任用人事政策とインターンシップ事業の再編

62) F. Nigro and L. Nigro, The New Public Personnel Administration, 1980, pp.119-120.
63) The President's Committee on Administrative Management (Brownlow Committee Report), 1937, p.133.
64) C. Ban and P. Ingraham, "Retaining Quality Federal Employees: Life After PACE," Public Administration Review, May/June, 1988, p.709.
65) The Report of the National Commission on the Public Service (Volcker Report), Leadership for America: Rebuilding the Public Service, 1989, p.17.
66) Curtis W. Copeland, The Federal Workforce: Characteristics and Trends, (Congressional Research Service), April 19, 2011, p.21.
67) Volcker Report, 1989, ibid. p.18.
68) The Report of the National Commission on the Public Service (Volcker Report), Urgent Business for America: Revitalizing the Federal Government for the 21st Century, 2003, p.20.
69) Volcker Report, 2003, ibid. p.21.
70) NASPAA, Regaining the PMF, Informational Summary, ibid. p.5
71) NASPAA, Regaining the PMF, Informational Summary, ibid. p.5. なお、この SES 候補者の能力開発事業（Candidate Development Program）は、GS15等級以上の職を 1 年以上経験した者に応募資格がある。選抜された者は 1 年間の研修期間を終了し、資格審査委員会が SES となる要件を認証すると、非競争で SES の任用資格がある。前掲書 4)、61頁以下を参照。
72) Written Testimony of John Palguta, Vice President, Partnership for Public Service Prepared for The Senate Committee on Homeland Security and Governmental Affairs Subcommittee on the Oversight of Government Management, the Federal Workforce and the District of Columbia Hearing Entitled, Developing Federal Employees and Supervisors: Mentoring, Internships, and Training in the Federal Government,"April 29, 2010, p.3.

# 第 II 部

各国の高等教育機関における公務員の人材育成

第5章 アメリカの行政大学院における公務員の人材育成

序

　アメリカの大学では、1920年代以降、次第に政治学部から独立した形態の行政大学院が設置されている。1924年にシラキュース大学のマックスウェル行政大学院、1930年にプリンストン大学の行政大学院（1948年ウィルソン・スクールに改称）、1936年にはハーバード大学の行政大学院（1966年ケネディ・スクールに改称）などが設立され、現在、250以上の公共政策系大学院が設置されるようになっている。

　本章では、まずアメリカで最初に設立された行政大学院であるマックスウェル・スクールの MPA 教育の特徴と MPA 教育の質を評価する NASPAA の認証基準について記述する。そして、公共政策系大学院と連邦・地方政府が取り組む公務員の人材育成の現状と課題について検討し、MPA 教育のグローバル化に対する NASPAA の対応について述べることにしたい。

I　マックスウェル・スクールの設立と公務教育の特徴

1　シティズンシップ教育への関心

　マックスウェル・スクールは、他の行政大学院とは異なり「市民精神」(citizenship) の教育を公務教育の目標として掲げてきたというユニークな特徴をもっている。その特徴は、The Maxwell School of Citizenship and Public Affairs という正式名称にも端的に反映されている。マックスウェル・スクールのシティズンシップ教育は、個人主義の弊害が顕著にみられた第一次大戦前後の市民意識を改革するために、そのモデルとしてアテネのシティズンシップに注目し、ポリス（都市国家）と一体化したデモス（市民）という全体主義的な関

係を否定しながらアテネの市民精神をアメリカの民主主義の土壌の上に移植し、良き「公共市民」(public citizen) を育成することで、アメリカ国家への帰属意識と地域社会への関心を高めようと構想している。

シティズンシップの科目は、当初公民学、公民責任の入門として始まり、「市民」は政治と行政に関連して規定されたようであるが、その後「市民」はより広義に社会の人間として捉え、単に政府論や政治学だけを取り扱うのではなく、社会における広範な「市民」の行動などを包摂する他の社会諸科学——心理学、社会学、経済学、歴史学、社会哲学——に基づく学際的見地からの教育の必要性が説かれるようになっている。要するに、マックスウェル・スクールのシティズンシップ教育の特徴は、その学際的視座にあるといえよう。[1]

なお、マックスウェル・スクールは、専門職業的公務員の育成を目的としてアメリカで最初に設立されたニューヨークの「公務研修学校」を母体として設立されたという歴史的経緯から、現在ではその教育と研究の比重が専門職業としての公務員の育成に傾斜してきている。近年の日本社会にみられる個人主義の弊害などの現状に注目すると、地域社会の公共問題に対する関心とその一員としての義務意識を持ち、市民としての権利を主張するバランス感覚を身につけた「公共市民」（市民的専門職業人）の育成のあり方を検討することが急務である。マックスウェル・スクールのシティズンシップ教育は、公共政策系大学における「公共市民」の人材育成教育のモデルになると考える。

2 行政学修士教育の概要

マックスウェル・スクールの教育プログラムは、一般学生などを対象にしたMPA プログラムと実務家を対象にした MA プログラムから構成される。

① MPA (Master of Public Administration) プログラム　マックスウェル・スクールにおける一般学生を対象にした MPA プログラム（1924年開設）の目的は、政府および関連の非営利組織と民間組織の次世代指導者の育成であるとされている。そのため、MPA プログラムの教育は、行政を取り巻く政治的、経済的、社会的環境に関する理解力、組織の設計・分析能力および管理能力と行政技術能力の習得、公共政策の問題に関する定性分析と数量分析を適用する実務経験といったものに力点を置いている。MPA の要卒単位数は40単位

で、取得単位の成績については平均3.0のGPAが要求される。要卒40単位のうち、34単位はMPAプログラムのコース科目から履修し、このうち25単位は必修科目を履修しなければならない。

　開講されている必修科目（25単位）の内訳を見ると、「公共問題コロキアム」（1単位）、「行政組織と管理」（3単位）、「統計学入門」（3単位）、「数量分析」（3単位）、「行政官のための経営経済学」（3単位）、「予算論」（3単位）、「行政と民主主義」（3単位）、「MPAワークショップ」（3単位）、「行政官のリーダーシップ演習」（3単位）という科目構成になっている。そして、選択科目（15単位）については、「行政組織と非営利組織の管理」、「州・地方政府の財政分析と管理」、「環境政策と環境行政」、「国際政策と国家安全保障政策」、「国際行政と開発行政」、「社会政策」、「テクノロジーと情報管理」の7つの研究プログラムの開講科目から履修する（2007年現在）。

　なお、毎年100名以上の学生がサマーセッションから参加するMPAプログラムの学生の性別構成は男女ほぼ半々で年齢構成も22歳から45歳と多様である。公務経験がない学生には、インターンシップを通じて公務経験を身につける機会が提供されている（Maxwell School Master's Handbook and Course Guide [2006-2007] pp.5-7）。また、マックスウェル・スクールでは、社会人を対象にしたMPAプログラムが1964年にアメリカで最初に開設されている。

　このMPAプログラムの受験資格は、公共セクターにおける7年以上の中間管理職の経験者に限られ、公共セクターと非営利セクターにおける指導的管理者を育成しようとしている。要卒単位数は、1年間のフルタイムの研究コースで30単位である。30単位の内訳は、MPAコース科目の12単位と幹部教育演習の3単位を合わせて15単位、MPA研究コースと学際的研究コースの開講科目から12単位、マスターズ・プロジェクトの3単位となっている。通常のペースで、秋学期と春学期で各12単位、サマーセッションⅠ・Ⅱで6単位を履修するようになっている。

②　MA（Master of Arts in Public Administration）プログラム　　MAプログラムは、1964年にミッド・キャリアの幹部公務員を対象にアメリカで最初に導入されている。受験資格は、公務組織における8年以上の管理職経験者に限られる。要卒単位数は、1年間のフルタイムの研究課程で、30単位である。

MAプログラムの社会人の学生は、「幹部教育演習」（3単位）の研究主題として、「行政官の変化する役割」、「公的セクター管理者のリーダーシップ」、「人的資源管理における能力開発」のいずれか1つを選択する。また、MPAプログラムの科目―「行政組織と非営利組織の管理」、「州政府と地方政府の予算分析と管理」、「環境政策と環境行政」、「国際行政と開発行政」、「社会政策」、「テクノロジーと情報管理」、「国際政策と国家安全保障政策」―から3科目12単位を選択履修し、学際的プログラム――法学部、ニューハウス・コミュニケーション大学院、ニューヨーク州立大学環境・森林学部、教育大学院、情報学部、マックスウェル経済・国際関係学部――の開講科目から3科目12単位を選択履修する。そして、マスターズ・プロジェクト（3単位）は、専門職に関係する政策問題か組織問題に関する研究を通じて得られる知識を応用できる機会を提供するためのもので、プロジェクトの成果は、事例研究、政策研究、事業評価、組織研究等の調査や分析に基づく論文の提出を義務づけられる。

なお、ミッド・キャリアの社会人学生は、政府組織や非政府組織におけるインターンシップの機会を活用して研究を行い、指導教授と共同研究を行う（Maxwell School Master's Handbook and Course Guide ［2006-2007］pp.8-9）。

II　NASPAAの設立と認証評価基準

1　NASPAA設立の経緯[2]

行政学修士（MPA）プログラムの認証評価機関である全米公共問題・行政大学院連盟（National Association of Schools of Public Affairs and Administration、以下NASPAA）は、行政学の教育プログラムの質の向上・維持を目的として、1970年に設立された。NASPAAの前身は、1959年にアメリカ行政学会（ASPA）のサブ・グループとして設置された「大学院行政学教育協議会」（CGEPA）であるが、1970年にこのCGEPAを改組して、公共問題と政策および行政に関する教育・研修・研究の発展に貢献する専門の連盟として、NASPAAが設置されることになる。

NASPAAは、アメリカ行政アカデミー（NAPA）が多くの大学にみられる教育目的の曖昧さや「多様性」（diversity）とプロフェショナリズムの欠如を批

判する報告書を提出した翌年の1974年に、公共問題と行政に関する修士号の認証基準を採択している。そして、1975年 NASPAA は、本部業務の一部を残して ASPA から分離されるが、1977年に ASPA から完全分離し、NASPAA の法人化が実現している。その後、NASPAA は、1983年に「中等以後教育認証評議会」(Council on Postsecondary Accreditation: COPA) に、行政学修士号の専門の認証機関としての認可を求める申請を行い、1986年10月に、NASPAA は公式に行政学修士号の評価機関として認可され (recognized)、1991年以降再認可を受けてきている。

なお、本書では、日本の公共政策系専門職大学院の評価機関である「大学基準協会」が用いる評価基準に適合すると「認定」されるという記述は、アメリカ、ドイツ、中国の評価機関の場合は、「認証」されると記述することをお断りしておきたい。

一方、認証機関を認可する COPA は、1993年に「中等以後教育認証に関する認可委員会」(Commission on Recognition of Postsecondary Accreditation: CORPA) に改組され、1996年に CORPA は、さらに「高等教育認証評議会」(Council on Higher Education Accreditation: CHEA) に名称が変更されている。NASPAA は、CHEA から認証機関としての認可を受けて運営されており、2024年1月、NASPAA は CHEA から10年間の認可を受けている。

アメリカの場合、高等教育機関が教育プログラムに関する認証又は再認証を申請する場合には、NASPAA の規定するすべての評価基準に合格しなければならない。この基準に適合しているかどうかの評価は、NASPAA の専門評価・認証委員会 (Commsission on Peer Review and Accreditation: COPRA) が行う。

加盟機関による教育プログラムの自己評価、現地調査班の評価報告書を踏まえた COPRA による最終審査を経て、認証基準に適合すると評価された教育プログラムは、認証プログラムの年次登録簿に掲載され公表される。

では、以下において、NASPAA の認証する行政学修士号の評価基準の概要について見てみよう。

2 NASPAA の認証基準[3]

NASPAA は、まず、専門職業教育の目的として、公共問題・公共政策・行

政に関して指導力を発揮して管理的役割を果たすことのできる人材を育成することを強調している。そのような人材育成のカリキュラムとして、次のような共通カリキュラム（必修科目）と選択カリキュラム（選択科目）の開設を求めている。

(1) 必修科目の構成要素

共通カリキュラムの必修科目の設置目的は、公務の指導力を有する人材の育成にあり、学生が倫理的かつ有効に活動できるようにするためには、学生の価値観・知識・技能を高めるものでなければならないとして、人材管理、財務・予算分析、情報管理（コンピューター・リテラシーとその応用を含む）および定量分析と質的分析など行政組織管理の科目を必修科目として開設するように求めている。そして、公共政策と組織管理に関する理解を深めるために、政治的・法的制度と過程、経済的・社会的制度と過程および組織管理の概念と行動に関する科目の開設を求めている。

(2) 選択科目の構成要素

予定されている教育プログラムは、選択科目の目的とその目的の合理性を明白に規定し、選択科目がその目的の達成にいかに有効であるかを説明しなければならないとしている。選択科目の設置目的については、専攻コースか集中コースか、受講対象が一般院生か公務員か、フルタイムかパートタイムかについて記述することを求めている。また、カタログ、冊子等で専攻・集中コースについて広告する場合は、資格ある教授陣が運営するという証拠を提示し、専攻・集中コースの開設は、必修科目の構成要素になるものではないとしている。

(3) 履修要件

必修科目と選択科目について、通常の場合、修士号の取得には2年間のフルタイムの学修期間が必要であるが、学部の単位取得者や管理職経験者には、単位の履修要件は軽減され、専門職の仕事の経験のない学生には、インターンシップの利用が奨励されている。

(4) 教授の資格要件

教育の中核を担う教授陣については、開設を予定している教育プログラムにふさわしい教育・研究の責任を果たす5名の専任教授を置き、必修の開講科目

の50％以上は、専任教授によって教育されなければならないとしている。専門的資格については、大学院の教育プログラムを担当する専任教授のうち、少なくともその75％の者は博士号を保有するか、それに相当する他の分野の最終専門学位を保有しなければならないとしている。そして、実務家の参加は、行政学修士号の教育に不可欠であるとして、申請される教育プログラムにおける実務家の担当について記述し、プログラムのコースを担当する実務家の学問的資格、専門職の経験、教育能力の質等について満足のいく証拠を提示しなければならないとしている。

また、NASPAAの評価基準では、教授の質と「多様性」（diversity）も審査の対象になる。教授の研究業績、教育経験、学生の指導・教育方法、コース担当科目の内容、専門職の経験、政府、企業、非営利機関などにおけるコンサルタント経験などについての記載が義務づけられるとともに、少数民族集団、女性、障害者の「代表性」に関して、申請大学の教授陣の構成の「多様性」を高める計画が進行している証拠を提示しなければならないとしている。

(5) 学生の選抜基準

学生の入学基準については、入試政策や入学の基準を明白に記述しなければならず、具体的には、少数民族集団、女性、障害者の「代表性」を反映するような学生の入学政策を基本に、一般志願者と公務員在職者、その他の志願者のカテゴリー別の入学基準の相違について記述し、入学基準については、これらの志願者の入試の成績、学部のGPAの成績、学士号の等級履歴書、卒業後のキャリアの関心、専門職の経験と質の評価等を総合的に評価して合否を決定する必要があるとしている。

(6) 図書館、就職サービス等の事務局スタッフの支援

教育目標の達成を支援する事務局スタッフを配置し、学生サービスの一環として、コースのテキストや学術論文、定期専門雑誌、研究報告書等の図書文献へのアクセスをサポートするとともに、公共問題や行政に関係する就職活動を支援するように求め、担当の教授陣には必要図書文献の選択に関して助言するように求め、担当の教授陣には必要図書文献の選択に関して助言するように求めている。

(7) 教育設備

申請プログラムの教授と学生は、コンピューター機器、オーディオ、ビデオ、フィルム等の教育・研究設備を利用できるようにしなければならない。また、教授の研究室は、学生のカウンセリング、授業の準備その他の教授の責任を果たすために十分なスペースとプライバシーを保証するものでなければならない。演習・事例研究の討論、シミュレーションの実践・講義等に最適の教室を提供し、学生と教授が非公式に会い、クラスのプロジェクト・インターンシップの経験その他の教育課程の問題を議論するための談話室を準備する必要があるとしている。

以上のようなNASPAAの行政学修士号の基本的な評価基準に続いて、申請機関からのMPAプログラムの審査を担当する専門家評価認証委員会（COPRA）の委員構成と認証評価手続について見てみよう。

(8) COPRAの委員構成と認証評価手続[4]

① COPRAの委員構成　COPRAは、12人の委員で構成され、任期は3年である。COPRAの委員は、秋に開催されるCOPRAの事業委員会の前にNASPAAの副会長によって指名され、NASPAAの理事会が任命する。COPRAの委員長の人事は、NASPAAの副会長によって指名され、理事会が任命する。COPRAの委員には、学問的経験と実務経験が資格要件として要求され、また、市民団体のメンバーとNASPAA理事会のメンバーを各1名参加させるよう求めている。そして、COPRAの委員は、その任期中は評価の対象となるいかなる教育プログラムのコンサルタントとして活動してはならないとしている。

② COPRAの認証評価手続き

(a) 申請機関の資格要件　COPRAに教育プログラムの認証を申請する場合、申請機関は、NASPAAにおける1年間の加入実績（年会費の支払い実績）がなければならず、認証を求める行政学修士プログラムは、4年間有効でなければならない。また、2回分割の申請経費と現地調査費の支払いが必要であり、認証の証明（7年間有効）と登録簿の掲載を継続するための年会費の支払いとCOPRAへの年次報告書の提出（毎年4月15日まで）が必要とされている。なお、年会費（2007年）は、登録プログラムの学生数により異なり、0〜50人

は728ドル、51〜100人は1562ドル、101〜175人は2122ドル、175人以上は2933ドルとなっている。

(b) 申請経費　申請経費は、NASPAAの理事会で決定し、定期的に見直しを行い、納入済みの申請経費は返金されない。ただし、現地調査費は、現地調査が実施されない場合は返金される。

(c) 申請要領と評価日程　申請機関が送付するCOPRAへの申請書には、自己評価報告書の提出日である9月1日付の学長又は院長およびNASPAAの主席会員の署名が必要である。

申請経費は、自己評価報告書の提出日に支払い、現地調査班（Site Visit Team: SVT）の任命時（11月中旬頃）に現地調査費を支払う。

評価日程を見ると、9月1日に第1回の支払いと自己評価報告書（2分冊）のコピー各15部とカタログ・パンフレット・関係資料各5部を提出し、NASPAA事務局が点検して、ページ・節・要旨等が抜けていれば補正を求められる。9月中旬には、自己評価報告書と関係資料がCOPRAの委員宛に送付され、COPRAの委員と申請機関との連絡役を果たすリエゾン委員が任命される。

10月上旬にCOPRAは、NASPAAの年次総会にあわせて委員会を開催して申請機関の自己評価報告書を審査し、中間報告書の作成と現地調査班を派遣する申請機関のリスト作りにとりかかる。また、11月第1週に、中間報告書が申請プログラムの責任者に送付され、COPRAの委員と申請機関の学長（院長）にコピーが送付される。申請プログラムの責任者は、12月15日までにこの中間報告書で指摘された問題点に対する回答書を提出する。

11月第2週に申請プログラムの責任者は、NASPAAの本部事務局に電話で現地調査を進めるかどうかを連絡し、その決定を確認する文書を事務局宛に送付する。事務局は、その文書を確認後、現地調査の日程を申請機関と調整して決定する。リエゾン委員は、COPRAと申請プログラムの責任者と現地調査班長との連絡役を果たす。

12月15日に申請機関は、11月の中間報告書に対する回答書（8部）をNASPAA事務局に提出する。この回答書は、現地調査班とCOPRA委員宛に送付される。そして、1月1日〜3月31日の期間に、現地調査が実施される。

(d) 現地調査班（SVT）報告書の提出日程　　現地調査班は、現地調査終了後1か月以内に班長を中心に報告書のドラフトを作成し、提出する。このドラフト報告書は、その評価のために申請プログラムの責任者に送付される。また、申請プログラムは、2週間以内にSVTのドラフト報告書に対する回答書を準備する。SVTの班長は、2週間以内に申請機関が指摘した補正が必要であれば補正を行い最終報告書を作成する。班長は、申請プログラムの責任者とSVTの2名のメンバー宛に最終報告書を送付し、申請プログラムの責任者はNASPAAの本部に回答する。

(e) 事務局とCOPRAの対応　　事務局スタッフは、3月〜5月にSVTの最終報告書のコピーを申請機関の学長宛に送付し、COPRAの委員全員にSVTの最終報告書と申請プログラムの回答書を1部送付する。一方、COPRAは、6月中旬に申請プログラムに対する評価委員会を開催する。この評価委員会に、自己評価報告書、カタログ、パンフレット、11月の中間報告書と申請プログラムからの回答書、現地調査班の報告書と申請プログラムからの回答書およびその他の関係通信文書等が提出される。また、7月初旬にCOPRAの認証決定通知書が、申請プログラムの責任者、申請機関の学長およびCOPRAの委員宛に各1部送付される。そして、COPRAが認証した申請プログラムの登録名簿の出版が行われる。

　以上のような申請要領と評価手続きのもとに、加盟機関による教育プログラムの自己評価、現地調査班の評価報告書に基づくCOPRAの最終審査を経て、NASPAA加盟機関の申請プログラムに対する「認証」の是非が決定される。上述のNASPAAの基準に適合すると評価された教育プログラムは、年次認証登録簿に掲載され公表される。

　なお、COPRAによる「認証評価」の対象となるMPA/MPPなどのカリキュラムの内容も、最近では、NPOの管理に関連したカリキュラムや国際NGOの育成を目的としたカリキュラムが注目されるようになってきており、今後さらに多様化していくものと思われる。

Ⅲ　MPA教育の公務員の人材育成

1　MPA取得者のキャリア

　MPA取得者のキャリアは多岐にわたっているが、伝統的なキャリアは、政府職員やシティ・マネージャー（City Manager：以下CMと略す）の職とされてきた。しかし、MPAプログラムの人材育成の状況を見ると、MPAと公務員との相関は密接ではない。旧聞に属するが、1987年の時点で、連邦政府の専門管理職（82万2000人）のうち1％程度がMPAを保有しているにすぎず、幹部職（SES）の間でも、MPA取得者は4％にとどまる。これは連邦政府がMPAプログラムに興味を示していないことを裏づけている。

　一方、連邦政府とは業種も採用人事の方式も異なる州・地方政府のレベルでは、MPA取得者は連邦公務員よりも多いようであるが、特に、CMの場合、1986年の時点でその3分の2はMPAを取得している[5]。MPAは、CMになるための必須要件ではないが、就職要件になっている。そこで、以下では、シティ・マネージャーの人材育成の状況を見てみよう。

2　シティ・マネージャーの人材育成

(1)　議会・支配人制の増加

　20世紀の初頭期に、市長の政治腐敗の防止策として、市議会が超党派でCMを任命する議会・支配人制（Council-city manager system）の政府形態を採用する自治体が増えるようになり、CMの専門性と倫理規範を高める職能団体として、1914年にICMA（international City/County Manager Association）が設立されている。

　ICMAの「自治体年報」（The Municipal Year Book 2007）によると、議会・支配人型の政府形態を採用している自治体に居住する住民の総数は、9200万人以上に達する。1990年代以降、地方政府において、議会・支配人型の政府形態が1984年の2290団体（自治体全体の35％）から2004年には3453団体（同48.7％）に増加し、さらに2007年には、3511団体（同49％）に1200団体以上も増加している。

具体的には、人口5万人以上の自治体の62％、人口2万5000人以上の自治体の63％、人口1万人以上の自治体の57％、人口5000人以上の自治体の53％が、それぞれ議会・支配人制の政府形態を採用している。全国自治体の半数が議会・支配人制の政府形態を採用する状況のもとで、CMのニーズが高まってきている[6]。

(2) MPA/MPPとCMの相関

MPA/MPPとCMとの相関については、2006年のNASPAAとICMAの共同調査でも、CMのMPA/MPP保有者の比率は66.2％に達しており、CMと公共政策系大学院の教育との相関は顕著である。MPA/MPPは就職要件になっており、MPA/MPPプログラムは、CMの人材育成に貢献してきていると評価できる。

この共同調査の結果によると、CMは地方政府に平均17年間勤務し、地方政府の管理者は、MPAかMPPを保有するCMの能力に満足している状況を確認できる[7]。しかし、1990年代以降、地方政府における議会・支配人制の政府形態が増加し、CMのニーズが高まってきているにもかかわらず、CMの高齢化という問題が生じている。

(3) CMの高齢化と若者の公務意識

Frisby［2003］の調査表によると、1934年の時点で、40歳以下のCMの割合が41％であったのが、1971年になるとその比率が71％に達している。これに対して、51歳以上に占めるCMの比率は、1934年の22％から1971年には8％に低下している。このようなCMの年齢構成の状況に注目して、スティルマン（Richard Stillman）は、「都市管理は常に若者の仕事になっている」とコメントしている[8]。しかし、2000年になると、40歳以下のCMの割合は18％に激減し、51歳以上の占める割合は、ベビーブーム世代の影響を受け43％にまで増加しているのに対して、30歳以下のCMの割合はわずか2％にすぎない。

こうしたCMの高齢化が進行するなかで、CMの大量退職の時期が間近に迫っているが、次世代をになう若者は公務の仕事をどのように見ているのであろうか。2002年9月にICMAがクリーブランド州立大学の「都市問題入門」の受講生を対象に実施した調査によると、学生の61％は地方政府の公務員を志望していると回答しているが、CMの志望者は13％にすぎない。そして、

卒業後の進路について、回答者の51％近くが大学院への進学を希望し、そのうち「経営学」を専攻するという者が21％を占めているのに対して、「政治学」か「行政学」を専攻するという者は6％にすぎない。

また、卒業後の就職先については、43％の者が民間セクターを希望し、公共セクター（連邦、州、地方政府）は18.5％、非営利セクターは15％、不明37％という割合になっている。なお、CMを志望しない学生（87％）の理由は、「CMの可能性について考えたことがない」が23％、「CMの仕事が何かよく分からない」が20.8％、「官僚制の環境での仕事だから」が16.7％、「政治家のために働きたくない」が16.7％、「低収入だから」が14.6％、「CMの仕事は考えられない」が8.2％というようになっている[9]。

CMの収入については、1999年の平均年俸7万5675ドルから2005年の9万7075ドルに増えているが、地方での生活環境や学校・病院の経営管理者の高給による処遇などが原因でCM職の魅力が低下している。また、ベビーブーム世代のCMの高齢化による大量退職や次世代をになう若者の公務意識が低調であることも、CMの補充人事を困難にしている[10]。地方政府においてCMのニーズが高まっているにもかかわらず、CMの人材不足が深刻化している。

IV 連邦・地方政府の公務員の人材育成

1 インターンシップ方式による人材育成

(1) 連邦政府の人材育成事業（PMF）

連邦政府の人事管理庁（OPM）が、行政大学院・公共政策系大学院との連携を通じてMPA/MPP修士号の取得者を研修生として受け入れ、インターンシップ方式による幹部要員の人材育成に取り組んでいる。このPMFの事業は、第4章で詳述したように、OPMが行政大学院等の院長が推薦するMPA/MPP修士号の取得者を対象に選考を行い（約10％の難関）、GS9等級の職に研修生（PMF）として採用する制度である。この事業に選抜されるPMF（旧PMI定員400名）は、研修生（年俸4万6千ドル以上）として2年間の研修期間を首尾よく終えると、GS11等級の職に本採用される。以下では、地方政府の人材育成の取り組みについて検討してみよう。

(2) 地方政府の人材育成事業（LGMF）

① LGMFの概要　地方政府は、NASPAAとICMA（自治体のシティ・マネージャー・管理者の専門職団体）およびNFBPA（全米黒人行政官フォーラム）・IHN（国際ヒスパニックネットワーク）と連携して、LGMF（Local Government Management Fellowship）と呼ばれる事業によりMPA/MPPの修士号取得者を研修生として受け入れ、インターンシップ方式による幹部要員の人材育成に取り組んでいる。

LGMFの事業は、NASPAAに加盟している公共政策系大学院の院生に限定して地方政府への就職を支援し、間近に迫っている地方政府幹部の大量退職に対する補充人事の対策として、2004年に開始された。この事業は、新卒のMPA/MPP等の修士号取得者（原則2年以内の取得者）を地方政府に派遣して管理者を育成すると同時に、マイノリティ集団の地方管理者を育成するという役割も果たすことを目指している。

フェローの応募者は、地方政府の政策課題を分析する能力を評価するため、事例研究のレポートの提出が求められ、フェローの選抜では、学業成績よりもエッセイと事例研究レポートの評価（全体の7割）が大きな比重を占めている。フェローの選抜者は、地方政府に1年間常勤で勤務し、本人の希望や能力に応じて自治体のいくつかの組織を移動しながら、地方行政の多様な実務経験を身につけることができる。なお、ICMAによると、フェローの4割は4万5千ドル以上の年俸を支給され、残りの6割は4万ドル以上の年俸を支給されている（2005年度実績）。最低でも3万5千ドルの年俸を保障されるフェローは、全員地方政府に採用されるか、フェローとしての任期を延長されている。[11]

② LGMFの応募要領　LGMF応募の必要書類として、(a)願書（職歴・学歴等）、(b)推薦状（推薦者の教授・使用者が個別に郵送）、(c)大学・大学院の成績証明書（大学・大学院が個別に郵送）、(d)個人エッセイ（4頁以内）――インターンシップ・ボランティア・リーダー・公務経験やキャリア目標など――、(e)政策課題のレポート（2頁以内）等の提出が求められる。

フェローの選抜は、NASPAA、ICMA、NFBPA、IHAが協議して決定するが、評価ポイント（最大）は職歴・学歴が10ポイント、推薦状が10ポイント、学業成績が10ポイント、個人エッセイが40ポイント、事例研究が30ポイ

ントとなっており、LGMF の選抜では学業成績よりもエッセイと事例研究の評価（70ポイント）が大きな比重を占めている。書類選考をパスした LGMF の志願者は、受け入れ希望の地方自治体に直接連絡して面接の日程を決め、面接試験を受ける。フェローは、その面接試験を経て春頃に決定される。なお、フェローの決定で重視される事例研究の課題は次のようになっている。

「市会がコミュニティセンター（3つの体育館・50メートルプール・フィットネス・センター・会議室等の付属施設を含む）の建設を市公園・リクリエーション部に指示した。建設費は、既存の近隣リクリエーション・センターの建設費より高くなるが、タウン・センター近くの市立公園内に建設することで開発の影響で東西に分断されているコミュニティを統合することができ、建設予定地が市有地ということで建設費の削減も期待できる。市会は、他市の施設を視察した結果、このプロジェクトの拡張案を5対ゼロで可決した。この市会の拡張計画に、新聞各紙は賛否両論の議論を展開し、建設予定地に近い町内会は、交通渋滞などを理由に建設計画に断固反対している。タウンのフィットネス・センターも、市施設との競争で経営に影響が出ると反対し、増税反対派は、発展がめざましいタウン西側にこれに代わるリクリエーション・センターの建設を求めている。市会は、タウンが東西に分断された状態がこれ以上進行しないように当初よりも多額の予算をつぎ込み、計画通りセンターを建設することが長期的に得策であると信じている。一方、公衆の反応は、市会はただコミュニティの統合と地元ビジネスの成長だけを考えていると不信感をつのらせている。市長とシティ・マネージャーは協議を重ね、このプロジェクトは長期的にはコミュニティにとって有益ではあるが、予定地にこの規模のセンターを建設すると、住民の間に亀裂を生じさせることになると懸念している[12]」。

こうした課題に対して、フェローの応募者は、コミュニティセンター建設の費用・便益効果に言及した問題解決策のレポート（2頁）をシティ・マネージャー宛に提出する。この課題は、地方政府の時事的問題を分析し解決する能力を評価するために提示されているが、あくまで応募者自身の自治体管理者としての潜在能力を評価するためのもので、教授や専門家集団が評価するような学問的記述は期待されていない。

③ LGMF の実施状況　　LGMF の事業が開始された2004年度、6名の

フェローが選抜され、Charlotte市とCatawbaカウンティ（ノース・カロライナ州）、Minneapolis市（ミネソタ州）、San Jose市（カリフォルニア州）、Sarasotaカウンティ（フロリダ州）、Winchester市（ヴァージニア州）の6つの自治体に派遣されている。

　これらのフェローは、地方政府の上級管理者から管理職としての指導を受け、また、管理職研修やICMA主催の会議への出席などを通じて専門能力を開発する機会を提供されている。[13]フェローのその後の選抜状況は、2005年度が16名、2006年度が19名、2007年度が17名、2008年度が19名となっている。なお、2008年度のフェロー19名（女性10名、男性9名）の取得修士号の内訳を見ると、MPAが16名、MPM（公共経営修士）が2名、MUP（都市計画修士）が1名となっており、フェローの派遣先は19の自治体となっている。[14]

　④　LGMFの評価　　LGMFの導入時点での評価について、フェローを受け入れているウィンチェスター市のシティ・マネージャーは、「LGMFは、（NASPAAの）認証を受けた公共問題・行政大学院出身のエリート志願者を選抜する人材バンクを提供してくれている」と述べ、「LGMFは、我々の後継者の育成を手助けできるように地方政府における管理の練達を推進するICMAの伝統を継承できる一つの方法である」と評価している。[15]なお、LGMFの事業は、ICMAによると、受け入れ自治体の協力を得て100人規模のフェローの育成を計画しているようであるが、その後の自治体における受け入れ状況は、各年度の目標を下回っている。

2　ワークショップ方式による取り組み

　アメリカの公共政策系大学院では、地方政府・NPO・企業と連携して、ワークショップ方式による公務員の人材育成が行われている。例えば、カリフォルニア州立大学バークレー校のゴールドマン・スクールでは、自治体やNPOが実際に直面している政策課題の解決策を修士課程のワークショップ・クラスに依頼し、数人の院生が約3か月かけて各々の政策課題に取り組み、依頼を受けたクライアントにプロジェクトの解決策を提示する公務教育が行われている。

　2008年度のプロジェクト・メニューをみると、ワークショップのクラスに、

カリフォルニア州のシティ、カウンティ、NPO などの団体から27のプロジェクトが依頼されている。ゴールドマン・スクールのここ数年の就職先をみても、7割以上が政府機関と NPO に就職し、ワークショップ方式による公共人材育成の教育効果が現れている。なお、カーネギー・メロン大学の公共政策大学院においても、ゴールドマン・スクールと同様に、ワークショップ方式による公務員の人材育成に取り組んでいる。

V　MPA 教育と NASPAA の課題

1　MPA 教育の課題

アメリカの行政大学院における MPA 教育は、1924年のマックスウェル・スクールの設立以降、250以上の公共政策系大学院において行われてきているが、MPA 教育にはさまざまな問題が指摘されている。

例えば、アメリカン大学のローゼンブルーム（David Rosenbloom）は、MPA 教育の今日的課題として、①教育プログラムの学位名称と範囲、②MPA 教育プログラムの内容と学生の有望なキャリア・パスとの一致、③変化への同調、④喫緊の行改改革案への対応、⑤倫理と法の教育、⑥連邦政府の人事危機対策、⑦事例研究教育への依存の7つを挙げている。

ここでは、本章の主題との関連で、②の MPA 教育プログラムの内容と修了生のキャリア・パスの問題を中心に検討してみよう。

(1)　MPA と MPP の区別

1968年の公共分析・管理連盟（APPAM）の設立を契機に、政策分析の教育が展開されるようになるが、APPAM の NASPAA への加盟は、行政学教育と公共政策学教育の融合を期待させるものであった。行政学の教育プログラムが政策分析コースを追加し、公共政策学の教育プログラムが行政過程コースを追加するという行政教育が展開するなかで、行政学と公共政策学の教育プログラムの区別が曖昧になってきている。

しかし、経済モデルと分析技術を強調する公共政策学の教育プログラムと公共サービスの組織と管理の問題に焦点を合わせる行政学の教育プログラムとの間には明確な相違点が存在することから、MPA と MPP は、いずれも教育課

程の独自性を明確にするカリキュラムのあり方が問われている。[19]

(2) カリキュラムの整備

MPA 教育は、伝統的には政府の職務と政策を中心にしたものであったが、今日では、公務員の準備教育とは考えられていない。現在進行している挑戦は、いかにして MPA のカリキュラムのなかに公私のパートナーシップを理解させる科目を組み入れるかということである。

公共サービスにおける非営利セクターの比重の高まりは、政府機関の財政危機を契機にしているが、公共サービスの NPO への業務委託の進展は、契約や交渉に関する行政官の技能（skill）の開発を要請している。しかも、公共サービスを提供する責任が、NPO にシフトした結果、NPO の側においても管理能力を身につけた管理者のニーズが増大している。そのため、MPA の教育プログラムにおいて、NPO の管理に焦点を合わせたカリキュラムの整備が喫緊の課題になっている。

(3) MPA 教育とキャリア・パスの一致

龍谷大学 LORC 主催の研究会で基調講演を行ったローゼンブルーム（David Rosenbloom）は、MPA 教育の今日的課題の 1 つとして、教育内容と院生のキャリアが一致しないという問題に注目している。ローゼンブルームは、今日の MPA 教育は、政府機関や非営利組織を行き来しながら、企業やコンサルタント会社に出入りできるように、多様なキャリアを準備しなければならなくなっているため、1 つのキャリアを対象に優れた MPA 教育を行うことが困難になってきていると指摘している。[20]

こうした多様なキャリアを求める学生を満足させる MPA 教育を提供することは容易なことではない。上述のように、州・地方政府のレベルでは MPA/MPP と CM との相関は比較的密接であるが、連邦政府のレベルでは、MPA/MPP と公務員との相関は希薄である。

連邦公務員の MPA/MPP の保有比率を拡大するには、第 1 部第 4 章で検討した PMIP（現行 PMF）の採用枠を大幅に拡大する必要がある。1989年のヴォルカー・レポート（Volker Report）が勧告するように、PMIP（PMF）の定員枠を1000名規模にまで増員できれば、連邦政府における MPA 取得者の増加を期待することができる。

MPA教育と公務員のキャリアとの関係に限定しても、例えば、1993年のライト（Paul Light）の調査では、MPA取得者の公務員志望の割合が50％以下にとどまり[21]、全米トップ・レベルのマックスウェル・スクールのMPA取得者の就職状況も、連邦政府の採用比率が2割前後で、州・地方政府の採用者を合わせても4割から5割程度にすぎない。

　このように、公務員志望者が比較的少なく、MPAと公務員のキャリアが密接でないのは、依然として公務員の給与等の処遇や採用後の昇進人事、職務内容等の不安が払拭されず、公務員の人事管理システムへの不満が反映されているためなのであろうか。

　また、Hart-Teeter社の調査（2002年5月）でも、若者の公務職への関心は5年前の40％から54％に増加しているものの、公務員志望者の割合は5年前の24％から27％に少し増えているにすぎない。そして、「高校・大学時代に公務員になろうと思ったことがありますか」という設問に、「イエス」と答えた者はわずか38％にすぎず、62％の者が「ノー」と答えている（Frisby [2003]）。若者の公務員離れの動きは、上述のように、MPAとキャリアとの相関が密接なシティ・マネージャーの人事にも反映されている。近年、CM制度を採用する自治体が増加し、自治体全体の半数に達しているにも関わらず、自治体がCMを募集しても長期間欠員が補充できない人事危機に直面しており、ICMAとの連携強化によるCMの人材育成と欠員の補充が、喫緊の課題となっている。

　このような若者のキャリア意識のもとで、連邦政府や州・地方政府は、ベビーブーム世代の大量退職に対する補充人事の対策を迫られている。MPA/MPPプログラムに優れた人材を継続的に確保するためには、当面の課題として、NASPAA加盟校のうち社会的認証を受けた公共政策系大学院を中心に、MPA/MPPプログラムの募集計画とマーケティングの整備が急がれる。

　また、それとともに、MPA/MPP取得者に公務を志望させる人事政策が必要になる。団塊世代の公務員の大量退職の人事危機に対処する人事政策としては、上述の連邦政府の幹部要員の人材育成を目的としたPMF事業や、地方政府の管理者の人材育成を目的としたLGMF事業等を積極的に活用することが必要になる。

(4) 「一体性の危機」(crisis of identity) の克服

かつて、アメリカ行政学会の泰斗 Dwight Waldo が「これが行政学の目的でこれらがその目的のための方法と道具であると自信を持って語ることができない状況」を「一体性の危機」(crisis of identity) と指摘したことがある。[22]

ワルドーは、行政学の crisis of identity を克服するために、1968年にシラキュース大学のミノウブルック会議場に、若手の行政研究者と実務家を招いて、行政の理論と実践をテーマにしたシンポジウムを開催し、後年「ミノウブルック・パースペクティヴ」と呼ばれる「新しい行政学」を提言している。

「新しい行政学」の特徴は、第1に、社会的公平 (social equity) の価値に関する研究に関するもので、政治過程で無視されがちな社会的弱者の立場に立って社会的不公平を除去する研究を行うことが行政研究の使命であるとしている。第2に、現代行政に求められているのは、環境の変化への適応能力であるとして、単に政治的に中立であるのではなく、社会的弱者の要求に敏感に応答して必要な改革に取り組むように要請している。[23]

こうしたワルドーが提唱する「新しい行政学」の展開の中で、アメリカでは、MPA 教育の普及に伴い教育内容が多様化し、行政学教育におけるコア教育の欠如という問題が生じてきている。これまで、アメリカ行政学の代表的なテキストと言えば、シカゴ大学のホワイト (Leonard White) 教授の『行政学入門』(Introduction to the Study of Public Administration (Prentice-Hall, 1926) が1954年まで版を重ね長年にわたって使用されてきたが、現在では、MPA 教育で頻繁に使用されるテキストのシェアも20％程度にすぎず、ローゼンブルームは、こうした状況を行政学の「一体性の危機」と呼んでいる。アメリカの行政大学院における MPA 教育は、「一体性の危機」への対策を迫られている。

2　NASPAA の課題

(1) 評価基準の有効性

第1に、認証基準の有効性の問題である。NASPAA の認証基準については、MPA の教育プログラムが行政学分野の多様な専門科目をほとんど網羅し、行政のスキル教育と行政環境の教育とをバランスよく教育することに成功していると評価されている。しかし、その一方で、NASPAA の評価基準で

は、申請プログラムの組織、教授数、共通カリキュラムの構成要素などが十分かどうかを評価しようとするが、学生が何を学び、卒業時にどのようなスキルを身につけるかという学生の質の評価の問題には十分に配慮されていないと指摘されている。カリキュラムの設置基準についても、「必修科目」と「選択科目」の区別で、「必修」にすべきものが「履修が望ましい」とされ、費用便益分析、財務評価等の財務管理科目や公務員のキャリアにとって重要な倫理科目などの行政教育が立ち遅れていると指摘されている。[24]

(2) 審査期間と設置基準の有効性

第2に、審査期間と設置基準の有効性の問題である。COPRAによる審査期間は、10月から翌年の6月までの約8か月とされているが、申請機関の申請プログラムが多くなると、スケジュール内にピア・レビューの審査を終えることが困難となり、申請プログラムの審査が翌年に持ち越されるケースもあると言われる。また、NASPAAの評価基準では、教育プログラムの規模にかかわらず、5名の専任教授を置くように求めているが、この設置基準には、財政基盤の弱い教育機関に必要以上の財政負担を強いるという問題に加えて、学生定員20名規模のプログラムと比べて、学生定員100名以上の大規模プログラムの方が「認証」を受けやすいというバイアスも指摘されている。[25]

(3) 評価基準のジレンマ性

第3に、認証基準のジレンマ性の問題である。NASPAAの評価基準では、アメリカの多民族社会の統合の知恵として、MPA教育プログラムを担う教授陣の「多様性」(diversity)―少数民族集団・女性・障害者の「代表性」―を重視しているが、この基準は、一方では教育の質の確保を目的とするCOPRAの専門家による評価基準（ピア・レビュー）と矛盾するようなジレンマ性を孕んでいる。[26] 例えば、ハーバード大学のケネディー・スクールは、最近ようやくNASPAAに加盟し「認証」を受けているが、最近加盟したプリンストン大学のウィルソン・スクールや加盟校であるカリフォルニア州立大学（バークレー校）のゴールドマン・スクールなどは、「認証」を受けていない。

NASPAAの認証基準に従うと、少数民族集団の教授による教育の質の低下を招きかねないと危惧するためなのか、それとも大学の社会的名声の自負心から「認証」を必要としないと考えるためなのか、その理由は不明である。

学生の入学についても、少数民族集団の「代表性」を反映するような入試政策を評価しているが、ミシガン大学ロースクールの少数民族集団を対象にした「別枠入学制度」の合憲性が連邦最高裁で争われたように、「別枠入学制度」と学業成績や入試成績との調和をはかりながら、MPA教育の社会的評価と信頼をいかに高めるかが問われている。

(4) 人事危機への対策

連邦政府では、2010年までにベビーブーム世代が大量に退職し、常勤職員の40％が退職すると予測されていた。[27] この人事危機に処するには、大量の退職者を補充する受け皿としてMPAの取得者を大幅に増加させる必要がある。その戦略として、MPAプログラムの募集計画の整備とMPAプログラムのマーケティングの整備が求められている。後者の戦略については、NASPAAのマーケティング委員会がMPAの教育内容について解説し、将来公務員の仕事に関心を持つようにアピールする冊子を作成している。[28] NASPAAによる取組みの成果が期待される。

(5) NASPAAの新しい評価基準への対応

アメリカの公共政策系大学院では、大半の大学院がMPA/MPPプログラムの認証評価機関であるNASPAAに加盟している。2024年現在、NASPAAには、310の団体（公共政策系大学および専門職団体等）が加盟し、このうち194の大学院の208プログラムが7年間の「認証」（67％）評価を受けている。こうしたNASPAAの評価基準に適合すると認証されたMPA/MPPプログラム等は、社会的に高い評価を受けている。

アメリカでは、行政大学院の成績優秀の修了者は、大統領管理研修生（PMF）の推薦を受けると、連邦政府のGS9等級の職に採用されることになっている。そのため、当該大学院がNASPAAに加盟し「認証」を受けているかどうかが、MPA取得者の採用人事に影響するものと推察される。こうしたNASPAAの「認証」を受けている学位プログラムの質に対するアメリカ社会の反応は、NASPAAの設置意義を高めるものであるといえよう。

ところで、PMFの事業は、NASPAAの認証評価に対する社会的認知を前提にしたものであるが、最近、NASPAAの認証評価の基準について、MPA/MPP教育の目的は何かというミッション・ベースの基準に、学修成果と就職

先との関連を問うアウトカム・ベースの基準を追加し、行政大学院における公務教育の成果評価のウェイトを高めようとしている。

このアウトカム・ベースの評価基準の追加は、2009年夏に開催されたNASPAAの総会で正式に承認されているが、こうしたNASPAAの評価基準の追加には、上述のように、MPA/MPP教育と公務員のキャリアとの相関が密接ではなく、ベビーブーム世代の大量退職による人事危機を迎えて、MPA/MPP取得者のキャリアが多様化していることへの危機感が反映している。

NASPAAの新しい評価基準については、アウトカムの評価自体が抽象的で学修成果の測定が容易ではないが、その方策としては、上述の連邦レベルの「PMF」や地方政府レベルの「LGMF」の事業に加えて、ワークショップ方式によるMPA/MPP教育の取り組みは、公務員のキャリアとの相関を密にする学修効果を期待することができよう。

Ⅵ　MPA教育の国際化への対応

ヨーロッパでは、第6章で検討するように、ボローニャ・プロセスによる2010年の「欧州高等教育圏」(EHEA)の設置とともに、修士号、博士号の質を保証し確保する評価機関の社会的認証の意義が認識されるようになってきている。

アメリカでは、こうしたヨーロッパにおける高等教育の国際化の動きに刺激されて、NASPAAは、2013年に、英語表記をNASPAA, the Network of Schools of Public Policy, Affairs, and Administrationに改称し、グローバルな評価機関として、「公務教育のグローバル・スタンダード」(The Global Standard in Public Service Education)という目標を掲げている。

NASPAAの場合、MPAプログラムやMPPプログラムなどの認証評価は、これまで国内の加盟校からの申請に限定していたが、「欧州高等教育圏」設置の2010年を境に、海外からのNASPAAへの加盟を認めるようになってきている。

ちなみに、2011年にNASPAAに加盟した中国の清華大学「公共管理学院」のMPAプログラムが2013年にNASPAAの認証基準に適合すると「認証」さ

れ（accredited）、また、2014には、韓国の KDI School of Public Policy & Management の MPP プログラムが「認証」されている。その後、中国では、中国人民大学（2017年）、上海財経大学（2018年）、対外経済貿易大学（2019年）、浙江大学（2019年）、北京師範大学（2021年）、清華大学（2022年再認証）、中山大学（2023年）などの公共管理学院の MPA プログラムが、それぞれ NASPAA から「認証」されている。

この他、NASPAA には、香港、シンガポール、タイ、ベトナム、スペイン、スイス、イタリア、オランダ、ハンガリー、ジョージア、カザフスタン、カタール、エジプト、コロンビア、ベネゼーラ、ブラジル、ガーナなど海外25カ国以上の公共政策系大学院が加盟し、MPA/MPP プログラムなどの認証評価の申請を行っている。

このうち、ベトナム（Fulbright School of Public Policy and Management）、エジプト（The American University in Cairo）、カタール（Doha Institute of Graduate Studies）、カザフスタン（Nazarbayev University, Graduate School of Public Policy）、メキシコ（Universidad Iberoamericana Ciudad de Mexico）、ベネゼーラ（Instituto de Estudios Superiores de Administración, Venezuela）、ブラジル（Fundacion Getulio Vargas, Rio de Janeiro）、コロンビア（Universidad de los Andes）などの公共政策系大学院の MPA/MPP プログラムが「認証」されている[29]。

現在、アメリカの公共政策系大学院においては、こうした MPA/MPP 教育の「国際化」の動きに対応して、NASPAA のグローバル・スタンダードの認証基準に基づく公務の人材育成教育を展開するように求められてきている。

［注］
1） ここでの記述は、坂本勝「マックスウェル・スクールの公務教育」山崎克明・坂本勝・高寄昇三編『地方政治と市民自治』所収、玄文社、1979年、219-222頁による。
2） ここでの記述は、David Rosenbloom and Lorenda Naylor, The Development of Master of Public Administration by the National Association of Schools of Public affairs and Administration, 2004 p.3および NASPAA の HP（www.naspaa.org）NASPAAMilestones を参照。
3） NASPAA の認証基準については、Standards for Professional Masters Degree Programs in Public Affairs, Policy, Administration in NASPAA Commission on Peer Review and Administration (COPRA) Official Documents, pp.19-26を参照。

4） COPRA の認証評価手続きについては、Peer Review and Accreditation Policy and Procedures in COPRA Official Documents, op.cit. pp.8-18を参照。
5） Gordon Whitaker, "Segmentation, Decentralization, and Diversity: public Administration Education in the United States," John Greenwood et al. (eds.), Serving the State: Global Public Administration and Training, Ashagate, 1998, pp.219-220.
6） カウンシル・シティマネージャー制度の実施状況については、Michele Frisby, "What Can Be Done? Attracting Young Adults to Careers in Local Government", in Public Management, ICMA, January/February 2003, Vol.85, No.1および ICMA, 2007 Year Form of Government Statistics ［2007］（http://www.icma.org/main/ld.asp?ldid=17049&hsid=1&tpid=20) を参照。
7） シティ・マネージャーの MPA の取得状況については、NASPAA/ICMA, City and County Manager Survey, 2006（http://www.naspaa.org/naspaa_surveys/main.asp#City）を参照。
8） スティルマンのコメントについては、Michele Frisby ［2003］, "What Can Be Done? Attracting Young Adults to Careers in Local Government," ICMA, Public Management, Jan./ Feb. 2003, Vol.85, No.1を参照。
9） ICMA のクリーブランド州立大学の学生調査については、Frisby, op.cit. 2003を参照。
10） シティ・マネージャーの雇用状況については、Ralph Blumenthal, "Unified City Manager Positions Hint at Future Government Gap," New York Times, January 11, 2007を参照。
11） LGMF の概要は、ICMA/NASPAA-Local Government Management Fellowship Program（http://www.naspaa.org/students/careers/state_fellowship.asp）および ICMA, The Local Government Management Fellowship（http://icma.org/main/bc.asp?bcid=464&hsid=9&ssid1=2329&ssid2=2384）を参照。
12） LGMF の応募要領、政策課題の内容については、The Local Government Management Fellowship, Now Accepting Applications for 2004 and 2005 Graduates（http://www.naspaa.org/students/document/LGMFapplication05-06.pdf）を参照。
13） LGMF の2004年の実施状況については、John Nalbandian, Pioneering the Future: A New Generation of Local Government Professionals（http://www2.icma.org/main/bc.asp?bcid=671&hsid= 9 &ssid1=2329&ssid2=2756&ssid3=2758）および ICMA, 2005 Local Government Management（Fellowhttp://www.icma.org/main/bc.asp?ssid1=2329&ssid2=2756&ssid3=2759&from=search&hsid=9&bcid=580）を参照。
14） LGMF の2005〜2008年度の実施状況については、ICMA, Local Government Management Fellows の資料を参照。
15） LGMF の評価については、John Nalbandian, "Pioneering the Future: A New Generation of Local Government Professionals," Public Management, May 2005, Vol.87, No.4（http://icma.org/main/ld.asp?from=search&ldid=19300&hsid=1）を参照。
16） ゴールドマン・スクールの公務教育については、Eugene Bardach, Introduction to Policy Analysis: Public Policy 200-Workshop Class, Spring 2007; Introduction to Policy Analysis, 2008 Project Menu, pp.1-32. および University of California at Berkeley, Employment Statistics of Goldman School of Public policy, 2002-2006（http://gspp.berke

17) Rosenbloom and Naylor, op.cit. 2004, pp.8-13.
18) Whitaker, op.cit. 1998, p.216.
19) Whitaker, op.cit. 1998, p.215.
20) Rosenbloom and Naylor, 2004, p.9.
21) Paul Light,The New Public Service, Brookings Institution Press, 1999. ただし、ライトの調査データについては Frisby [2003] を参照。
22) Dwight Waldo, Scope of the Theory of Public Administration, in James Charlesworth edit., Theory and Practice of Public Administration: Scope, Objectives, and Methods, p.6.
23) 新しい行政学については、H. G. フレデリクソン／中村陽一監訳『新しい行政学』中央大学出版部、1987年、今里滋『アメリカ行政の理論と実際』九州大学出版部、2000年、257頁以下などが詳しい。
24) David Rosenbloom and Lorenda Naylor, "Master of Public Administration Program in the U.S.A.: Curriculum and Contemporary Issues," Paper presented to the Ryukoku University LORC Symposium in Jan. 2004, p.6.
25) David Rosenbloom and Lorenda Naylor, "The Development of Master of Public Administration by the National Association of Schools of Public Affairs and Administration," Paper presented to the Ryukoku University LORC Symposium in Jan. 2004, p.6.
26) Rosenbloom and Naylor, ibid. pp.8-9.
27) 坂本勝『公務員制度の研究』法律文化社、2006年、205頁以下。
28) Rosenbloom and Naylor, op.cit. p.12.
29) The ANNUAL ROSTER OF ACCREDITED PROGRAMS, updated January 15, 2024 を参照。〈https://www.naspaa.org/sites/default/files/docs/2023-01/2022-2023%20Annual%20Roster%20of%20Accredited%20Programs%2001-2023%20UPDATED.pdf〉

第6章 ドイツの高等教育機関における公務員の人材育成

序

　ドイツは、「欧州高等教育圏」（EHEA）の設立を契機に、新しい学位制度や単位互換制度（ECTS）の導入等の教育制度改革に取り組み、高等教育機関における教育プログラムの質を評価するための認証評価機関を設置している。

　本章では、EUの高等教育改革の動向の1つとして、ドイツにおける高等教育改革の概要と認証評価機関の設置に関する記述を踏まえ、高等教育機関における公務員の人材育成の特徴と課題について検討し、高等教育の国際化への対応について述べることにしたい。

I 高等教育機関の設置と高等教育の改革

1 高等教育機関の設置

　ドイツの大学学長会議（HRK）の資料によると、伝統的に総合大学（州立88校、私立・教会立28校：2007年）における教育が中心的役割を占め、応用科学分野の単科専門大学（FH）［州立99校、私立・教会立71校］や美術・音楽関係の芸術大学（州立46校、私立・教会立11校）における教育も重要な役割を果たしている。[1] その他、教員の育成大学、神学者・宗教者育成の神学校、士官育成の士官学校、幹部公務員・法曹家等の育成に関わるシュパイヤー行政大学院など、多様な人材を育成する高等教育機関が設けられている。

　ドイツの主要大学は、大学学長会議（HRK）に加盟し、2007年の時点で、HRKの総会は257の高等教育機関の加盟校で構成されている。内訳は、総合大学から81校、専門単科大学（FH）から116校、教員育成大学から6校、芸術大学から44校、教会が運営する神学校から8校、その他2校という構成になって

いる。各種高等教育機関に在籍する学生数は、約190万人（2007年）を数える[2]。また、343の高等教育機関において開設されている学位プログラム数は8835に達し[3]、私立大学の学位プログラムが増加する傾向にある。開設プログラムの学位の種類別の設置割合では、Bachelorが46.9％を占め、続いて、Teaching Qualificationの22.4％、Diplomの11.7％、Magisterの10.2％、Diplom（FH）の6.3％などの順になっている[4]。そして、大学院特別研究プログラムの学位種類別の割合では、Masterが82.1％を占め、次いでDiplomの5.6％、State Examinationの3.4％、Magisterの2.3％、Diplom（FH）の1.6％などの順になっているが、2サイクルの教育制度を前提にした大学院研究プログラムの集計データであるため、新設のMasterの占める割合が非常に大きくなっている[5]。

2 高等教育の改革

(1) 高等教育大綱法（HRG）の改正

① 改正の目的　ドイツは、高等教育の国際化に対応するために、1998年8月に高等教育大綱法を改正し（施行は1999年1月）、高等教育の改革に取り組んできている。ドイツの大学教育の運営は、16州の常設の教育大臣会議（KMK）と大学学長会議（HRK）が共同で責任を負う。大学の学修規則と試験細則については、高等教育大綱法第9条の規定に基づき、KMKとHRKが共同設置する調整委員会が学修規則と試験細則の作成作業を行っている。

1998年7月のHRKの決議によると、この改正法は、高等教育の発展を促進し、ドイツの学位の国際比較の水準を改善し、学生の国際的移動を推進し、外国人志願者の入学割当枠（quota）を増やすことを目指している[6]。

② 新しい学位と単位互換制の導入

(a) BachelorとMasterの導入　ドイツの大学では、原則13年の大学進学コースの教育課程を終えると入学資格が与えられる。教育課程は、すべて州政府の認可を受けなければならない。高等教育大綱法の改正で、従来のDiplomやMagisterと区別されるBachelorとMasterの学位が新たに導入されることになった。この大綱法第19条の規定によると、学士号の学修期間は通常は4年（最短で3年）、修士号の学修期間は通常は2年（最短で1年）である。学部（第

1サイクル) と大学院 (第2サイクル) から成る2サイクルの高等教育を行っているところでは、長期在学問題の対策として、学修期間が5年を超えてはならないと規定されている。日本やアメリカと異なり、開設を予定しているBachelorとMasterの教育プログラムに認証が与えられない場合、教育プログラムの設置は認可されない。

ちなみに、ドイツのBachelor degreeは、イギリスで授与される優等学位 (Bachelor honors) に相当する。これは、修士課程への入学資格があり、PhDの学位プログラムの入学条件になるMPhil (Master of Philosophy) コースへの入学資格がある。また、ドイツのMasters degreeは、イギリスのMasters degreeに相当する。なお、ドイツの伝統的なDiplomとMagisterのdegreeは、Masters degreeに相当するとされている。

(b) 単位互換制の導入

ドイツの高等教育は、伝統的に大学に入学すると、まずDiplomコースやMagisterコース等のコースを選択して主専攻と副専攻を決定する。そして、専攻するコースに配置される科目と演習を履修し、その成績証明書を提出すると、DiplomやMagisterの論文提出が認められ、DiplomやMagisterの論文審査を経て口頭諮問に合格すると、学位が授与されることになる。このように、ドイツの高等教育は、日本やアメリカのように卒業に必要な単位を取得すると大学を卒業するという方式とは異なっている。しかし、最近のドイツでは、学生の転学や留学の便宜を図り大学間の移動を容易にするために、新設のBachelorやMasterの学位プログラムなどを対象に、欧州単位相互認証制度 (European Credit Transfer System: ECTS) を導入して高等教育の国際化に対応しようとしている。

ドイツの高等教育の改革は、直接的には1998年の高等教育大綱法の改正に基づくものであるが、間接的にはEU加盟国を中心とした「欧州高等教育圏」の設立に向けた一連の国際会議のコミュニケの影響によるものと考えられる。以下において、ボローニャ会議からロンドン会議に至る高等教育の改革に向けた「ボローニャ・プロセス」の概要を見てみよう。

II ボローニャ・プロセスと認証評価機関の概要

1 ボローニャ・プロセス

(1) ボローニャ宣言

1999年6月、EU加盟15カ国を含む29カ国の教育大臣は、ボローニャに集まり、2010年までに「欧州高等教育圏」(European Higher Education Area: EHEA)の設立を目指すボローニャ宣言 (Bologna Declaration) に署名した。この宣言に基づく欧州各国政府の高等教育改革に向けたイニシアティブ (intergovernmental initiative) をボローニャ・プロセスと呼んでいる。

ボローニャ宣言では、EHEAの設立に向けて、①単位の読み替えが容易で比較可能な学位制度を採用する、②学部と大学院から成る2サイクルの教育制度を採用する、③欧州単位相互認証制度 (ECTS) のような単位制度を導入する、④法的規制を緩和し学生・教員の移動を容易にする、⑤高等教育の質を保証するために欧州諸国の協力関係を強化する、⑥高等教育の欧州的視野 (European Dimension) を推進するという6項目の活動方針に合意している。[7]

(2) プラハ・コミュニケ

2001年5月、欧州諸国の教育大臣は、ボローニャ・プロセスへの関与を再び確認するためにプラハに集まっている。プラハ大臣サミットでは、ボローニャで合意された6項目の活動方針に加え、①生涯学習システムの導入、②高等教育への学生の参画、③EHEAの魅力の推進という3項目の活動方針を追加したプラハ・コミュニケ (Prague Communiqué) に合意している。[8]

(3) ベルリン・コミュニケ

2003年9月、欧州の教育大臣がEHEAの設立に向けて進展状況を評価し、新しい目標を設定するためにベルリンに集まっている。このベルリン大臣サミットでは、①2サイクルの教育制度を導入する、②高等教育の質を保証し共有できる評価基準を開発する、③学位や学修期間を認証し、学位取得者にディプロマ・サプリメント (Diploma Supplement) を発行するという3つの目標を設定し、2005年までにこれらの目標の達成に向けた活動方針に合意している。

また、ベルリン・コミュニケ (Berlin Communiqué) では、新たに第3サイク

ルの博士課程の研究を強化し、欧州高等教育圏（EHEA）と欧州研究圏（ERA）の連携体制を強化する方針に合意している[9]。

(4) ベルゲン・コミュニケ

2005年5月、欧州の教育大臣は、2010年のEHEAの設立に向けた達成目標の中間評価を行うために、ノルウェーのベルゲンに集まり、参加国は45カ国に増加している。

ベルゲン・コミュニケ（Bergen Communiqué）では、特にベルリン・コミュニケで設定された学位システム、質の保証、学位・学修期間の認証という3つの中期目標の達成状況の評価報告が行われている。この報告によると、学位制度については、ほとんどの国で登録者のうち半数以上の学生を対象に2サイクル制度が実施され進展しているとしている。

高等教育の質保証については、ほとんどの国がベルリン・コミュニケの評価基準に基づく質の保証規定を設けているが、学生の関与と国際協力については今後の進展を求めている[10]。

また、学位・学修期間の認証については、45の参加国のうち36カ国が、リスボン会議——2000年3月リスボンで開催された欧州理事会（European Council）——で合意された活動方針を批准していると評価している。この会議でEU首脳は、2010年までのボローニャ・プロセスの活動方針に歩調を合わせ、高等教育の質を高め、教員と学生の移動の障害を取り除き、生涯学習と語学学習を推進するという目標を達成するために、欧州の教育・研修制度を近代化することに合意している。そして、リスボン戦略（Lisbon Strategy）と呼ばれるこの活動方針を批准していない参加国に対して早急に批准するように呼びかけている[11]。

(5) ロンドン・コミュニケ

2007年5月、欧州の教育大臣は、ベルゲン会議以降の進展状況を評価するためにロンドンに集まっている。ロンドン・コミュニケ（London Communiqué）では、学生等の移動・学位構造・生涯学習・質保証機関の質保証・博士号志願者の研究支援など、この2年間の進展状況が評価されている。

2009年まで2年間の活動方針として、3サイクルの学位制度・質保証の実施と学位・学修期間の認証という課題に加え、①学生・教員の移動の推進、②社

会、経済的背景に起因する障害を除去する社会的視点の行動計画、③移動と社会的視点に関する行動実績のデータ収集、④3サイクルの学位取得者の雇用の推進、⑤グローバルな欧州高等教育圏（EHEA）の活動戦略という課題を提示している[12]。

以上のように、ヨーロッパでは、EU加盟国を中心に高等教育の国際化に向けた一連の国際会議の論議を通じて、高等教育の改革と質保証の問題に取り組んできている。ドイツでは、高等教育の国際化への対応として、大学の学士号・修士号の教育プログラムの質を保証するために各種の認証評価機関が設置されている。つづいて、認証評価機関の概要を見てみよう。

2　認証評価機関の概要

(1)　認証評議会（Accreditation Council）の設置

1998年12月、ドイツ連邦共和国常設教育大臣会議（KMK）が大学の教育・研究の質的保証の方向性を提示し、高等教育の透明性を高めるための決議を採択している。この決議に基づき、高等教育の国際化に対応するために、1998年に認証機関の設置を認証する認証評議会がボンに設置されている。この認証評議会は、新たに申請される学位プログラムの認証評価を行う認証機関を一定期間認証又は再認証を行うことにより、質の高い学位プログラムの開設に責任を負うことになった。

認証評議会は、独立の機関として17名のメンバーで構成され、その内訳は、大学教授が4名、州政府の代表が4名、専門家の代表が5名（州の賃金関係部局の代表1名を含む）、学生の代表が2名、認証業務経験を有する外国人の代表が2名となっている。

認証評議会は、認証機関間の競争を確実にし、外国の認証評価機関による認証を認定する要件を規定し、認証と質保証の国際的協力を推進し、ボローニャ・プロセスの展開と認証による質の向上に関して州政府に報告するという職責を担っている。

①　認証評議会の認証基準　ドイツの認証評価制度は、2002年3月に採択された常設の州教育大臣会議（KMK）の決議（「各州大学間質保証に関する将来の展開」）および2002年5月に採択された決議（「各州大学間認証手続き規定」）に基

づき、恒久的な制度となった。認証評議会は、認証機関の認証を行う場合の評価基準として、(a)高等教育機関と企業・産業・専門職団体からの独立性、(b)高等教育機関と専門的実務家の参加、(c)適切な職員施設と財政基盤、(d)営利志向でない能率と節約の原則に基づく運営、(e)すべての設置形態の高等教育機関の認証実績、(f)国家的、国際的事務能力、(g)職員資格と評価基準・標準に関する文書作成能力、(h)質保証の対応措置と文書による情報提供等、の審査を行う。認証評議会は、こうした認証評価とともに、認証機関による学位プログラムに対する認証過程をモニターする「評価者」としての役割も担っている。

一方、認証評議会の認証を受けたプログラム認証機関が申請プログラムに対して認証評価を行う場合の評価基準としては、(a)大学教育の質の概念、(b)学位プログラムの教育理念の目的、(c)学位プログラムの概念分類、(d)学位プログラムの自己審査と評価、(e)学位プログラムの実施体制（人的物的資源、研究組織、教育の支援体制）、(f)透明性、(g)学位プログラム・試験等の履修規定等の刊行物、(h)高等教育機関内部の質保証システムなどが、審査対象にされている[13]。なお、ドイツでは、現在、認証評議会の認証を受けた「プログラム認証機関」として、6つの認証機関が設置されている。

② 認証評議会の改組　1998年に設置された認証評議会は、その後2005年2月の「ドイツ研究プログラム認証財団」（Foundation for the Accreditation of Study Programs in Germany）の設置法に基づき改組されている。「財団」設置法の規定によると、新たに発足した財団は、(a)認証機関の認証と再認証、(b)認証機関の規則を制約する州の指針の統合、(c)認証の条件と限制を含む認証過程の基本的な標準・基準規則の制定、(d)認証機関の行う認証の審査、(e)認証機関の公正な競争の保証、(f)欧州の環境・開発に関する国際機関の認証規則の制定、(g)認証と質保証に関する国際協力の推進、(h)2サイクル制の実施と認証枠組の質向上に関する州政府への報告、といった職責を担うことになった。

「財団」の組織は、認証評議会、理事会、財団評議会の3つで構成され、認証評議会は、認証と再認証を決定する。認証評議会の組織は、独立の機関として17名の委員で構成されていたが、改組後、顧問の委員（認証機関の代表）が1名増員されている。理事会は、認証評議会の決定を実施し、財団評議会は、認証評議会と理事会の財団ビジネスの合法性と経済的効率性について審査を行

う。[14]

③　「プログラム認証機関」(Accreditation Agencies) の設置と概要　ドイツの認証機関は、特定の学問分野のプログラム認証機関 (single-disciplinary agencies) として、FIBAA (Foundation for International Business Administration Accreditation)、AHPGS (Accreditation Agency for Study Programs in Special Education, Care, Health Sciences and Social Work)、ASIIN (Accreditation Agency for Study Programs in Engineering, Informatics/ Computer Science, the Natural Sciences and Mathematics) の3つの機関が設置されている。

FIBAA は、1994年に「国際経営管理学の認証機関」としてボンに設置され、2000年4月に認証評議会による認証を受け、その2年後に2007年まで5年間の再認証を受けている。AHPGS は、2001年に「特殊教育・介護・保健・社会活動分野教育課程の認証機関」としてフライブルクに設置され、2001年12月に3年間の認証を受け、2003年に再認証を受けている。そして、ASIIN は、2002年に「工学・情報学・コンピュータサイエンス・自然科学・数学分野教育課程の認証機関」としてデュッセルドルフに設置され、2002年12月に3年間の認証を受け、2005年に再認証を受けている。[15]

また、多様な学問分野のプログラム認証機関 (cross-disciplinary agencies) として、ACQUIN (Accreditation, Certification and Quality Assurance Institute)、AQAS (Agency for Quality Assurance by Accreditation of Study Programs)、ZEvA (Central Agency for Evaluation and Accreditation) の3つの機関が設置されている。

ACQUIN (認証・証明・質保証協会) は、2000年5月のプログラム認証機関の設置に関するバイエルン学長会議の決議に基づき、2001年1月バイロイトに設置され、2006年に2011年まで5年間の再認証を受けている。AQAS は、2002年に「研究プログラム認証による質保証機関」としてボンに設置され、2002年に2007年まで5年間の認証を受けている。そして、ZEvA は、1995年にすべての学問分野の教育課程に関する「中央評価・認証機関」としてハノーファーに設置され、2003年2月に3年間の認証を受け、2005年に再認証を受けている。

ちなみに、これらの認証機関のうち、FIBAA の認証状況を見ると、2006年5月の時点で、317の教育プログラムが FIBAA の認証を受けている。その内訳は、学士号プログラムが141 (通信教育7を含む)、修士号プログラムが185

（通信教育5を含む）となっており、認証を受けた修士号プログラムの約半分（91）はMBAが占めている。国別では、ドイツの大学が270、オーストリアが30、スイスが12、オランダが4、チェコが1となっている。[16]

Ⅲ　認証評価制度の特徴と認証評価の現状

1　認証評価制度の特徴

(1) 認証に基づく設置

　認証は、合意された評価基準に基づく評価過程であり、新たに設置される学位プログラムの有効性を社会的に評価する効果がある。ドイツでは、新規に設置される学士号と修士号の教育プログラムに対して設置時の認証が義務づけられ、認証が与えられないと設置することができない。学位プログラムの認証と設置が一体であるというのが、アメリカのMPA/MPP等の認証機関であるNASPAAによる認証評価との大きな相違点である。

　ドイツの場合、認証がないと申請学位プログラムの設置が見送られることになるにも関わらず、不服申し立て制度が存在しないのに対して、NASPAAの場合、社会的な評価にとどまる認証にアピール制度が設けられている。

　ドイツでは、自己評価書の現地調査班の評価に対する反論は、直接「認証委員会」に提出できるが、「認証不可」の決定に対するアピール制度はなく、再度申請して不可の場合は再申請することができない。このように、ドイツとアメリカの認証機関の認証手続には、いくつかの相違点があるが、教育プログラムの質を社会的に評価し保証しようという目的では一致している。

(2) 認証評価委員の構成

　ドイツの認証機関による認証評価の手続きでは、認証委員会が申請機関の自己評価書と評価委員会による現地調査報告書を踏まえたピア・レビュー（peer review）の評価書などを総合し、認証の可否を決定するという方式を採用している。この点は、NASPAAの認証評価の手続きと共通しているが、ドイツとアメリカの認証評価の委員構成をみると、いくつかの相違点がある。

　ドイツの場合、大学の大半が州立であるため、認証機関を認証する「機関認証機関」と教育プログラムの認証評価を行う「プログラム認証機関」のいずれ

にも、州政府の代表が入っているのに対し、NASPAAの場合、大学・研究所・専門職団体などの民間の専門家で構成され、政府関係の代表は一人も入っていない。また、ドイツの場合、「機関認証機関」と「プログラム認証機関」のいずれにも、大学や専門職団体の専門家以外に、大学院の院生代表が数名参画しているのに対し、NASPAAやNASPAAを認可する高等教育認証評議会(CHEA)のいずれにも、認証評価の過程において院生代表は一人も参画していない。

(3) 認証評価機関への申請資格

認証評価機関への申請資格については、ドイツの場合、申請条件として認証評価機関への加盟資格は問われないが、NASPAAの場合、加盟団体からの認証評価の申請に限定している。また、教育の国際化に対応して、ドイツの認証機関は、海外の大学からの教育プログラムの認証申請を認めているが、NASPAAの場合、海外からの認証申請を認めてこなかった。

しかし、NASPAAは、最近、海外の大学からの認証申請については、加盟を前提に認めるようになっており、第7章で後述するように、中国の清華大学の「公共管理学院」が2011年にNASPAAに加盟し、2013年に海外からの認証申請で初めて、MPAプログラムの「認証」を受けている。

2 認証評価の現状

認証評議会の2005年の報告書によると、6つの認証機関に認証評価を申請し、認証を受けたBachelorとMasterの総数は約1500に達している。この認証数は、大学が提供する学位プログラム総数の約35%に相当する。この1500の学位プログラムのうち、半数以上は「条件付」認証である。また、18の申請プログラムが認証の評価過程を終了する前に申請機関が認証を放棄し、30の申請プログラムが認証委員会の評価で認証を拒否された事例として報告されている。[17]

また、Peter Pirsch教授の報告(2006年)によると、認証評価の実施状況は、3147のBachelorプログラムの申請に対して認証数が902件、2126のMasterプログラムの申請に対して認証数が862件、6371のその他のプログラムの申請に対して認証数が17件となっている。プログラムの内容が不明な「その

他」の認証件数は皆無に近いが、Bachelor のプログラムの認証比率は28.7％、Master のプログラムの認証比率は40.5％という状況にある[18]。

　このような学位プログラムに対する認証評価の現状は、認証機関による認証に関して、申請される Bachelor と Master の学位プログラムの教育の質にかなり問題があり、認証基準が有効に機能している証左として評価すべきなのであろう。今後の学位プログラムの申請件数における認証件数の比率の推移を見守りたい。

　ちなみに、認証に関する統計資料では、大学の設置形態別の認証状況が不明であるが、ボローニャ・プロセスに対応した新しい学位の導入や学修期間の短縮などを通じて、私立大学が増える傾向にある。私立大学の場合、州立大学と比べて財政基盤が不安定であり、今後州立大学において、新しい学位の導入や学修期間の短縮等の改革が進むと、私立大学の設置や存続に影響が出るものと予想される[19]。州立大学における既設の Diplom と Magister の学位プログラムの質保証の問題とともに、私立大学における学位プログラムの認証比率の推移に注目したい。

　以上を要するに、本章では、ドイツにおける高等教育機関の設立と、それに対応した認証評価機関の設立の経緯と特徴などについて検討してきた。では、ドイツでは、第2部の主題である公共政策系高等教育機関における公務員の人材育成は、どのような状況にあるのか。ドイツの高等教育機関の場合、これまで伝統的に法曹家を育成するために法学教育を中心にした公務教育を展開してきたという歴史的経緯がある。

　そのため、ドイツの高等教育機関における公務員の人材育成教育の現状は、アメリカ、中国、日本の高等教育機関における人材育成の状況とは異なる展開が見られる。しかし、ドイツにおいても、いわゆるボローニャ・プロセスによる高等教育の国際化の動きに対応して、公共政策系大学院において、公務員の人材育成教育に取り組む動きも見られるようになってきている。こうした大学院の展開について述べる前に、ドイツの公務員制度の人事システムの特徴について述べておきたい。

Ⅳ　公務員人事制度の特徴と公務教育の課題

1　公務員人事制度の特徴
(1)　公務員の職の構成

　ドイツの公務員の職は、行政職（高級職・大学卒）、執行職（上級職・大学入学資格）、書記職（中級職・実科学校卒）、書記補職（初級職・基幹学校卒）の4職群（ラウフバーン）で構成されている。行政職と執行職は、公法上の勤務関係に立つ公務員であるが、書記職と書記補職は、労働契約に基づく私法上の雇用関係に立つ公務被用者（非公務員）として労働三権が保障されている。公務員が上位の職群に昇任するには、上位のラウフバーンの試験に合格すること等が必要で、上級職から高級職への昇任は異例とされている。

(2)　公務員の採用

①　行政職の採用　　各ラウフバーンの初任官職は、各採用官庁設置の選抜委員会が筆記・口頭試験を実施し、各官庁が合格者を「条件付き」公務員として採用する。行政職の「条件付き」公務員（候補者給与1190ユーロ、2011年）は、2年間の「準備勤務」を経てラウフバーン試験に合格すると、「見習勤務」を3年間行う。「見習」期間中の職務能力を実証すると、生涯職公務員に任用される。任用時の年齢は27歳以上という資格要件があり、「行政職」公務員の大半は、法曹資格者で占められている。

　ちなみに、大学での法学教育は、4～5年の専門教育終了後、各州で第1次国家試験が実施され、合格者は2年以上法律、行政について「準備勤務」を行う。「準備勤務」後に行われる第2次国家試験は、法曹資格試験とラウフバーン試験を兼ねており、合格者は裁判官、弁護士、高級職公務員になることができる。公務員を志望する場合は、連邦・州政府に応募し、選抜されれば「見習」勤務を3年間行い、その実績で生涯職に任用される。

②　執行職の採用　　連邦・州政府等は、執行職も同様の手続きで「条件付き」公務員（候補者給与980ユーロ、2011年）として採用する。「条件付き」公務員は、各官庁内設置の行政専門大学校における3年間の教育・研修の修了後、ラウフバーン試験に合格すると、「見習勤務」を数年間行い、その実績により

生涯職公務員に任用される。
　③　公務員の人材育成の特徴　　C. Reichard らのヒアリング調査によると、各省の人事担当官は、法学的知識を身につけた者を選好し、省内における行政実務の研修実績を重視する傾向があるのに対し、省外部の行政専門大学の卒業生の実務能力に対しては不信感を抱き、外部の教育機関の出身者を採用することには消極的な傾向が見られる。では、省内部の行政実務の研修を信頼する根拠は何か。それは、古典的な公務員人材育成法への評価ということになる。
(a)　行政実務研修の有効性　　ドイツの人事担当官は、採用予定省におけるインターンシップの有効性を信頼し、官僚制の社会化（bureaucratic socialization）の効果を評価している。「条件付き」公務員は、インターンシップの期間中に省の行政文化の影響を強く受けるために、公務員の職業生活に順応しやすく、信頼に足る官僚へと成長していくと期待されている。「条件付き」公務員と学生の二重の身分を有する研修生は、親元省への帰属意識を強く持ち、省内でのインターンシップは、官僚制の一員としての連帯意識を強化すると考えられている。
(b)　報酬の支給効果　　報酬は、官僚制の社会化にインパクトを与える。もし研修生が公共セクターの雇用を継続することを拒否すれば、研修期間中に支給された大半の給与を返還しなければならず、報酬は多分に公共セクターへの帰属意識を高めるように作用する。人事担当官は、これらの特権を有する研修生が長年公共セクターに留まることを期待し、使用者である行政官庁は、民間と政府の異なる業務を自由に選択できる一般の卒業生には余り魅力を感じていないとされている。

2　公務教育の課題
(1)　行政職の公務教育
　行政職の大半の新規任用者は法曹資格者であり、行政管理、財務、コミュニケーション・スキル等について多くを学ぶ機会がない。このことは、ドイツにおける公務教育の検討課題と考えられている。公共問題の修士号を提供する２、３の大学は存在するものの、その学位を保有する卒業生に対する行政当局

の需要は非常に限られており、コンスタンツ大学の卒業生の一部が政府機関に雇用されているにすぎない。

他のヨーロッパ諸国の大学では、公共問題の学位保有者の供給が政府サイドの需要と実質的に合致しているが、ドイツの教育システムは、現代行政の要請に十分に対応しておらず、研修生は、政策の形成と実施に関して充分な訓練の機会を提供されていないと言われる。

(2) 執行職の公務教育

執行職の教育カリキュラムは、1970年代初期の開始時期と比べて変化が見られる。法律志向の専門大学の教育プログラムでも、管理、財政関連の教育内容を追加しているものが平均で22％、現代行政・行政管理の現状を理解させる政治学・行政学関連の教育内容を追加しているものが15％程度あるようである。

さらに、州政府のいくつかの行政大学校の教育プログラムが「外部移管」され、行政管理に焦点を合わせた新しい教育プログラムも登場するようになっている。しかし、大多数の教育プログラムは、法律の適用に焦点を合わせ、教訓めいた研修や学習方法も余り変わっていないが、その一方で学際的な研究プロジェクトや事例研究のセミナーを提供する専門大学も登場するようになっている。

(3) 公務教育の動向

1990年以降、ドイツ政府は、NPM改革に伴い公務員の行政管理能力の不足を認識するようになっている。そのため、政府において特に行政管理者の管理技能が求められる「執行職」公務員の研修に関して、伝統的な教育システムの変更を求める動きがみられる。1つは、政府内の行政大学校における教育内容の多様化の動きである。例えば、ノルトライン＝ヴェストファーレン、ブランデンブルクの各州では、比較的新しい行政管理の教育プログラムを提供するようになっており、また、「条件付き」公務員を対象にした政府内行政大学校の教育についても、16州政府のうち6州政府が、公務員志願の大学生を対象にした専門行政大学に改組してきている。

いま1つの動きは、専門大学における行政管理教育の展開であるが、主に経営管理学部において新しい教育コースが展開されつつある。ニーダーザクセン、バイエルン、ブレーメン、ベルリンの各州の専門大学の新しいカリキュラ

ムは、経営学の教育プログラムに類似しているが、公共セクター組織の専門分野に適用できるようにデザインされている。

ドイツの大学では行政管理の講座は少なく、その講座を設けている大学でも、行政管理教育に関する最近の動向にほとんど注目していない。その中で、コンスタンツ大学（バーデン＝ヴュルテンベルク州）は、行政学修士号の教育プログラムを提供している唯一の大学であった。最近では、ポツダム大学が行政学修士号の教育プログラムを提供するようになっている。

また、ベルリンの技術・経済専門大学と行政専門大学は、1994年以降PUMAと称する行政管理の新しい教育プログラムを共同で運営している。PUMAは、連邦教育研究省とベルリン州政府が設置した8学期制の教育プログラムである。

学生は、3学期の基本学習と1学期の公共セクターでのインターンシップを修了すると、3学期をかけて人事管理、財務管理、組織管理、マーケティングの専攻分野の中から1つを選択して地方政府か公営企業のいずれかの管理について学習する。最後の学期は、論文作成に当てられ、経営学修士号（MBA）に相当する学位が授与される。PUMAは、行政、公共事業、非営利セクター等が必要とする管理機能を学生に提供することを設置目的としているが、政府機関などが修了生に興味を示すようになっている。

(4) 公務教育の変化

ドイツの公務教育の変化については、カタツムリの歩みと揶揄されている。各省の管理者は、法律志向の官僚で構成され、彼らの業務は法律の支配の原則に基づき行われる。これらの管理者は、彼らの行為と決定の適法性と合法性を重視するため、同じタイプの新任の若手職員を選好しようとする。こうした法学的素養への選好は、ドイツの公務員制度における規則志向の官僚の行動様式の伝統と価値に基づくものである。

最近のNPM改革の影響で、行政文化の変化が幾分見られるようになっているが、雇用と教育の戦略へのインパクトは小さいようである。ドイツの伝統的な公務員制度がいったん構築されると、制度改革への道筋をつけようとしても、危機的な制度的出来事が起きない限り変化は難しいと考えられている。では、大学の教育システムに何らかの進展を期待できるのであろうか。

法学教育のバイアスは浸透しているものの、執行職の教育プログラムはより学際的になり、行政管理や政策志向のイシューを追加し、技能訓練も適切なものになってきている。しかし、伝統的な法学志向の教育法から逸脱するような動きは見られないようである。[20]

以上を要するに、ドイツの公務員の人材育成については、NPM 改革を背景に、行政専門大学を中心に行政管理志向の公務教育の動きも見られるが、行政職の場合、法律的素養を身につけた法曹資格者で占められ、執行職についても法学志向教育のバイアスが認められる。

こうした現況は、ドイツの大学における公務教育の検討課題とされているが、生涯職公務員の採用に際して、長期のインターンシップ（有給）による「見習」期間を設け、その仕事ぶりを評価して採否を決定している点は注目に値する。公務員の「見習」期間については、アメリカの連邦政府も公務員志望の学生と院生を対象にインターンシップ（有給）の試用期間を設け、職務実績により採否を決定している。わが国のように、エントリー・レベルの試験と面接の評価に基づき公務員を採用し、雇用のミスマッチが生じている昨今の状況に注目すると、大学において、インターンシップの「要卒単位化」を推進するとともに、公共セクター等においても、こうした長期のインターンシップの職務実績に基づき採否を決定する柔軟な任用を実施していく必要があろう。

V　公共政策系教育プログラムの認証状況

大学院の特別研究プログラムでは、Master の研究プログラムが 8 割を占めているが（ドイツ学長会議 Higher Education Compass の資料）、認証を受けた社会科学系の学位では、MBA プログラムが大きな比重を占めている。MPA プログラムの認証例は、現時点ではほとんどないが、行政学の Bachelor プログラム（6 学期）については、2006年にフランクフルト・アム・マイン（Frankfurt am Main）大学（FH）に開設され、FIBAA が2011年までの認証を与えている。また、公共政策系の修士プログラムでは、Public Policy、Governance und Public Policy、Public Management and Governance、Public Management などの修士プログラムが私立大学に開設されている。ちなみに、エアフ

ルト（Erfurt）大学（テューリンゲン州）のPublic Policyの修士プログラム（2年4学期）の場合、メインコースの教育は英語で行われ、学費は1学期1500ユーロ（4学期6000ユーロ）となっている。[21]

ドイツの特別研究修士教育プログラムを管見する限り、MBAプログラムの設置が増える傾向にあり、MPAプログラムなど公共政策系修士プログラムも設置されるようになっているが、コンスタンツ大学やポツダム大学など一部の大学や私立大学において設置されているにすぎない。

こうした状況は、250以上の公共政策系大学院がNASPAAに加盟し、MPA/MPP教育が盛んに行われているアメリカの状況や、後述するように、全国250以上の大学でMPA/MPPコース等を開設している中国の状況とは非常に対照的である。

ドイツの私立大学の公共政策系の修士プログラムでは、公務員のキャリア資格が得られることをアピールしているものもいくつかあるが、新規の公共政策系修士プログラムの設置が進展していないのは、伝統的なドイツの公務員育成教育の方式に馴染まないためであろうか。

ドイツの公務員の人材育成については、上述のように、伝統的に連邦・州政府の行政組織内に設けられる行政（官吏）専門大学において、中級・上級・高級職のラウフバーン（職類のキャリア・パス）に必要な準備教育が行われ、また、一般行政事務の高級職のラウフバーンの準備教育は、シュパイヤー行政大学院における専門課程の教育や研修を通じて行われている。シュパイヤー行政大学院は、ドイツで唯一の学部卒業後の教育を行う大学院大学である。行政学修士の専修課程コース（1年2学期）と博士課程のコース等が設けられ、2012年からは、学術修士（2年4学期）の四課程（行政学、公共経済学、法学、学術マネジメント）のコースが設けられている。[22]

ドイツでは、伝統的に行政内部に設けられた行政専門大学を中心に公務員の人材育成を行ってきた経緯があるが、今後、ボローニャ・プロセスに対応するために、こうした行政専門大学が、外部に開かれた専門大学に改組されるようになると、総合大学や私立大学などにおいても、公共政策系学位プログラムの設置数の増加を期待することができる。

183

Ⅵ 高等教育の国際化への対応

ボローニャ・プロセスは、2010年の「欧州高等教育圏」(EHEA)の設立を通じて高等教育の国際化を進展させるために、2サイクルの高等教育の普及を目指してきた。また、ベルリン会議で3サイクルの博士課程の研究体制の重要性を強調して以来、「欧州高等教育圏」と「欧州研究圏」(ERA)の連携を強化してきている。

ドイツでは、大学教授による博士号の研究指導を中心としながらも、ドイツ研究協会(DFG)研究研修グループ、国際マックス・プランク研究スクール、ヘルムホルツ研究センターの若手研究グループなどを中心に博士研究の指導を支援するようになっている。また、ドイツ北西部のライン川・ウェストファリア地方の大学を博士号研究の重点地域に指定し、ビジネスと科学の推進を図ろうとしている。国際的には、外国の大学院との連携を図り、フランスやイタリアと共同運営の博士学位プログラムを開設し、2005年には、DFGと日本学術振興会(JSPS)の支援のもとに、ミュンスター大学が名古屋大学と学術交流協定を結び、博士課程の学生の研究交流活動を支援している。[23]

こうしたEU諸国における高等教育の国際化への対応は、優れた人材を育成して国際的な就職市場に送り出そうという人事戦略が背景にある。ボローニャ・プロセスでは、EU各国の教育大臣やヨーロッパ大学協会(EUA)が高等教育の国際化の進展に大きな役割を果たしているが、アジアの国際会議において、アジア各国の教育大臣や学長が一同に会して高等教育や人材育成の課題等について論議するようなことは、寡聞にして聞いたことがない。

日本の場合、国際的な人材育成の課題となると、国際公務員の育成ということになるが、国際機関に勤務する専門職公務員の採用人事は、国連憲章第101条第3項が規定する公平な地理的配分(equitable geographical distribution)の原則により、望ましい職員数の範囲が「国連予算分担率55％・国連加盟国40％・人口5％」の基準で算定される。日本の場合、その算定数は300.65(2002年6月現在)であるが、その3分の1程度(103)の充員状況にある。[24]国際公務員の業務には、英語かフランス語の語学能力が必要とされるが、わが国の国際化戦

略としても、国連憲章の規定で割り当てられる貴重な国際公務員の算定枠を充員するということを最優先の人事課題にしなければならない。

外務省と文科省は、早急に共同で国際公務員の育成プロジェクトを立ち上げ、各大学の大学院レベルの研究プログラムなどと連携しながら、国際公務員の人材を育成していく必要がある。国際公務員の処遇が、国内の公務員と格差が生じる場合には、国が差額を補填することにより、国際公務員の有能な人材を国際社会に送り出すことが肝要である。

[注]
1)・2)・3)・4)・5) ドイツの大学学長会議 Higher Education Compass の資料（http://www.higher-education-compass.de/）を参照。
6) Akkreditierungsrat Work Report, 2000/2001, pp.3-4. Head Office of the Akkreditierungsrat, 2002
7) ボローニャ宣言については、Europe Unit, Objectives of the Bologna Process（http://www.europeunit.ac.uk/bologna_process/index.cfm）および Europe Unit, Guide to the Bologna Process（http://www.europeunit.ac.uk/resources/Guide%20to%20the%20Bologna%20Process%20-%20Edition%202.pdf）を参照。
8) プラハ・コミュニケについては、TOWARDS THE EUROPEAN HIGHER EDUCATION AREA Communiqué of the meeting of European Ministers in charge of Higher Education in Prague on May 19th 2001を参照。http://www.bologna-bergen2005.no/Docs/00-Main_doc/010519PRAGUE_COMMUNIQUE.PDF
9) ベルリン・コミュニケについては、"Realizing the European Higher Education Area", Communiqué of the Conference of Ministers responsible for Higher Education in Berlin on 19 September 2003を参照。http://www.bologna-bergen2005.no/Docs/00-Main_doc/030919Berlin_Communique.PDF
10) ベルゲン・コミュニケについては、From Berlin to Bergen and beyond, Ministers responsible for higher education in 45 European countries met in Bergen on 19-20 May 2005を参照。http://www.bologna-bergen2005.no/
11) リスボン戦略については、Lisbon Strategy を参照。http://www.europeunit.ac.uk/policy_areas/lisbon_strategy.cfm
12) ロンドン・コミュニケについては、London Communique, Towards the European Higher Education Area: responding to challenges in a globalised world, 18 May 2007を参照。http://www.dfes.gov.uk/londonbologna/uploads/documents/LondonCommuniquefinalwithLondonlogo.pdf
13) 認証評議会が規定する認証機関に対する認証基準とプログラム認証機関の申請プログラムに対する評価基準については、前掲6)、pp.38-50を参照。
14) Law establishing a foundation "Foundation for the Accreditation of Study Courses in Germany" of 15 Feb. 2005, Article 2 (Purpose of the Foundation) and Article6 (Organs

of the Foundation）

15) FIBAA, Quality Improvement in THE AREA OF MBA-PROGRAMMES, 2001
16) FIBAA PROFILE, Organization and Activities, May 2006, p.4　http://www.fibaa.de/engl/home.htm
17) Work Report 2005 of the Accreditation Council, Foundation for the Accreditation of Study Programs in Germany, p.24 http://www.akkreditierungsrat.de/fileadmin/Seiten inhalte/Veroeffentlichungen/Taetigkeitsberichte_englisch/WorkReport_2005.pdf
18) Peter Pirsch, The Bologna Process and the German Accreditation System in World-Class Practices; Report presented to the Management Education, Critical Issues. Collective Solutions October 15-17, 2006 held in Leipzig Graduate School of Management, The Westin Leipzig, Germany　http://www.aacsb.edu/handouts/WCPLeipzig06/A1%20Pirsch.pdf
19) 最近のドイツの私立大学の設置状況については、金口恭久「ドイツにおける私立大が設置の動向」『大学評価・学位研究』4号、2006年を参照。
20) ドイツの公務員の人材育成については、Christoph Reichard, Education and Training for New Public Management. International Public Management Journal 1 (2). 1998、Christoph Reichard and Manfred Robber, Inertia of Education and Recruitment in the German Civil Service, Paper presented at the EGPA conference, September. 2000、原田久「ドイツの公務員制度」村松岐夫編『公務員制度改革』学陽書房、2008年などを参照。
21) 学位プログラムの認証に関する資料は、Accredited Degree Programs - Central Database - Query Form のデータによる。http://www.hochschulkompass.de/kompass/xml/akkr/maske_en.html
22) ドイツのシュパイヤー行政大学院の概要については、縣公一郎「ドイツ公務員制度の近況と労働基本権」縣公一郎・坂本勝・久邇良子・牛山久仁彦『欧米における公務員の労働基本権に関する調査研究報告書』所収、行政管理研究センター、2007年、79頁以下、ヴィリ・ブリューメル（木佐茂男訳）「ドイツ連邦共和国における公務員の育成・研修の現状と諸問題」『自治研究』69巻5号、1993年、28頁以下を参照。
23) Gerhard Wagner, The Reform of Study Structures in German Undergraduate and Postgraduate Education, Tokyo 28 February 2006, pp.18-19. http://www.kokudaikyo.gr.jp/jacuie/img/houkoku_05/09_wa.pdf
24) 国連人事資料：Desirable range and weighted distribution of staff in posts subject to geographical distribution and weighted staff position, by Member State（as at June 2002）および人事院資料「国連事務局に勤務する日本人職員数の推移」2002年を参照。

第7章 中国の公共管理学院における公務員の人材育成

序

　中国の高等教育機関における公共政策系教育は、1990年代の時点で、全国的に30の大学において、行政学科・行政学専攻コースが開設されるという状況にあった。行政学修士（MPA）プログラムは、1988年に中国人民大学において初めて開設されているが、行政学関係の修士号を授与する大学は21大学、博士号を授与する大学はわずか3大学にすぎなかった。[1] 中国の大学では、2001年の「公共管理学院」におけるMPAコースの設置以降、MPA教育の比重が飛躍的に増大し、また、その動きに対応してMPA教育の質を評価する認証評価機関の必要性が認識されるようになっている。
　本章では、「公共管理学院」におけるMPA教育の概要と認証評価機関の設置およびMPA教育の課題と国際化への対応について検討するにあたって、まず、近代的公務員制度成立の経緯について述べることにしたい。

I　近代的公務員制度成立の経緯

1　国家公務員暫定条例の制定

(1) 条例制定前史

　中国の官僚制で連想されるのは、科挙制度である。周知のように、科挙制度とは、随代に始まり1905年（清代末）に廃止されるまで行われていた官吏登用試験制度のことである。この科挙制度の廃止後、中国では、近代的な官吏制度の形成に向けて模索の時期が続くことになる。国民政府樹立後の1929年に「官吏任用条例」が公布され、その後の修正を経て1933年に「官吏任用法」が制定されている。しかし、この官吏制度の基本法は、日中戦争の激化とともに全国

的な施行が困難となり、1949年の国民政府の崩壊とともに失効している。[2]

1949年中華人民共和国が成立すると、近代的公務員制度の構築に向けて新たな模索が始まり、「幹部人事管理制度」の導入および実施の時期を経て、公務員制度への転換に向けて法的基盤が整備されていく。1988年3月、第7回全国人民代表会議において政府機構改革案が可決されると、政府機関において公務員制度を試験的に実施することが決定されている。そして、同年、国家労働人事部を廃止して国家人事部を新設し、国家公務員制度の実施責任を負うこととし、公務員法規の起草に当たらせている。

1989年3月、中国の公務員制度は、国務院の6部局および哈爾浜市・深圳市において試験的に実施され、同年6月には北京で公務員公開採用試験が試行的に行われている。しかし、同月に発生した天安門事件の影響を受け、公務員採用試験実施の動きは鈍くならざるをえなかった。[3]

(2) 暫定条例の制定と実施状況

① 暫定条例の制定　その後、1992年の鄧小平の「南巡講話」—武昌・深圳・珠海・上海等における改革・開放に関する談話—を契機に、公務員制度への移行が図られていく。1993年4月、国務院常務委員会が「国家公務員暫定条例」(中国語では暫行条例)を採択し、8月李鵬首相の署名を得て同条例が公布されると、10月から中央政府機関および省・市・県・郷の地方各レベルの政府機関において実施されている。中国では、この「国家公務員暫定条例」の制定を通じて、近代的公務員制度への移行が期待されている。

すなわち、第1は、「幹部」から「公務員」への官吏概念の転換への期待である。中国では、「幹部」は「官吏」と同義語とされ、「官」が「民」を管理し、「官」を尊び「民」を見下すような「官」と「民」の関係を改善し、国民の下僕としての公務員概念を導入することにより、マルクス主義の規定する「幹部は人民の公僕」、「幹部は人民の雑役夫」という理念に近づけようとしている。

第2は、公務員の人事管理制度の法制化への期待である。中央政府機関(国務院各部局)および地方の省・自治区・直轄市・市・県・郷の各政府機関において職階制を実施し、各政府機関の公務員の採用試験を公開・平等・競争・択抜の原則に基づき実施し、公務員の昇進人事を徳才兼備の基準により、職務実

績と厳格な考課に基づき行うように期待している[4]。

② 暫定条例の実施状況　「国家公務員暫定条例」（以下「暫定条例」）の実施状況をみると、「暫定条例」施行直後の3年間で、公務員採用試験が3度実施されている。地方政府機関のレベルでも、28の省・自治区・直轄市などの政府機関において公務員採用試験が実施され、また、公務員の人事考課については1994年の時点で、人事考課の対象とされた公務員は513万5千人（職員総数の97.2%）、1995年には522万5千人（職員総数の98.9%）に達している。一部の省や市においては、「不称職」（職務不適）の評価を受けた公務員は降格処分を受けている。

1996年には、国家人事部は、公務員の「転任」人事を行うために「国家公務員職位輪換暫行弁法」を制定している。1996年の時点で、全国で5万2千人の公務員に対して転任人事が行われ、転任先は中央政府機関から省・直轄市・県・市・郷の地方レベルの政府機関にまで及んでいる。

また、情実による不公平・不公正な公務員の採用・昇進人事を改めるために、中央行政機関の60部門のうち25部門において、情実人事が行われる恐れがある人間関係をもつ管理職公務員107名のうち、人事行為を予め「回避」した公務員は83名（77.6%）に達している。

公務員の退職について、1995年「国家公務員辞職・辞退暫行規定」を制定し、中央・地方政府機関の人事部が積極的に公務員の辞職・辞退制度を実施した結果、辞職・辞退による退職公務員は約5千5百人に達している[5]。

2　中華人民共和国公務員法の制定

「中華人民共和国公務員法」（以下「公務員法」）は、12年間の「暫定条例」の実施期間を経て、2005年4月27日第10回全国人民代表大会常務委員会第15回会議において採択されている。「公務員法」は、胡錦濤国家主席令35号として公布され、2006年1月1日から施行されている。「公務員法」の施行で廃止された「暫定条例」は国家公務員という用語を使用していたが、中国では国家公務員と地方公務員の区別がないことから、「公務員法」では、〈国家〉を削除して単に〈公務員〉と改称されている。「公務員法」の規定は附則を含め107条で構成され、「暫定条例」（附則を含め88条）より規定が29条も追加されている。

ちなみに、「公務員法」の施行後最初の公務員採用試験は、2006年11月25日に全国各地の試験会場で行われている。公務員試験の受験資格の審査にパスした約53万人の志願者が受験した結果、約1万3千人が合格し、41人に1人が採用される難関になっている。[6]中国の就職状況が厳しくなっていることもあり、仕事の安定している公務員志願者が増えている。中国政府は、2010年までにすべての公務員に研修を実施して資質の向上を図り、公務員の人材育成を持続可能な社会発展の重要課題として位置づけている。2006年時点で、中国の公務員数は約650万人と言われるが、その内訳は約2万人の公務員が中央政府機関（国務院）に勤務し、残りの大半の公務員は地方レベルの省・自治区・直轄市・県・市・郷の各政府機関に勤務している。[7]

II 行政学の発展と公共管理学院の設立

1 行政学の発展

1980年代の後半から90年代の前半にかけて、中国の行政学の発展を裏づけるように学術団体や研究機関が設置されている。具体的には、1988年10月、行政学の学術団体として、中国行政管理学会が設置されている。行政管理学会は、中国の最大規模の行政学の学術団体であり、全国に7つの支部が設けられている。団体会員は、全国の大学および研究所と26の省レベルの行政管理学会で構成されている。

行政学の研究機関としては、1984年11月に国家労働人事部が全国行政学研究所を設置し、1994年には国家人事部が中国人事科学研究院を設置している。行政科学研究所と人事・人材科学研究所は、人事科学研究院に直属している。

また、1994年9月北京に国家行政学院が設置され、省・市レベル以上で46の地方行政学院が設置されており、[8]政府機関の人材を育成する全国ネットワークが形成されるようになっている。行政学関係の専門学術誌も刊行され、1985年に創刊された『中国行政管理』は、国家レベルの行政管理に関する唯一の機関誌である。このほか、『中国人事管理』、『中国公務員』、『中国人材』、『中国機構』などの雑誌が刊行されている。[9]

さらに、中国管理学会は、1991年以降日本行政学会（JSPA）と隔年ごとの相

互訪問を通じて学術交流活動を行ってきている[10]。しかし、日中行政学交流委員会の活動は、2000年から中断状況にある。日中行政学交流委員会の活動が停滞する中、中国管理学会（CPAS）とアメリカ行政学会（ASPA）の学術交流は、2000年以降、共同で国際会議を開催するなど活発に行われてきている。こうした学術交流が、中国における「公共管理学院」の設立とMPA教育の展開を刺激することになったと推察される。

2　公共管理学院の設立

中国の「公共管理学院」は、1999年5月の国務院学位委員会第17会議において決定された「公共管理碩士専業学位設置方案」に基づく、MPA（Master of Public Administration：行政学修士）プログラムの設置とともに開設されている。国務院学位委員会は、2001年8月に、「公共管理学院」におけるMPA教育の実施機関として、中国人民大学、北京大学、清華大学、中山大学など全国24の拠点大学を指定している。MPAプログラムの開設大学は2003年に47校に増加し、2009年時点の設置数は100校に達しているが、2023年時点では、全国各省・直轄市のMPA教育を行う大学は、286校（香港・マカオを除く）となっている[11]。

中国では、2006年1月に公務員法が施行され、公務員法第五条の規定する公開・平等・競争・択抜の原則に基づく採用試験を通じて公務員を選抜する一方、「公共管理学院」における公務員在職者に対するMPA教育を通じて、管理能力を身につけた人材を育成しようとしている。

Ⅲ　MPA教育の概要と認証評価機関の設置

1　MPA教育の概要

(1)　応募資格と応募状況

全国一斉に実施されるMPA試験の応募資格は、政府部門と公営企業などの非政府部門の職員で、3年以上の勤務経験のある者に限られる。各大学のMPAコース合格者の内訳は、政府職員が8割以内、公営企業職員が2割以内とされている。MPAコースの学修期間は3年間で、学費は3万5千元（2009

年時点1元約15円）とかなり高額であるが、MPAコースを修了した時点で学費が返金される場合もあり、所属組織からの委託（内地留学）の場合は、その組織が学費を負担するとされている。

　MPAコース設置大学の応募状況を見ると、1万1847人（2001年）→9532人（202年）→6732人（2003年）→1万1335人（2004年）→1万8609人（2005年）と推移し、入学者数は、各年度3506人→4225人→3828人→5733人と推移している。応募者数、入学者数とも増加傾向にあるが、2003年度の減少は、SARSの影響によるとされている。最初のMPAの修了者が出た2004年、全国の大学で総数3500人がMPA修士号（専門職）を取得している。[12]

　ここで、中国の公務員の人材育成において中心的役割を果たしている中国人民大学「公共管理学院」のMPAコースの応募状況を見ると、658人（2001年）→1233人（2002年）→585人（2003年）→591人（2004年）→912人（2005年）と推移し、入学者数の状況は、240人（2001年）→450人（2002年）→346人（2003年）→287人（2004年）→415人（2005年）となっている。2003年度の応募者数は、やはりSARSの影響で大幅に減少している。中国人民大学「公共管理学院」の入学者の総数（2006年までの6年間）は、2051人に達し、総数1040人がMPA修士号を取得している。[13]

　ちなみに、最近のMPAコースの全国の応募者数の推移を見ると、238万人（2018年）→290万人（2019年）→341万人（2020年）→377万人（2021年）→457万人（2022年）→474万人（2023年）というように、MPAコース開設当初と比べて、応募者数が飛躍的に増加しているのが特筆される。[14]

（2）MPAコースの学生定員とカリキュラム

　MPAコースの学生定員は、発足時100名に設定されていたが、学生定員は、各大学の教学能力や合格平均点の成績等により制限、削減されるため一定していない。現時点での入学定員は、50名のMPAコースから200名以上のMPAコースに至るまで多様である。なお、学生定員は、上限300名から2008年以降200名に変更されていたが、中国人民大学の募集人数（2024年度）を見ると、上限300名になっている。

　MPAコースのカリキュラムについては、例えば、福建師範大学のMPAコースのカリキュラム（2009年度）の場合、国務院学位弁公室の通知（2003年15

号）に基づき、①コア科目（計20単位）、②専門必修科目（各2単位計8単位）、③コース選択科目（各2単位計8単位）、④選択科目（各1単位計4単位）の4つで構成されている。コア科目は9科目、専門必修科目は4科目、コース選択科目は専門によって4つのコースに分かれ、各コースに4科目設置されている。このほか、広い視野を身に付けた総合能力を有する人材を育成するために選択科目（9科目）を設置し、⑤学術研究および社会実務の科目（各1単位計2単位）も設置している。設置科目と要卒単位数は、42単位となっている。

　MPAコースの院生は、上記の科目群の中から2年間で42単位を取得するように指導され、3年目に修士論文の指導が行われている。なお、MPAコースの要卒単位数は当初52単位とされていたが、修士論文の指導を強化するために、現在42単位に削減されている。

　また、これらのMPAコースのうち、北京大学には、通常のMPAコース以外に、国家行政学院（中国公務員研修所）と共同で運営する定員100名のMPAコースが設置されている。また、中国人民大学においてのみ、2007年に学部新卒者を対象とした30名定員（内5名は特待生）の全日制のMPAコースが開設されており、全日制のMPAコースの学生は、公共部門での1年間のインターンシップが義務づけられている。

2　認証評価機関の設置

　MPA教育の質の評価は、国務院学位委員会の委託を受けた「全国MPA学位教育指導委員会」（以下、MPA指導委員会）によって、2006年から実施されている。

　MPA指導委員会の『工作簡報』第67号（2006年11月）によると、2006年10月、浙江大学で開催された全国MPA教育評価会議において、①MPA教育を評価する専門家委員（5つのグループに分類）の任命資格を明確にし、5つのグループの構成委員（5名以上の奇数人数）は、当該グループの各委員が在籍する大学の評価を相互にできないようにする、②24大学のMPA教育（2001年開設）の評価については、できるだけ2つ以上の評価グループを参加させ、科学的で客観的な評価基準を設定するようにする、③評価に要する経費は評価を受ける大学に負担させず、評価予算を申請するようにする、という3つの方針が提言

されている。[16]

　また、2006年11月、24大学のMPA教育の評価について、清華大学から開始して南京大学で終了する評価日程が決められ、また、専門家評価委員全員が参加して24大学のMPA教育の総括評価を行う会議が、11月26日北京で開催することが決定されている。そして、この北京での24大学のMPA教育に対する評価結果は、2007年3月に公表されている。

　中国では、「MPA指導委員会」を中心に、まず2001年に開設された24大学のMPA教育の評価について行われ、残りの76大学におけるMPA教育の質の評価についても、順次行われている。

Ⅳ　MPA教育の評価基準と評価結果

1　MPA教育の評価基準

　中国のMPA教育は、管理能力を身につけた人材育成の「特効薬」のように期待されているが、MPAコースの開設が全国的に100校まで増加してくると、MPA教育の質をどのように保証するのか、MPA教育の質保証評価が喫緊の課題となっている。MPA教育の質を保証し、MPA教育の社会的認知度を高めるために、国務院学位委員会弁公室および全国MPA専業学位教育指導委員会は、「中国拠点大学MPA専業学位教育合格認証評估方案」を制定し、全国24の拠点大学に対して認証評価を実施している。

(1)　評価指標の体系

　MPA教育の評価指標として、1級指標は6項目、2級指標は25項目の基準を設定している。2級指標における25項目の評価点は、各4点の100点満点で集計し、「良好」か「合格」か「不合格」の判定が下される。合計して85点以上であればAランク評価の「良好」、70点以上であればBランク評価の「合格」、69点以下であればCランク評価の「不合格」の判定が下される。

　これらの基準をもとに、「良好」の評価が20項目以上ある場合、総合評価は「良好」と判定される。また、「良好」と「合格」の評価を合わせて20項目以上ある場合、総合評価は「合格」と判定され、「不合格」の評価が6項目以上ある場合、総合評価は「不合格」と判定される。認証評価の専門家班は、評価対

象者に最終評価報告書を提出するとともに、書面で見解を述べる。各大学が提供するデータは正確でなければならず、不誠実なデータを提供すると、関係する項目の評価は「不合格」と判定される。なお、各大学が提供を求められる調査データは、最新の3年間のものである。

(2) 1級指標と2級指標の評価基準

MPA教育の1級指標（6項目）の評価比率は、①「教育施設」の評価が16％、②「教員団」の評価が20％、③「教育管理体制」の評価が16％、④「教育実施体制」の評価が20％、⑤「教育効果・学位論文」の評価が16％、⑥「教育課程の特色」の評価が12％に対して、2級指標（25項目）の評価比率は各4％とされている。2級指標の評価基準は、以下のようになっている。[17]

① 教育施設の2級指標の評価

(a) 事例教育用設備　事例教育に関して、6教室（大教室1・中教室2・小教室3）以上の設置の有無を評価基準にして、OHP設備のある6教室以上の専用室を設置している場合は「良好」、6教室近くの専用室を設置している場合は「合格」、6教室を下回る通常の教室のみ設置の場合は「不合格」と評価される。

(b) マルチメディア教育用設備　コアコース科目の7割以上の科目がマルチメディア設備を使用して行われている場合は「良好」、その割合が5～6割である場合は「合格」、その割合が5割を下回る場合は「不合格」と評価される。

(c) 図書資料　院生によるネット情報の検索、専門図書資料の閲覧、関連する専門分野の図書館資料の利用が可能である場合は「良好」、専門図書資料の閲覧が可能である場合は「合格」、専門図書資料が不足し閲覧が可能でない場合は「不合格」と評価される。

(d) 情報機器　院生全員がキャンパスのコンピューターとインターネットを利用できる場合は「良好」、比較的多くの院生が利用できる場合は「合格」、院生の一部だけ利用できる場合は「不合格」と評価される。

② 教員団の2級指標の評価

(a) 教員数　全コア科目と専門科目を2名以上の教員が担当し、そのうち修士論文の指導教員が75％占める場合は「良好」、コア7科目と必修コア科目の7割を2名以上の教員が担当し、修士論文の指導教員が6割を占める場合は

「合格」、こうした要件を満たしていない場合は「不合格」と評価される。
(b) 教員履歴　　専門科目の常勤教員のうち、全員が准教授以上の職位か博士号を有し、博士号取得教員が5割以上を占める場合は「良好」、准教授以上の職位か博士号を有する教員が8割以上を占め、博士号取得教員が3割以上を占める場合は「合格」、准教授以上の職位か博士号を有する教員が8割に達していない場合は「不合格」と評価される。
(c) 教育経験　　コア科目を2度以上担当する学問的業績のある教員が8割以上で教授が5割以上である場合は「良好」、その教員が6割以上で教授が4割以上である場合は「合格」、その教員の割合が6割未満で教授が4割未満である場合は「不合格」と評価される。
(d) 実務経験　　政府・NPOの管理、プロジェクト研究に参加する常勤教員が6割以上で、社会人の職務・研修の経験者が2割以上である場合は「良好」、政府・NPOの管理、プロジェクト研究の参加者が5割以上である場合は「合格」、政府・NPOの管理、プロジェクト研究の参加者が5割未満である場合は「不合格」と評価される。
(e) 教員研修　　コア科目教員が毎年平均2度以上研修を受講し、大学のカリキュラム検討会や海外学術活動に参加している教育研究活動の記録がある場合は「良好」、そうした教育研究活動の記録が毎年平均1回程度ある場合は「合格」、そうした教育研究活動の記録が非常に少ない場合は「不合格」と評価される。
　③　教育管理体制の2級指標の評価
(a) 教務組織・職員　　教務組織に常勤職員と事例教育の技術職員を置いて院生を支援し、教学責任を明確にする学則や会議議事録を整備している場合は「良好」、教務組織に常勤職員を置いて院生を支援し、教学責任を明確にする学則を整備している場合は「合格」、教務組織を設置せず常勤職員を置かず、教学の関係資料が整備されていない場合は「不合格」と評価される。
(b) 教育研究支援・奨励　　教員の教育研究費（パソコン・ソフト・図書購入、コピー）の支援を行い、事例教材の作成と事例教育を奨励している場合は「良好」、教員に同様の教育研究費の支援を行っている場合は「合格」、教員の教育研究費の支援が少ない場合は「不合格」と評価される。

(c) 教育管理制度　　教員の論文指導、教育の質評価などの教育管理制度が整備され、教学・人事資料が適切に保管されている場合は「良好」、教育管理制度が基本的に整備され、教学資料が比較的保管されている場合は「合格」、教育管理制度が不完全で、教学資料の保管が十分でない場合は「不合格」と評価されている。

(d) 教育シラバス　　全コア科目と専門科目のシラバスが作成されて院生に配布されている場合は「良好」、7割以上のコア科目と専門科目のシラバスが作成されて院生に配布されている場合は「合格」、そうしたコア科目のシラバスが作成されず院生に配布されていない場合は「不合格」と評価される。

④　教育実施体制の2級指標の評価

(a) 教　　　　材　　専門家と院生による教材の評点（専門家6割：院生4割）が85点以上である場合は「良好」、評点が70点以上である場合は「合格」、評点が70点未満である場合は「不合格」と評価される。

(b) 事例研究　　40件以上の専門事例のうちコア科目で学習した事例が25件以上で、その事例教材を院生に配布し、10件以上の事例が編集中であることを文書で証明できる場合は「良好」、コア科目で学習した専門事例が20件以上で、その事例教材を院生に配布し、10件以上の事例が編集中であることを文書で証明できる場合は「合格」、上記の要件に達していない場合は「不合格」と評価される。

(c) バイリンガル教育　　外国語教材を使用して教育を行い教育効果がある場合は「良好」、外国語の講義を行い、国際学術会議に院生を参加させて教育効果がある場合は「合格」、こうした外国語の講義や教育活動がない場合は「不合格」と評価される。

(d) シンポジウム・実習活動　　学内外の専門家・公共管理部門の実務家を招きシンポジウムを10回以上開催し、院生の実習活動を1回以上行い教育効果がある場合は「良好」、こうしたシンポジウム開催と院生の実習活動への参加が合計10回以上である場合は「合格」、こうしたシンポジウム開催と院生の実習活動への参加が合計10回未満である場合は「不合格」と評価される。

(e) 大学での学習時間　　MPA修了者の取得科目の8割以上が大学での学習で履修され、そのうち85％以上の科目を常勤教員か専門分野の非常勤教員が

担当している場合は「良好」、取得科目の7割以上が大学での学習で履修され、7割以上の科目を常勤教員か専門分野の非常勤教員が担当している場合は「合格」、上記の要件を満たしていない場合は「不合格」と評価される。
　⑤　教育効果・学位論文の2級指標の評価
(a)　学生定員と合格点　　MPAコースの入学者数が募集定員を下回り、合格平均点が24拠点大学中上位に位置するため、募集定員が制限されたり削減されたりしていない場合は「良好」、入学者数が募集定員より少ないが、合格平均点が24大学中下位に1度位置するため、募集定員が制限されたり削減されている場合か、入学者数が1度だけ募集定員より多いが、合格平均点が24大学中上位に位置するため、募集定員が制限されたり削減されていない場合は「合格」、入学者数が募集定員をすべて上回り、合格平均点が24大学中下位に位置するため、募集定員が2度以上制限されるか削減されている場合は、「不合格」と評価される。
(b)　学習効果　　コア科目の学習に対する院生の評点平均が85点以上の場合は「良好」、評点平均が70点以上の場合は「合格」、評点平均が70点未満の場合は「不合格」と評価される。
(c)　論文指導教員と指導体制　　実務家が参加する論文指導の体制が整備され、論文の指導教員が公共管理の豊富な専門知識を有し、論文査読などの指導が厳格で有効である場合は「良好」、こうした論文の指導体制が整備され、論文の指導教員が公共管理の専門知識をある程度有し論文の指導が比較的いい場合は「合格」、上記の要件を満たしていない場合は「不合格」と評価される。
(d)　論文の質　　抽出した論文の85％以上が学術的価値のある公共管理に関するもので、理論と現実がマッチした論文内容である場合は「良好」、こうした論文内容の比率が70％以上である場合は「合格」、上記の要件を満たしていない場合は「不合格」と評価される。
　⑥　教育課程の2級指標の評価
(a)　専門教育課程の特色　　4つ以上の専門課程コースに合理的な科目を配置し、その3倍以上の選択科目を設置している場合は「合格」、3つ以上の専門課程コースに合理的な科目を配置し、その2倍以上の選択科目を設置している場合は「合格」、上記の要件を満たしていない場合は「不合格」と評価される。

(b) 政府との協力関係　　学生募集・人材育成・公共管理フォーラム開催・学術研究等に関する大学と政府の協力関係が緊密であるとして、専門家の評点が85点以上の場合は「良好」、その評点が70点以上の場合は「合格」、その評点が70点に達していない場合は「不合格」と評価される。

(c) 国際・地域との学術交流　　国際・地域（台湾・香港など）の大学と緊密に協力して教育を行い、人材育成や学術交流・書物の出版に関して多くの共同プロジェクトを行っているとして、専門家の評点が85点以上である場合は「良好」、その評点が70点以上である場合は「合格」、その評点が70点に達しない場合は「不合格」と評価される。

2　MPA教育の評価結果

　中国の「MPA指導委員会」は、上述の評価基準に基づき、2006年11月にMPA教育の質を評価する調査日程を決定し、2007年3月の時点で、全国24の拠点大学のMPA教育の質評価をすべて終了している。

　「MPA指導委員会」の24拠点大学の1級指標と2級指標の評価結果に関するYao Xianguo（姚先国）の2007年の調査表によると[18]、「教育施設」の評価（16％）では、「マルチメディア教育」はすべて「良好」と判定され、「事例教育用設備」、「図書資料」、「コンピューター・ネットワーク」については、23大学が「良好」、1大学が「合格」と判定されている。

　「教員団」の評価（20％）では、「教員数」は19大学が「良好」、5大学が「合格」と判定され、「教員履歴」は14大学が「良好」、10大学が「合格」と判定されている。また、「教育経験」は23大学が「良好」、1大学が「合格」、「実務経験」と「教員研修」は22大学が「良好」、2大学が「合格」と判定されている。

　「教育管理体制」の評価（16％）では、「教務組織と職員」は24大学がすべて「良好」と判定され、「教育研究支援と奨励」と「教育シラバス」は23大学が「良好」、1大学が「合格」と判定されている。また、「教育管理制度」は22大学が「良好」、2大学が「合格」と判定され、「教材」は21大学が「良好」、3大学が「合格」と判定されている。

　「教育実施体制」の評価（20％）では、「事例研究」は17大学が「良好」、7

大学が「合格」と判定され、「バイリンガル教育」は11大学が「良好」、13大学が「合格」と判定されている。また、「シンポジウム・実習活動」は24大学がすべて「良好」と判定され、「大学での学習時間」は23大学が「良好」、1大学が「合格」と判定されている。

「教育効果・学位論文」の評価（16％）では、「学習効果」は24大学すべて「良好」と判定されているが、「学生定員と合格点」は17大学が「良好」、6大学が「合格」、1大学が「不合格」と判定されている。また、「論文指導教員」は18大学が「良好」、6大学が「合格」と判定され、「論文の質」は21大学が「良好」、3大学が「合格」と判定されている。

「教育課程の特色」の評価（12％）では、「専門教育課程の特色」と「政府との協力体制」は、20大学が「良好」、4大学が「合格」と判定され、「国際学術交流」は19大学が「良好」、5大学が「合格」と判定されている。

以上の判定結果は、教員履歴、事例研究、バイリンガル教育、学生定員と合格点、論文指導教員の質など、MPA教育の実施体制の問題点を浮き彫りにしている。

続いて、24拠点大学の大学別の評価結果に関する上述のYao Xianguoの調査表によると、19大学の総合評価が「良好」、5大学の総合評価が「合格」と判定されている。このうち、清華大学と中国人民大学は、25項目の二級指標の評価基準がすべて「良好」という高い評価を受けている。また、南京大学、浙江大学、厦門大学は、「良好」の評価が23項目、北京大学、北京師範大学、復旦大学、国防科技大学、華中科技大学、中山大学は、「良好」の評価が22項目に達するということで、総合評価は「良好」と判定されている。これに対して、中国農業大学、天津大学、東北大学、華東師範大学、武漢大学の5校については、「良好」の評価が20項目を下回っているものの、「合格」の評価を合わせて、総合評価は「合格」と判定されているが、中国農業大学の場合、学生定員と合格平均点の項目が唯一「不合格」という判定結果になっている。

なお、評価がすでに終了している24大学を除く76大学のMPAコースの評価活動は、北京オリンピックの開催を控えて延期されていたが、2009年3月の国務院学位委員会弁公室の「MPA専業学位教学合格評価通知」によると、第2段階で設置された大学のMPAコースの評価が2009年5月にスタートし、

中国の MPA 教育の質に対する評価活動が再開されている。

　この通知書によると、評価を申請する大学は5月から9月の期間に自己評価書を作成し、9月から10月の期間に提出された自己評価書に対する専門家班の評価が行われ、10月15日までに「MPA 指導委員会」事務局が書類審査の結果を通知し、審査にパスした大学に対して12月中に現地調査が行われるという日程が決められている。[19]

V　MPA 教育の課題

1　MPA 教員の資質向上

　MPA 教育を担う教員の間で、MPA 教育の目的や中国の行政問題の本質について共通の認識が不足し、事例教育の方法について熟練していないと言われる。そのため、全国 MPA 教育指導委員会は、実務経験を積ませることの必要性を認識し、MPA コースの教員を政府組織に派遣するように計画している。また、全国 MPA 教育指導委員会は、マックスウェル・スクール、コロンビア大学など海外の大学教授や国内政府機関の責任者を研修講師として招いて、MPA コースの教員の資質向上を図ろうとしている。

　また、中国の MPA 教育は、MPA コースの開設にあたって米国のケネディー・スクール、マックスウェル・スクールなどの行政大学院の協力を得て、米国版の MPA 教育をモデルとして発足したという経緯から、アメリカ行政学の文献が数多く翻訳され、中国の MPA 教育は外国特にアメリカ行政学の文献などを教材として行われる傾向にある。[20] それ故、中国の MPA 教育の現状は、中国社会の実情に合った教育が行われていないという問題も生じている。

　確かに、政治体制も制度も異なるアメリカ行政学の文献を MPA コースの主要な教材として使用する方法は、中国の行政機関の職員が MPA コースにおいて8割を占めるという現状を考えると、教育効果の点で限界があると言わざるを得ない。中国の MPA 教育は、MPA 教育の〈中国化〉と国際水準の人材育成を行うための〈国際化〉という2つの要請のジレンマに直面している。

2 MPAコースの学費軽減と全日制コースの増設

　MPAコースの授業料は、かなり高額であるため（北京大学の場合4万元）、MPAコースに在籍する公務員は、若手の公務員よりも高額の授業料を払える年齢層が中心になる傾向が見られる。MPAコースにおいて、管理能力を身につけた若手公務員の人材を育成しようとすると、高額の授業料の負担を強いることになるため、若手公務員の学費の軽減措置を講じる必要がある。

　中国人民大学「公共管理学院」の全日制MPAコースは、当初大学の新卒者を対象に開設されていた（定員30名）。現在、全日制のMPAコースは、社会人在職者を対象にしており、制度上日米の公共政策系大学院のように、公務員志望者を対象にMPA/MPP教育を行うというものではない。中国人民大学の全日制MPAクラスの募集は、2021年度以降、従来の募集とは異なり、中国の少数民族の人材育成政策の一環として、「新疆枠」のMPA全日制コースの募集が行われてきている。この「新疆枠」の院生の授業料・生活費は主に国が負担する代わりに、卒業後必ず「新疆」に就職しなければならないとされている。こうした少数民族を対象にした「入学枠」の設定は、北京師範大学など他大学でも行われているが、学生の入学に関するNASPAAの認証基準に適合するための対応という一面もある。

　なお、中国人民大学のMPAコースの募集人数（2024年度）は、全日制の院生募集が40名、非全日制の院生募集が255名となっており、全日制の募集人数が、2007年度の募集定員より10名増えている。今後、中国の公共管理学院における公務員の人材育成の課題として、大学卒業後の新卒者を対象にした発足当初の全日制MPAコースが、増設されることを期待したい。

3　MPAの学位評価の改善

　こうした高額の授業料の軽減や全日制コースの増設という課題が、仮に将来解決されたとしても、MPA学位に対する学歴評価が問題になる。現在、MPAコースの修士学位は、「専門職」の学位として規定されている。そのため、アカデミックな修士学位が大学院修了の学歴評価を受けているのに対して、MPAの修士学位は同等の学歴評価を受けていない。中国では、公務員の昇任や昇給が最終学歴の評価で行われるため、MPA学位証書の社会的価値を低下

させている。MPA教育の社会的な評価を高めるには、「専門職」の修士学位を他の修士学位と同等の学歴評価に改善するための対策が必要になる。[21]

4　事例教育の不足

事例教育については、教員は行政問題の事例を提示し、その事例について解決策を学生に論議させることが重要であるが、事例研究の教育に熟練している実務家教員が不足している。また、米国などの海外留学組がMPA教育を行う場合、外国の行政理論などを中心に取り上げる傾向が見られ、中国の行政事例を取り上げようとしても、中国行政の実務に精通している教員が不足しているという問題がある。いずれの国の大学においても、MPA教育には公共管理部門の実務経験を有する教員が必要であるが、中国のMPA教育の現状では、実務経験者の参加が容易ではなく、実務家による教育は1～2回程度の講義にとどまっていると言われる。[22]

しかし、最近では、清華大学「公共管理学院」が事例研究の盛んなハーバード大学ケネディー・スクールと提携して、中国の事例学習の教材として、『中国公共管理案例』（2分冊）を出版し、ケネディー・スクールの事例研究の中国語訳をテキストとして活用して、行政問題に対する分析能力や問題解決能力を育成しようとしている。

なお、中国の大学では、ここ数年アメリカ行政学の文献の翻訳作業が活発に行われ、MPAコースの教員と学生は、大学間の競争的翻訳作業を通じて、アメリカ行政学の文献に母国語で接する機会が大幅に増えている。こうした翻訳作業によるアメリカ行政学の摂取は、わが国の行政学が経験したように、過渡期の現象として理解すべきなのであろうか。

今後、中国の行政学は、文化被拘束性（culture bound）の問題に留意して行政の比較研究を発展させながら、MPA教育では中国の行政事例を教材として活用し、国際基準に適合する人材育成に取り組んでいくものと思われる。中国のMPA教育は、中国固有の行政理論を構築するための行政の「中国化」と、国際基準に見合う人材を育成するための行政の「国際化」という2つのジレンマ的目標を実現するという課題に挑戦していくことになる。

Ⅵ　MPA 教育の国際化への対応

　中国の MPA 教育は、管理能力を身につけた人材育成の「特効薬」のように期待されてきているが、MPA コースの開設が、全国的に100校の規模から現在の285校の規模まで増加してくると、MPA 教育の質をどのように保証するのか MPA 教育の質の保証評価への関心が高まるようになってきている。
　中国の MPA 教育の質の評価は、これまで「MPA 指導委員会」の評価基準として①教学設備、②教授陣の質、③教育管理体制、④教育内容、⑤教育効果および修士論文の質、⑥教育方針の特色の 6 つの一級指標の評価基準と、25の二級指標の評価基準などに基づき行われてきている。中国の場合、MPA 教育の質の評価は、「国務院学位委員会」の委託を受けた「MPA 指導委員会」によって行われてきており、この「MPA 指導委員会」が現時点では、MPA 教育の「認証評価機関」としての役割を果たしてきている。
　ヨーロッパでは、第 6 章で検討したように、2010年の「欧州高等教育圏」（EHEA）の設立を契機に、EU 加盟国を中心とした「単位互換制」（ECTS）の導入や資格認証制度、インターンシップの実施などの影響を受けて、国内外で取得した高等教育の学位などの学歴を各国間でどのように承認するかという問題への関心が高まるようになってきている。
　EU 加盟国を中心にした高等教育の国際化・統合化の動きに対応するため、中国の「公共管理学院」においても、グローバルな認証基準に適合する公務の国際人材を育成しようという動きが加速するようになっている。
　こうした動きの中、清華大学は、2011年 5 月にアメリカの認証評価機関の NASPAA に加盟し、2012年に海外の大学として初めて申請を行い、 1 年半後の2013年 7 月に NASPAA の評価基準に適合すると「認証（認証）」（accredited）［ 7 年間有効］されている。
　その後の NASPAA への申請状況をみると、中国人民大学（2017年）、上海財経大学（2018年）、対外経済貿易大学（2019）、浙江大学（2019年）、北京師範大学（2021年）、清華大学（2022年再認証）、中山大学（2023年）の MPA プログラムが、それぞれ「認証」されている。なお、NASPAA には、2023年現在、アメ

リカ内外の310の公共政策系大学院が加盟し、193校の209プログラム（加盟校の67％）が認証されている。

ちなみに、NASPAAへの申請に関連して、MPAプログラムを設置している「公共管理学院」の申請時の英語表記が、School of Public Policy and Management から、School of Government（北京師範大学）、School of Public Administration and Policy（中国人民大学）、School of Public Administration（対外経済貿易大学）、School of Government（中山大学）、School of Public Affairs（浙江大学）、School of Public Economics and Administration（上海財経大学）というように変更されているのが注目される。

こうしたMPAプログラム設置大学における名称変更の動きは、高等教育の「国際化」に対応するための取り組みとして注目されるだけでなく、「博士課程」の開設を予定している昨今の状況を見ると、専門職大学院の修士号（専門職）「学位」の地位を高めようという意図があるように思われる。

中国の「公共管理学院」におけるMPA教育は、設置から20年以上が経過した現在、従来の専門職大学院としての役割に加え、国際基準の専門職人材や「研究者」の育成を目指そうという方向にもシフトしようとしている。

[注]
1） Caroline Tong and Jeffrey Straussman, "A Master of Public Administration Degree with Chinese Characteristics?," in Journal of Public Affairs Education, 2003, No.2, p.107.
2） 熊達雲「中国の新国家公務員制度について」『季刊行政管理研究』No.65, 1994年、65頁。
3） 周帆「中国公務員制度の回顧と展望」『創価法学』31（3）、2002年、101頁。
4） 周帆、上掲稿、120-122頁を参照。また、魯義『現代中国幹部制度概要』、行政管理研究センター、1987年、伍岳中「中華人民共和国における人事管理制度」1・2『季刊人事行政』、No.42, 1988年・No.43, 1989年、毛桂榮・白智立「中国における公務員制度の構築」『季刊行政管理研究』No.112、2005年などを参照。
5） ここでの記述は, 中国行政管理学会学術部主任靳江好報告「中国国家公務員制度的建立与改革」（1998年第4回中国行政管理学会訪日団研究会提出資料）による。
6） 公務員試験の統計は、「国務院教育部2007年度仮採用公務員人選公示広告」、2007年3月29日による（http://www.sina.com.cn）。
7） 中国の公務員数は、2006年の人事院資料「中国政府の公務員制度」（http://www.jinji.go.jp/kisya/0605/nichukan-bessi3.pdf）によると約650万人であるが、2003年のTong and

第Ⅱ部　各国の高等教育機関における公務員の人材育成

Straussman の論文によると約540万人となっている（［2003］p.107）。この公務員数で比較すると、中国の公務員数は3年間で約110万人増えていることになる。

8）　毛桂榮「公共管理と MPA」『季刊行政管理研究』No.99、2002年、63頁。
9）　ここでの記述は，中国行政管理学会『中国行政管理』編集部主任鮑靜報告「中国行政科学的発展」（1998年第4回中国行政管理学会訪日研究会提出資料）による。
10）　ちなみに、筆者も1994年訪中団（片岡寛光団長）の一員として参加し、北京の民族飯店会議室における学術研究会で「日本とアメリカの公務員制度」と題して報告し、研究会終了後一行は「中南海」を訪れ国務委員兼国務院秘書長罗幹氏と面談する機会にめぐまれた。公務員制度の問題は当時から中国側の一大関心事であった（片岡寛光「日中行政学交流委員会「94年度訪中報告」、『季刊行政管理研究』、1994年、No.68. 33-36頁）。
11）　2023年2月時点の「公共管理学院」の設置数（香港、マカオを除く）については、https://mp.weixin.qq.com/s?__biz=MjM5MDI2Njk5Mw==&mid=2653901049&idx=4&sn=fbee6e9aa73f404cd124ae80326d8eac&chksm=bd9c93e78aeb1af18bf9e61318549a95561f974ded0abcddbc4433fe8180bedc0baa87c969a1&scene=27の HP を参照。
12）　全国 MPA 設置大学の応募者数・入学者数・MPA 取得者については、紀宝成「在2005年 MPA 教育検討会上的講話」（全国公共管理碩士専業学位教育指導委員会『中国MPA 通訊』所収、2006年、13頁を参照。
13）　中国人民大学の志願者数・入学者数・MPA 取得者数については、人民大学 HP（http://enghsh.ruc.edu.cn/en/100378/）および Guangjian Xu, QualityAssessment of MPA Program in Renmin University of China, paper presented to the International Quality Conference in Public Affairs Education, Dubai, UAE, December 2007を参照。
14）　2018年～2023年6年間の MPA 応募者数の推移は、上掲 HP の資料を参照。
15）　福建師範大学「公共管理大学」の MPA カリキュラムの概要については、公共管理学院の HP（http://glxy.finu.edu.cn/www/59/2009-06/394.html）を参照。
16）　ここでの記述は、「全国 MPA 学位教育指導委員会工作簡報」（第67回）、MPA 教育指導委員会秘書処、2006年11月6日による。http://www.mpa.org.cn/displaynews1.asp?id=681
17）　MPA 教育の評価指標の体系と評価基準の詳細については、国務院学位委員会・弁公室全国 MPA 教育指導委員会「中国高校公共管理碩士（MPA）・学位教学合格評估方案」『中国 MPA 通訊』所収、2006年7月、22-26頁を参照。
18）　Yao Xianguo, Quality Control System and Assessment of MPA Education in China, Table 2, paper presented to the International Quality Conference in Public Affairs Education, Dubai, UAE, December 2007.
19）　中華人民共和国国務院学位委員会「関於開展中国高校公共管理碩士（MPA）専業学位教学合格評估工作的通知」（学位弁公室［2009］18号）2頁。
20）　Caroline Tong and Jeffrey Straussman, "A Master of Public Administration Degree with Chinese Characteristics?," in Journal of Public Affairs Education, 2003, No.2, pp.110-111.
21）　郭曉来・袁金輝「中国 MPA 教育回顧与展望」『国家行政学院学扱』、2007年3月、87-88頁。
22）　朱立言「中国 MPA 的十大貢献」（http://zaizhi.eol.cn/mpa_xin_wen_5387/20070117/t20070117_214909.shtml）を参照。

第8章 日本の公共政策系大学院における公務員の人材育成

序

　近年、高等教育機関における公務員の人材育成教育のあり方が、グローバルな問題になってきている。ドイツでは、「欧州高等教育圏」(EHEA)と「欧州研究圏」(ERA)の設立を契機に、新しい学位制度や単位互換制度(ECTS)の導入等の教育制度改革と博士研究者の人材育成に取り組み、高等教育の質を評価するために、認証評価機関が設置されている。

　また、アメリカでは、ベビーブーム世代の大量退職による公務員の人事危機に対処するために、公共政策系大学院におけるMPA/MPP教育を通じて、連邦政府と地方政府の幹部要員の人材育成に取り組み、MPA/MPPプログラムの質を評価するために、NASPAAが設置されている。さらに、中国では、WTOへの加盟を契機に、公共管理学院におけるMPAプログラムを中心に政府の効率的な運営に貢献できる管理能力を身につけた人材育成に取り組み、MPAプログラムの質を評価するために、認証評価機関が設置されるようになっている。

　本章では、こうした各国の高等教育機関における公務員の人材育成の動向を踏まえ、わが国の公共政策系大学院における公務教育の現状と課題などについて検討し、公共政策系大学院教育の国際化への対応について述べることにしたい。

I 高等教育機関における公務教育の意義と公共政策系専門職大学院の設立

1 高等教育機関における公務教育の意義

かつて、蝋山政道は「公務員制度の本質」（1958年）において、公務員制度と教育制度との「連関」の重要性に着目して次のように述べている。

「この公務の民主主義的な能率的な運営ということの大部分は、公務員自身の資質・能力・精神に負うている。したがって、行政や公務の意義を理解し、実践しうる公務員をつくることが先決問題である。しかし、いままでわが国でこうした問題にどれほどの考慮が払われて来たであろうか。旧官僚制度を生み出し、旧官僚制度を育成したといわれる旧帝大教育制度は実質的にどれほど改善されたであろうか。就職後に若干の努力が払われてきて来ているけれども、公務員の資質・能力・精神の大部分がすでに形成される教育制度又は学制について如何なる検討が払われて来たか、これは実に驚くべきほど怠慢であったのである[1]」。

こうした65年前の重要な指摘にも関わらず、今日のわが国の公務教育の実情は、公務員研修所等における在職者研修こそ活況を呈しているとはいえ、公務員としての資質・能力・意識の形成に重要な影響を持つ大学における公務教育への対応は、上述のアメリカにおける状況と比較すると、依然として遅れていると言わざるをえない。

わが国の大学教育の特徴を見ると、法律的側面を中心とした行政の研究、教育が伝統的に大きな比重を占め、今日の行政問題の多面性を配慮した総合的な視点から、行政の研究・教育を展開させようとする試みはほとんどなされない状況にあった。また、大学の外に設けられた行政の専門調査機関（東京市政調査会等）、各種の公務員研修所（国と地方）、自治大学校、警察大学校、司法研究所等においても、専門的、個別的な行政の研究、研修に力点が置かれ、行政の総合的な研究、研修の側面については十分な配慮がなされているとはいえない状況にあった。

こうした状況にあって、1976年にICUに設置された行政学研究科（修士課程

と博士課程）の存在は、わが国最初の「行政大学院」として注目されるだけでなく、社会諸科学の学際的協力に基づく総合的な行政の研究、教育を試みようとしている点で、評価されるものであった。

行政のスペシャリスト——行政管理的側面についての知識と技術を身につけた専門人——の育成とともに、行政のゼネラリスト——行政全般にわたる広い視野を身につけ政策に関してリーダーシップを発揮できるような総合人——の育成を目的として、学際的な視点から行政教育を試みようとしている点に注目する限り、ICUの構想は、第5章で紹介したマックスウェル・スクールの日本版ともいうべき特質をもつものといえよう。

ICUの「行政学研究科」の設置を契機に、大学院におけるこの種の「研究科」を増設することが切望されていたが、近年に至って、ようやく公共政策系の専門職大学院や学部・大学院が開設されるようになってきている。

2　公共政策系専門職大学院の設立

わが国における専門職大学院制度は、2002年の中央教育審議会の「国際水準の高度で実践的な教育を行い、社会経済の各分野で指導的な役割を果たし、国際的にも活躍できる人材を育成する」とする「大学院における高度専門職業人育成について」の答申に基づき、2003年に導入された。

2009年10月現在、専門職大学院（法科大学院を除く）は、60大学（うち大学院大学13大学）に84専攻が設置されている。分野別では、経営（32専攻）、会計（17専攻）、公共政策（8専攻）、公衆衛生（3専攻）、知的財産（2専攻）、臨床心理（5専攻）、その他（17専攻）となっており、設置者別では、国立（16大学25専攻）、公立（4大学6専攻）、私立（35大学47専攻）、学校設置会社立（5大学6専攻）となっている。このうち、公共政策系「専門職」の学位課程は、次の8つの大学院で開設されている。

①早稲田大学大学院政治学研究科公共経営専攻・公共経営修士（専門職）［以下、早稲田大学大学院］、②東北大学大学院法学研究科公共法政策専攻・公共法政策修士（専門職）［以下、東北大学大学院］、③東京大学大学院公共政策学教育部公共政策学専攻・公共政策学修士（専門職）［以下、東京大学大学院］、④徳島文理大学大学院総合政策研究科地域公共政策専攻・公共政策修士（専門

職)、⑤北海道大学大学院公共政策学教育部公共政策学専攻・公共政策学修士(専門職)[以下、北海道大学大学院]、⑥一橋大学大学院国際公共政策学教育部公共政策専攻・国際行政修士(専門職)[以下、一橋大学大学院]、⑦京都大学大学院公共政策教育部公共政策専攻・公共政策修士(専門職)[以下、京都大学大学院]、⑧明治大学大学院ガバナンス研究科ガバナンス専攻・公共政策修士(専門職)[以下、明治大学大学院]

これらの公共政策系大学院の組織は、他の研究科から独立した設置形態ではなく、東京大学の場合のように、政策の形成・実施・評価の専門家を育成する専門職学位課程として、他の法学政治学研究科と経済学研究科と連携する「公共政策学教育部」(研究科名)として「公共政策大学院」が設置されており(2004年4月)、北海道大学、一橋大学、京都大学の旧国立大学の場合も、同様の設置形態である[3]。

また、これらの公共政策系専門職大学院においては、そのほとんどが国家公務員、地方公務員、国際機関スタッフ、NPO/NGO職員、地方企業の職員などに必要な政策課題の解決に関する専門的知識を身につけ、高い職業倫理観をもつ人材の育成を教育目標として掲げているという特徴がある。

こうした公共政策系専門職大学院の設置とともに、「高度の専門職業人」の人材の育成を目指す修士課程の教育プログラムに対する質を評価し、保証する認証評価機関設置の必要性が説かれるようになっている。

II 認証評価制度導入の意義と専門職大学院の認証評価機関の設置

1 認証評価制度導入の意義

わが国の場合、高等教育機関に対する設置認可は、学校教育法の定める大学設置基準、大学院設置基準等の設置基準に依拠し、大学設置・学校法人審議会の答申に基づき文部科学大臣が行うと定められている。

この大学設置認可のしくみに対して、大学設置認可後に大学に置かれる教育プログラムに対して行われる審査のしくみが、学校教育法に基づく「認証評価」である。この「認証評価」は、文部科学大臣から、法令に基づく審査を経

て認可される「認証評価機関」が行うとされ、大学の認証評価システムは、「大学機関別認証評価」と「専門職大学院認証評価」に分かれ、「大学機関別認証評価」は 7 年（以内）の周期で、専門職大学院の認証評価は 5 年（以内）の周期で行うことが定められている。

2 専門職大学院の認証評価機関の設置

　わが国においては、法科大学院の開設に続いて、公共政策や会計の専門職大学院などが相次いで開設され、法科大学院の認証評価機関として、日弁連の法務研究財団（2004年 8 月）と大学評価・学位授与機構（2005年 1 月）が設置されるという状況にあった。近年、公共政策系学部・大学院の開設が次第に増えたことに伴い、公共政策系教育プログラムの質の評価を行う認証評価機関設置への関心が高まるようになってきている。そうした中、「大学基準協会」（公益財団法人）がようやく2010年度から公共政策系専門職大学院に対する認証評価の実施を目指すことになり、2010年 3 月に「大学基準協会」が公共政策系専門職大学院の認証評価機関として文部科学大臣から認証を受け、認証評価を開始している。

(1)　公共政策系専門職大学院の認証評価のしくみ

　「大学基準協会」による公共政策系専門職大学院の認証評価は、自己点検・評価（認証評価実施前年度）→書面評価（認証評価実施～ 9 月上旬）→実地調査（認証評価実施年度 9 ～11月上旬）→調査結果（委員会案）を大学へ提示（認証評価実施年度12月～下旬）→大学による意見申し立て（認証評価実施年度 1 月中～下旬）→調査結果の通知・公表（認証評価実施年度 3 月）→改善報告という手順と日程で行われている。[4]

　また、認証評価の組織体制は、「認証評価」の中心となる「認証評価委員会（委員13名）のもとに分科会を設置し、4 ～ 5 名の委員がこれに参加して、評価にあたっている。分科会の委員は、公共政策系専門職大学院を設置する大学が推薦する候補者、公共政策系分野の実務経験を有する者の中から理事会が選出した者、で構成されている。こうした認証評価の審査手続きは、おおむね上述のNASPAAの認証評価手続きを参考に行われているようである。

(2) 公共政策系専門職大学院の認証評価の結果

大学基準協会は、申請大学院から提出される「自己点検報告書」の7項目の認証基準──①「使命・目的」、②「教育内容・方法・成果」、③「教員・教員組織」、④「学生の受け入れ」、⑤「学生支援」、⑥「教育研究等環境」、⑦「点検・評価、情報公開」──の記載内容について評価を行い、評価結果を報告書として公表している。その報告書（2010～2022年度）によると、2010年度、京都大学大学院が認証評価基準に「適合」していると「認定」されている。次いで、明治大学大学院（2011年度）、東北大学大学院（2012年度）、東京大学大学院・一橋大学大学院（2013年度）、北海道大学大学院（2014年度）、京都大学大学院・早稲田大学大学院（2015年度）が、それぞれ「認定」されている。

なお、「大学基準協会」の認証評価は5年の周期で行われるため、京都大学大学院が2015年度に「再認定」されている。2016年度以降、明治大学、東北大学、東京大学、一橋大学、北海道大学、京都大学、明治大学、東北大学の各大学院が、順次「再認定」か「再々認定」を受けている。[5]

こうした認証評価の動きに対応して、特に、地域に特化した地域人材を育成する教育プログラムへの関心とともに、その質を評価する認証評価機関設置への関心が高まるようになっている。

Ⅲ 地域人材育成の認証評価機関設置の意義

地域人材育成の認証評価機関を設置するメリットは何か。まず、教育プログラムの認証評価を受審する大学のメリットについて考えてみよう。

1 大学のメリット

公共政策系大学院の地域人材育成プログラムの質を保証することにより、これらの教育課程に対する地域社会（自治体やNPO等）からの信頼を得ることができる。また、成績評価の客観性、均質性を確保することにより、成績優秀者を自治体・NPO等に推薦し、就職活動を支援することができるが、公共政策系専門職大学院の場合、法科大学院や会計の専門職大学院のように受験資格や試験科目免除等の特典がないため、定員割れが起きたりしている。わが国にお

いても、アメリカの PMF の推薦制度を参考に、認証評価を受けた公共政策系大学院の修士課程を修了した成績優秀者を研究科長が推薦し、国や自治体が推薦された有資格者に面接試験を実施して採用するという方式を検討する時期に来ている。

　また、大学院レベルで、自治体や NPO のミッド・キャリア職員を対象に研修プログラムを開設し、認証評価を受けたミッド・キャリア・プログラムを通じて、自治体・NPO の職員の能力開発研修を実施することも重要である。

　この研修プログラムを有効にするには、自治体や NPO の実務家を加えた研修教育体制のもとに、行政のスキルや政策能力の修得を基本にしたカリキュラムを整備し、研修プログラムの内容については、地域社会のニーズに対応できるように、定期的にカリキュラムの見直しを義務づける必要がある。

2　地域社会のメリット

　大量の志願者を選抜する国や自治体の採用試験の有効性の問題に留意すると、認証評価を受けた公共政策系教育プログラムの修了者については、国や自治体・NPO の職員採用人事で一次試験を免除し、面接試験重視の評価を行うことで、採用人事の効率化をはかることができる。この方式が定着していくと、公共政策系専門職大学院の定員割れの問題も解消できる。

　ポストレス時代の管理職人事の有効性の問題に留意すると、認証を受けた公共政策系大学院の教育プログラムの修了者は、自治体・NPO 職員の昇任人事の有資格者として評価することができ、昇任人事の有効性を高めることができる。

　また、認証を受けた公共政策系教育プログラムの修了者が増加するようになると、地域の自治体間の人事交流や人事異動の流動性を高めることができ、さらに、認証を受けた政策系大学院のミッド・キャリア研修プログラムの参加者が増加するようになると、地域の自治体や NPO の人材ネットワークを構築することができるだけでなく、自治体や NPO の職員研修コストの削減をはかることができる。

Ⅳ 公共政策系教育プログラムの認証評価の方法

1 第三者評価を求める場合

公共政策系学部・大学院の教育プログラムについて、第三者評価を求める場合、一応次のような方法が考えられる。

(1) 国指導の認証評価

文部科学大臣の認証する認証評価機関に対して、教育プログラムの認証申請を行う。文科大臣が認証する公共政策系専門職大学院の認証評価機関である「大学基準協会」等による第三者評価を受けることによって、教育プログラムの質を社会的に保証し、大学の信頼を高めることが期待できる。

(2) 地域主導の認証評価

地域の大学・自治体とNPO・企業との連携によって、民間主導の認証評価機関を立ち上げ、その評価機関による認証評価を受けることによって、教育プログラムの社会的信頼、評価を高めることが構想される。認証基準については、アメリカのNASPAAの認証基準などが参考になる。

(3) 海外機関の認証評価

海外のプログラム認証評価機関に認証の申請を行うことも考えられる。具体的には、アメリカのNASPAA又はドイツのプログラム認証機関への認証申請が考えられるが、いずれの場合も専門家による審査(peer review)に基づく認証評価を受けることになる。NASPAAの場合、会員でないと認証評価の申請ができないが、ドイツの場合は、会員でなくても申請を行うことができる。

なお、NASPAAの場合、2010年の「欧州高等教育圏」の設立を契機に、高等教育の国際化に対応して海外からの加盟国が増加し、上述のように、中国、韓国、ベトナムなど海外の公共政策系大学院のMPA/MPPプログラムがNASPAAの認証を受けている。

2 第三者評価を求めない場合

公共政策系教育プログラムについて、第三者評価を必要とするという考えに対して、認証評価を必要としないという考え方もある。公共政策系学部・大学

院の卒業生・修了生が、就職先の自治体・NPOにおいて能力を発揮し評価されることで、地域社会の信頼を得ることこそが現実問題として重要であるという考え方で、第三者機関による認証を求めない対応である。

言うまでもなく、地域の人材育成の目的は、地域の大学と自治体とNPO等の団体が連携し協働しながら、地域の公共問題の解決に必要な人材を育成するための有効な教育プログラムを開発することにある。なお、アメリカにおいても、カリフォルニア州立大学（バークレー校）のゴールドマン・スクールやプリンストン大学のウィルソン・スクール（2020年に国際公共政策大学院に改称）などはNASPAAに加盟しているが、認証評価を求めていない。

V 日本の公務員の人材育成の課題

1 国家公務員の幹部要員の人材育成

国家公務員の採用人事については、2008年6月の「国家公務員改革基本法」の制定により、院卒者を対象にした公務員採用試験の制度化が実現しているのが特筆される。しかし、院卒者の採用手続きは、あくまで「メリット」の原則を忠実に適用するものにすぎず、アメリカの公共政策系大学院修了者を対象にした採用人事や中国のMPA教育に基づく幹部要員の人材育成と比べて、人材育成の考え方には相違点が見られる。今後、「メリット」の原則を柔軟に運用する人事政策の実施が課題になる。

(1) 公共政策系大学院採用枠の設定

公共政策系専門職大学院については、法科大学院や会計専門職大学院のように、受験資格や試験科目免除等の特典がないため、どうしても社会的認知度が低くなっている。今後、公共政策系大学院の社会的認知度を高めるためにも、アメリカのPMF事業のような院卒者の採用枠を設定し、認証評価機関による社会的認証を受けた公共政策系大学院の公務員志望者の成績良好者を推薦し、有資格者に面接等を実施して採用するという柔軟な採用人事を新たに検討する時期に来ている。そして、ポストレス時代の管理職人事の有効性を高めるために、認証評価機関による社会的認証を受けた公共政策系大学院の修了者を昇任人事の有資格者として評価するという任用人事も検討する必要がある。

(2) 政治主導を支える人材の育成

　2009年9月の鳩山内閣の誕生で政権交代が実現して以降、政官関係において、政治主導を支える幹部要員の人材育成のあり方が問われるようになってきている。時の政権に誠実に仕え、政治主導を支える新しい時代の人材を育成するには、公務員にどのような能力・資質を求め、公務員研修の体系をどのように設計し、政治主導の政官関係を支える政治家の役割と行政官の役割をどのように規定するかといった論点についての合意形成が必要になる。そして、公共政策の決定に関わる大臣・副大臣・大臣政務官・首相補佐官などの政治家と幹部職公務員に対しては、公務員としての厳しい行為規範が求められることは言うまでもない。

　また、安倍内閣の下で、内閣による幹部職の人事統制権の強化を図り、政治主導の幹部職人事を目指すために、懸案の「内閣人事局」が設置されたが、内閣人事局設置以降の官邸の対応については、官邸サイドの思惑による幹部職人事の統制が過剰になりすぎた結果、霞ヶ関の本来あるべき官僚制の自律性を減退させ、官僚のモラールの低下とともに、若手官僚の中途退職や公務員を目指す「総合職」試験志願者の大幅な減少という事態が生じてきている。

　こうした状況に注目すると、今後、イギリス公務員制度の内閣と去就を共にする「特別顧問」(special adviser)のような「特別職」の政治的公務員と「一般職」の生涯職公務員に分類する「幹部職制度」の創設を新たに検討する必要がある。というのも、イギリスでは、公務員が「良心の危機」を感じる大臣の指示から公務員を保護するために、「大臣行為規範」が制定され、大臣の政策助言者である特別顧問についても、公務員としての行為規範から逸脱しないように、「特別顧問規範」が制定されているからである。「特別顧問」の制度は、大臣に政治的助言と専門的助言を提供するために任命されるが、その任命には、生涯職公務員の政治的中立性を維持し、強化しようというねらいがある。

　イギリスの「特別顧問」の地位は、政治的任命の「臨時公務員」として規定されている（「枢密院令」第3条、「2010年法」第15条）。その任期は、5年を超えてはならず政権と運命を共にする。各閣僚は、首相の同意の下に2名まで特別顧問を任命できるが、首相には特別顧問の人数制限はない。保守党から労働党への政権の移行時に、ブレア内閣は、メージャー内閣の2倍（約80名）の特別

顧問を任命している。この特別顧問の大幅な増員人事は、保守党内閣を支えたホワイトホールの官僚との決別を意味するものでもあった。ブレア内閣の登場とともに、大臣の政策助言者としての事務次官の政策役割は大幅に制約を受け、労働党内閣の下では、事務次官の役割のマネージャー化が進行していた[6]。

今後、わが国の内閣が官僚依存を脱却して政治主導の政官関係を構築していくためには、何よりも政党が自前でシンクタンクを設立し、官僚のカウンターパートとしての人材を育成し、活用する必要がある。

2 地方公務員の人材育成

(1) 公務員に求められる能力

今日の分権時代の自治体は、多様な能力を身につけた公務員の人材育成のあり方が問われるようになっている。旧自治省の研究部会（座長大森彌）の地方行政運営委員会研究部会の調査によると、職員に求められる能力として、基礎的業務遂行能力、対人能力、法務能力、国際化対応能力、情報能力の5つを上げている。

特に、地域を担う人材の育成として、対人能力に注目し、地域の変化や住民の声に敏感な「住民の生活感覚」を理解できるような人材を育成することを求めている。そして、この調査では、人材育成や職員研修を所管する専任の組織・人員が確保されていない市町村が少なくないこと、情報・人材・ノウハウ等が不十分なため独自で必要な人材育成プログラムを策定し実施することが困難な市町村が少なくないこと、事務事業の執行上、職場外研修等に職員を派遣する人員面での余裕がないという市町村が少なくないこと、など人材育成を制約する自治体側の問題点を明らかにしている[7]。

また、人材育成に関して「不足しているのは人材ではなく人材開発能力」であり、職場での職員の士気と能力発揮に大きな影響を及ぼす人事権を行使する首長の認識こそが問題であるとして、首長の人材育成の取組みの重要性を指摘している。

首長は、人材育成に取り組むスタッフを充実させ、職員をどのように育成していくかについて方針を立て、単独で取り組むべきもの、他の市町村と共同で取り組むべきもの、他の機関の力を活用すべきもの等について整理し、具体的

に施策を展開していく必要性を強調している。[8]このことは、首長のリーダーシップのもとに、他の機関との連携を視野に入れた人材育成を行う必要があることを示唆するものである。

また、龍谷大学 LORC の自治体職員研修所調査では、自治体公務員に求められる能力として、職務上の能力、参加・協働に関連する能力、政策法務や政策形成能力などを挙げている。特に、自治体が公務員に期待する能力として、政策法務や政策形成の能力とともに、市民や外部団体との連携・協働に関わる能力を求めているのが注目される。

この LORC の調査では、自治体の内部組織である研修機関と研修の対象となるライン部局との連携・協働の不足に加え、自治体相互間の連携や大学や研究機関など外部機関との連携が不足し、自治体研修機関の研修に関する情報交換がほとんど行われていない問題点を指摘している。[9]

従って、自治体の人材育成については、まず、組織内部の機関との連携・協働を密にすることに加え、広域的な自治体間の研修情報の交換や大学・研究機関との研修プログラムの連携・協働が今後の自治体の人材育成の課題になると考える。この点で、大学院レベルでの自治体職員・NPO の職員を対象にした研修プログラムの開設は有効であろう。その方策の1つとして、自治体は、地域の大学との連携による人材育成を検討する時期に来ている。

(2) 地域的協働の担い手としての人材育成

地域の公共問題は、地域の構成メンバーが協働して解決を図ることが自治の基本原則であることは言うまでもない。では、地域の公共問題の解決を図るのはどのようなメンバーで対応する必要があるのか。具体的には、市民 (NPO)・公務員・学究の三者構成によって地域の公共問題を解決する必要があり、この地域的協働の担い手である人材をどのように育成するかが当面の課題になる。

この三者には、どのような役割が期待されるのか。まず、市民については、地域の公共問題に高い関心をもつような公共サービスの成熟した信託者・委任者・顧客としての役割を期待できる公共市民（public citizen）を育成することが課題になる。また、公務員については、地域の変化や住民の声に敏感な「住民の生活感覚」を理解できる公共サービスの成熟した受託者・受任者・提供者

としての役割を期待できる公務員を育成する必要がある。そして、学究については、行政の実務に精通し市民と公務員の対立を調整しうる学究を育成する必要がある[10]。

3 地方公務員の人材育成の課題

(1) 地域的協働の制度化に向けた大学の役割

公共問題の地域的協働による解決を図るためには、地域的協働の体制を制度化する必要がある。この地域的協働の制度化における地域の大学の果たす役割は極めて大きいと考える[11]。ここで、公共問題の人材育成を目的として開設された大学の事例について見てみよう。

アメリカでは、上述のように、1924年にシラキュース大学にマックスウェル・スクールが設立されて以降、行政大学院を中心に公務員等の人材育成に取り組んできているが、わが国においても、マックスウェル・スクール設立の5年後、大阪商科大学（現大阪公立大学）に「市政科」が開設されている。この「市政科」は、関一市長の「大学は都市とともにあり、都市は大学とともにある」という理念のもと、経営科、金融科、貿易科とともに設置され、大阪市の幹部要員の人材育成を目的としていたが、戦時中の集権体制の1941年に廃止されている。ちなみに、「市政科」の廃止理由について、足立忠夫は、根本的には戦時の地方自治の抹殺によるものとしながら、実際的理由として、卒業生の就職市場が関係していたと見ている。当時の市政科（定員20程度）の教授へのヒヤリングに基づく足立の指摘によると、若干名の将来のエリート的公務員を供給していた京都大学法学部の教授が大阪市長宛に「今後卒業生を送らぬ」という抗議の手紙を送り、また、中間管理職以下の職員の多くを占めていた関西大学の卒業生が結束し、同窓会の名において同様の抗議文を送ったことにより、大阪市は市政科の卒業生の採用数を4名以下に自制したため、入学希望者が数名に減少してしまったことによる、としている[12]。

自治体の行政問題の解決には、地域の大学との連携・協力が不可欠であり、日本国憲法の地方自治の本旨に留意すれば、戦後「市政科」の復活が重要であったにも関わらず、長年等閑視されてきた。分権改革が進展しつつある現在、地域的協働体制による「市政科」の復活が急務となっている。

こうした地域の大学連携による人材育成のあり方を考えると、今後、地方公務員の採用人事は、地域の自治体と大学との連携による公務員人材の育成が重要になる。

(2) 院卒者試験区分の新設

地方自治体では、これまで院卒者のみを対象にした採用試験を実施してこなかったが、いみじくも、「公務員制度の総合的な改革に関する懇談会」の報告書（2007年2月）が院卒者を対象にした採用試験区分の新設を提言したのを契機に、東京都が2007年度、院卒者対象にした採用試験（事務区分45名程度）をすでに実施し、京都市も2008年度、院卒者対象の採用試験（5名定員）を実施している。

東京都1類Aの受験資格は、事務・技術とも年齢が24～31歳の人で、大学院の修士課程若しくは博士課程又は専門職大学院の専門職学位課程を修了した人となっている。採用予定者数は、事務45名・土木30名・建築4名・機械5名・電気5名程度で、2007年度の事務区分採用試験の実施状況を見ると、1次試験を921名が受験し189名が合格している。2次試験には163名が受験し90名が合格し、3次試験（最終）では87名が受験し47名が合格している（東京都人事委員会資料）。合格率は、わずか5.1%という難関になっている。

この試験結果を見ると、国家公務員における特権的な「キャリア組」を生み出すことにならないか、採用組に対する今後の処遇が気になるが、分権時代の人材育成の方策として、他の自治体においても、院卒者を対象にした採用試験区分の新設を検討する時期に来ている。

日本の国家公務員制度では、ようやく院卒者を対象にした人材育成の方策が提示されるようになったが、アメリカなどでは、すでに院卒者を対象とした公務員の採用や幹部要員の人材育成が行われてきている。地方自治体においても、院卒者を対象にした「試験区分」を新設するようになると、地域の公共政策系学部・大学院における人材育成プログラムへの期待が高まると同時に、人材育成プログラムの質保証への関心も高まるようになる。それ故、地域の公共政策系大学においては、自治体・NPO・企業等のステークホルダーと連携しながら、公共政策系教育プログラムの認証評価機関を立ち上げ、その認証評価を通じてカリキュラムの質を保証する対策を講じることが必要になる。

(3) 「一体性の危機」の克服

　公共政策系教育プログラムを有効にする当面の重要な課題は、教育・研修用テキストの作成である。アメリカの場合、公共政策系大学院が250以上に達し、行政学教育が盛んであるが、各大学院で行われる行政学教育の内容が多様化し、最も頻繁に使用されるテキストのシェアも20％程度にとどまると言われる。アメリカン大学のローゼンブルーム教授は、第5章で述べたように、こうした状況をコア教育の欠如という意味で、行政学の「一体性の危機」（crisis of identity）と呼んでいる。

　一方、中国では、全国一斉に行われるMPA試験用テキストが共通で、公共管理学院におけるMPAコースの教材も同種のものが使用されている。こうした中国のMPA教育の方式は、政治体制に起因するものとはいえ、「一体性の危機」を克服する方策の1つとして注目される。

　わが国においても、公共政策系教育課程の「一体性の危機」を克服するために、各大学が個別に教育するだけでなく、地域の大学と自治体とNPOが協力して講義用テキストを作成し、公共問題の人材育成に取り組む対策が必要である。また、ミッド・キャリアの自治体とNPOの職員を対象にした研修も、地域の大学と自治体とNPOが協力して研修用テキストを作成し、協働体制で運営する研修プログラムを通じて、自治体とNPOが直面している行政問題の解決に貢献できる人材を育成していく必要がある。

　ともあれ、わが国の公共政策系の学部・大学院においては、認証評価機関による認証評価の有無に関わらず、地域人材の育成に対応できる有効な教育プログラムを整備することが何よりも重要である。そのためには、地域の大学と自治体とNPOは、カリキュラムの構築に向けて緊密な協働・連携の体制を整備しなければならない。そのようなカリキュラムが整備され、その教育課程の修了者が地域の自治体とNPOに採用され、その仕事ぶりが評価されるようになると、公共政策系教育プログラムに対する社会的評価を期待できる。

(4) 地域資格認証制度の導入

　地域資格認証制度は、地域社会による社会的認証を通じて、地域社会が求める人材に必要な能力・資格などを大学のカリキュラムと連動させて地域人材の育成を目指すものである。京都府内で大学と産官学民の連携によって開発が進

められている地域資格認証制度の最終的な資格は、大学院の修士課程で取得することとなっており、専門職業人の人材育成を目指している。この認証制度における履修科目の提供は、地域の大学・大学院との連携を前提としており、履修証明制度としても活用することができる。[13]

ちなみに、履修証明制度については、アメリカの行政大学院における行政学コースの教育プログラムでは、所定の単位の取得者に修了証書を発行している。例えば、マックスウェル・スクールでは、一定の単位（1セメスター12単位）を取得した者を対象に履修証明書（Certificate in Public Administration）を発行し、修士号取得に必要な単位——1年間の要卒単位数30単位——の一部として評価されている。[14] 履修証明制度は、自治体・NPOの採用人事や昇進人事の評価基準ないし資格として活用することも考えられる。資格認証制度や履修証明制度に対する社会的信頼を得るためには、こうした制度に必要な教育プログラムの質を保証する認証評価システムの整備が必要になる。

(5) 地域人材の認証評価機関の設置

地域人材の認証評価機関として特筆すべきは、「一般財団法人地域公共人材開発機構」（以下、開発機構）の設立である。開発機構は、京都府内の大学・自治体・NPO・企業等の連携協力のもとに、地域公共人材の育成と公共人材の社会的活用を目的として、2009年1月に創設されている。

開発機構の具体的な仕事は、①公共人材育成のための教育・研修プログラムの質保証に関する調査・研究・検証、②地域公共人材育成にかかる公共政策教育・研修プログラムの社会的な認証、③教育・研修プログラム修了者に対する地域資格認証制度の運用、④産官学民による協働型政策形成研修の実施、などとされている。[15]

地方分権時代を迎えて、開発機構は、地域社会における公共活動を産・官・学・民の各セクターで広く担うための新たな人材である「地域公共人材」のキャリア・パスを開発するために、京都の地域公共の担い手と期待される求職者を雇用し、「地域公共人材」を育成するプログラムを開発することを目的としている。この開発機構の人材育成の構想が実を結ぶかどうかは、その認証評価システムに対する地域社会の評価にかかっている。

(6) 今後の課題

　今日、わが国の自治体は、団塊世代の退職後の人材確保と人材育成の対策を迫られている。任期付採用・中途採用や退職者の再任用等による短期的な人材確保の対策にとどまらず、中・長期的な人材確保の方策として、自治体と地域の大学が連携して運営するインターンシップ方式、ワークショップ方式による人材育成の取り組みが必要である。その方策としては、第5章で述べたように、アメリカの地方政府で実施されているLGMFのようなインターンシップ方式や、カリフォルニア州立大学（バークレー校）・ゴールドマン・スクールのワークショップ方式による人材育成の取り組みなどが参考になる。

　今後、自治体が地域の大学との連携を密にして人材育成を行っていくためには、院卒者対象の採用試験区分を制度化するとともに、地域の大学においても、自治体・NPO・企業等のステークホルダーと連携しながら公共政策系教育プログラの認証評価機関を立ち上げ、その認証評価を通じてカリキュラムの質を保証する等の対策を講じる必要がある。こうした対応は、公共政策系大学院における教育の質の向上と活性化を促し、自治体、NPO等が求める地域公共人材の育成に資するものと考える。

Ⅵ　公共政策系大学院教育の国際化への対応

　本書の第2部では、アメリカ、ドイツ、中国、日本の高等教育機関における公務員の人材育成教育と公務教育の質を評価する認証評価機関の現状と課題などについて、国際比較の視点で検討してきた。

　公務員の人材育成教育と公務教育の認証評価などの問題は、公共政策系大学院・関係学会を中心に、中国、韓国などの海外の公共政策系大学院・関係学会と連携して協議することが重要であり、国際的な連携協力の体制を構築していくことが要請される。国のレベルでは、2005年以降、人事院と中国国家人事部（現公務員局）と韓国中央人事委員会（現人事革新処）が、「日中韓人事行政ネットワーク」を構築し、トップ会談を開催して人事制度改革や人材能力開発などの諸問題について三国間で意見交換を行い、共催シンポジウムや職員合同研修などの協力プログラムを実施してきている。

また、2010年以降の高等教育のグローバル化の進展に伴い、国内外で取得した大学の学位などの学歴を各国間でどのように承認するかという喫緊の問題に留意すると、EU加盟国を中心とした「欧州高等教育圏」(EHEA)における「単位互換制」(ECTS)の導入や資格認証制度、インターンシップの実施などの問題から協議を始めるのが現実的であろう。

ちなみに、2008年に『ヨーロッパにおける「欧州高等教育圏」(EHEA)の設立に向けたボローニア・プロセスの進展状況に注目し、「アジア高等教育圏」(Asian Higher Education Area: AHEA)の設立に向け、日本がホスト国としてアジア各国の教育大臣や学長会議に呼びかけアジア版教育サミットを開催することが求められる』[16]と述べたことがあるが、その後の展開をみると、2017年12月に、わが国はアジア太平洋地域における学生や職業人などの円滑な移動を容易にするとともに、域内の高等教育の質保証を確保することなどを目的とした「高等教育の資格の承認に関するアジア太平洋地域規約」に署名している。この規約は2018年2月に発効しており、「アジア教育圏」(AHEA)の設立に向け、高等教育の「統合化」への契機になるように期待したい。

今後、わが国において、こうした高等教育の「統合化」の動きに対応していくためには、公共政策系大学院における教育プログラムの質が、国際的な認証評価基準に適合することが求められることになる。上述のように、アメリカのNASPAAは、ヨーロッパにおける高等教育の統合化の動きに対応するため、2013年に英語表記をNASPAA, the Network of Schools of Public Policy, Affairs, and Administrationに改称している。NASPAAは、グローバルな認証評価機関として「公務教育のグローバル・スタンダード」(The Global Standard in Public Service Education)という目標を掲げ、これまで国内の加盟校に限定していたMPA/MPPプログラムの認証申請を改め、海外の加盟校からの認証申請を積極的に受け入れるようになっている。

2013年以降、25か国以上の海外の公共政策系大学院が加盟し、このうち、中国、韓国、ベトナム、カタール、カザフスタン、エジプト、メキシコ、ブラジル、ベネゼーラなどの公共政策系大学院のMPA/MPPプログラムが「認証」(accredited)されている。[17]

現在、海外の公共政策系大学院のMPA/MPPプログラムは、2010年以降の

高等教育の国際化に対応して、グローバルな認証評価基準に基づく「認証」を求める動きが加速するようになってきている。こうした高等教育の国際化に対応した動きに注目すると、わが国の公共政策系大学院においても、NASPAAが掲げる「グローバル・スタンダード」の認証基準に基づく「国際人材」の育成が急務であり、公共政策系大学院の今後の取り組みを注視していきたい。

［注］
1) 蠟山政道「公務員制度の本質」日本行政学会編『人事行政の課題』勁草書房、1958年、31頁。
2) 文部科学省「専門職大学院の現状と今後の在り方について」（専門職学位課程ワーキング・グループ報告書）、2010年6月29日、参照。
3) 公共政策系専門職大学院の設置・特質等については、早田幸政「公共政策系高等教育の評価・認証制度の世界的動向」富野暉一朗・早田幸政編『地域公共人材教育研修の社会的認証システム』所収、日本評論社、2008年を参照。
4) 公益財団法人「大学基準協会」の認証評価の申請手続き等については、同協会のHP（https://www.juaa.or.jp/accreditation/institution/procedure/）を参照。
5) 「大学基準協会」（2010～2022年度「公共政策系専門職大学院認証評価」の結果について）報告書）、および文部科学省「分野別認証評価結果および設置計画履行状況等調査結果一覧」を参照。
6) 特別顧問の制度と政策役割の詳細については、坂本勝『公務員制度の研究』法律文化社、2006年、243頁以下で検討している。
7) 地方行政運営研究会第13次公務研究部会『地方公共団体職員の人材育成』1996年、50頁以下参照。
8) 地方行政運営研究会第13次公務研究部会、上掲報告書、52頁。
9) 龍谷大学地域人材・公共政策開発システムオープン・リサーチセンター（LORC）『年次報告書・第2分冊』2003年、55頁。
10) 市民と公務員と学究の三者による地域的協働体制の確立については、足立忠夫が1976年7月の講演で提唱している。「公共市民学の提唱——市・公・学の協働体制の確立の急務」北九州大学『法政論集』4巻3号、1977年を参照。
11) この地域的協働に果たす大学の役割については、足立忠夫『地域と大学』公務職員研修協会、1982年において詳しく論じられている。
12) 市政科については、足立忠夫「行政改革・行政研究・行政教育——大阪商大市政科の復活を求めて」『都市問題研究』36巻6号、1984年を参照。
13) 地域資格認証制度のモデルとされるイギリスの職能資格制度については、小山善彦『イギリスの資格履修制度——資格を通しての公共人材養成』公人の友社、2009年が詳しい。
14) Maxwell School of Citizenship and Public Affairs, Master's Handbook and Course Guide [2006-2007], p.10.

15) 地域公共人材開発機構の事業内容は、機構のHP（http://colpu.org/）を参照。この機構の協働型社会を担う公共人材養成の取り組みについては、富野暉一郎「公益の構造化による公共サービスの変容と公共人材」日本行政学会編・年報行政研究44『変貌する行政』所収、ぎょうせい、2009年、36頁以下で述べられている。
16) 坂本勝「ドイツの高等教育改革と認証評価機関」、前掲書3）所収、103頁。
17) NASPAA, The Commission on Peer Review & Accreditation（COPRA）, 2023-2024 ROSTER OF ACCREDITED PROGRAMS, 3頁以下を参照。

初出一覧

　第2章、第5章、第8章は書下ろし。第1章、第3章、第4章、第6章、第7章は以下の論文をもとに加筆・修正した。

第1章　「国家公務員法附則第9条の試験と人事院の改廃——「S-1」試験の回顧と「幹部職」人事への示唆」『龍谷法学』45巻4号、2013年。
第3章　「イギリスの公務員制度改革の動向——「公務員法」の制定と人事委員会の設置」『龍谷政策学論集』創刊号、2011年。
第4章　「米国連邦公務員制度の人事政策の動向——柔軟な任用と幹部要員の人材育成」『龍谷政策学論集』1巻2号、2012年。
第6章　「ドイツの高等教育改革と認証評価機関」『地域公共人材教育研修の社会的認証システム』所収、日本評論社、2008年。
　　　　「ドイツの公務員の人材育成と大学教育の課題」龍谷大学LORCジャーナル『地域協働』Vol.4、2013年
第7章　「公務員の人材育成の課題——国際比較の視点を中心に」『公営企業』地方財務協会、2009年。
　　　　「公務員の人材育成の視点——日米中の現状と課題」『龍谷法学』42巻4号、2010年。

あとがき

　前書『公務員制度の研究』(2006年、法律文化社)を出版してから、18年の歳月が経過してしまった。前著の「あとがき」で、『政治主導の政官関係を構築するために幹部公務員の政策責任を明確にする人事システムの導入が期待される』と書いたことが思い出される。その8年後、安倍内閣のもとで懸案の「内閣人事局」が設置されると、官邸サイドの思惑による幹部職人事により、本来あるべき官僚の自律性の喪失とモラールの低下、若手官僚の中途退職という副作用をもたらしてしまった。こうした内閣による幹部職人事への政治的統制 (political control) に生じがちな幹部職人事の「政治化」(politicization) の副作用に注目すると、今後、国公法制定当初のように、事務次官などを「特別職」化するとともに、イギリス公務員制度の内閣と去就を共にする「特別顧問」(special adviser) のような「特別職」公務員を任命し、内閣が任命する「特別職」の政治的公務員と「一般職」の生涯職公務員に分類する新たな「幹部職制度」の創設を検討することも必要であろう。

　また、国家・地方公務員の採用や人材育成に関しても、アメリカ、ドイツなどで行われてきているインターンシップ方式や公共政策系大学院におけるワークショップ方式などを活用して、メリットの原則を「柔軟」に適用する任用人事が要請される。こうした「柔軟」な任用人事を可能にするには、公共政策系大学院における公務員の人材育成教育の質が社会的に認証されていなければならない。公共政策系専門職大学院における教育の質の評価は、「大学基準協会」による認証基準に基づき5年周期の「認定」手続きが行われてきてはいるが、今後、公共政策系大学院において、国内の評価機関の認証基準に「適合」するだけでなく、NASPAAが掲げる「グローバル・スタンダード」の認証基準に「適合」する「国際人材」を育成する取り組みが展開していくように期待したい。

　次に、本書の出版を思いたったきっかけなどについて述べておきたい。

　龍谷大学を退職後、学究生活とは全く無縁な日常生活を送っていたある日の

こと、長年の友人である綱澤満昭氏から送られてきた「政治思想」の書に眼を通して、ふと自分も書きためていたものを纏めてみたいという思いがこみ上げてきたことと、自分が八十を目前にして、八十代でも研究書を出版している友人からの励ましに刺激を受けたことが大きなきっかけだった。改めて謝意を表しておきたい。また、専門は違うが娘から送られてきた研究書を手にしたことも、出版への思いを募らせるきっかけになった。

なお、本書は、龍谷大学「政策学研究科」の研究プロジェクトやLORCの海外調査研究プロジェクトなどの研究成果として纏めた諸論文で構成されている。この場を借りて、研究の機会を与えていただいた龍谷大学政策学部・政策学研究科およびLORC研究センターの方々に謝意を表しておきたい。

最後に、日常生活の面倒を一切引き受け、長年の結婚生活を支え続けてくれている妻への感謝とともに、日頃何かと気にかけて支えてくれている息子家族と娘家族に感謝の意を表しておきたい。

本書の出版にあたって、学術的図書の出版が困難な状況の中、法律文化社と編集部の畑光氏に多大のご尽力をいただいた。記して深く感謝の意を表しておきたい。

2024年3月

坂本　勝

■著者紹介

坂本　勝（さかもと　まさる）

　1944年　神戸市に生まれる
　1969年　関西学院大学法学修士、同年近畿大学教養部助手を経て同教授
　1992年　龍谷大学法学部教授、同政策学部教授を経て2015年名誉教授
　　　　　博士（法学）。マックスウェル・スクール客員研究員（1983年度）、ロンドン大学SOAS客員研究員（2000年度）

［主な著書・編著書］
『行政学修士教育と人材育成』（公人の友社、2007年）
『公務員制度の研究』（法律文化社、2006年）
『公共政策教育と認証評価システム』（編著、公人の友社、2005年）
『新修神戸市史　行政編Ⅰ、Ⅱ、Ⅲ』（共監修著、神戸市、1995年、2002年、2005年）
『講座行政学第2巻制度と構造』（共著、有斐閣、1994年）
『地方政治と市民自治』（共編著、玄文社、1979年）
Crisis and Emergency Management, Second Edition（共著、CRC Press, 2014）
Handbook of Crisis and Emergency Management（共著、Marcel Dekker, 2001）
Handbook of Comparative and Development Public Administration Second Edition（共著、Marcel Dekker, 2001）
Public Enterprise Management: International Case Studies（共著、Greenwood Press, 1996）
Handbook of Comparative and Development Public Administration（共著、Marcel Dekker, 1991）、他。

Horitsu Bunka Sha

公務員の人事制度改革と人材育成
── 日・英・米・独・中の動向を踏まえて

2024年10月10日　初版第1刷発行

著　者	坂本　　勝
発行者	畑　　光
発行所	株式会社 法律文化社

〒603-8053
京都市北区上賀茂岩ヶ垣内町71
電話 075(791)7131　FAX 075(721)8400
https://www.hou-bun.com/

印刷：中村印刷㈱／製本：新生製本㈱
装幀：奥野　章
ISBN 978-4-589-04356-6

Ⓒ2024　Masaru Sakamoto　Printed in Japan

乱丁など不良本がありましたら、ご連絡下さい。送料小社負担にてお取り替えいたします。
本書についてのご意見・ご感想は、小社ウェブサイト、トップページの「読者カード」にてお聞かせ下さい。

JCOPY 〈出版者著作権管理機構　委託出版物〉

本書の無断複写は著作権法上での例外を除き禁じられています。複写される場合は、そのつど事前に、出版者著作権管理機構（電話 03-5244-5088、FAX 03-5244-5089、e-mail: info@jcopy.or.jp）の許諾を得て下さい。

武藤博己監修／南島和久・堀内 匠編著
〔Basic Study Books〕
自治体政策学
A5判・272頁・3520円

「政策」を切り口として自治体を論じ、具体的な個別政策を取り上げながら、市民視点で自治体政策とは何かを詳解する。厳しい財政制約を前にした飢餓感ではなく、政策の蓄積や改革なども踏まえ、シビル・ミニマムを前提とした自治体のあり方を展望する。

馬場 健・南島和久編著〔Basic Study Books〕
地方自治入門
A5判・270頁・2750円

地方自治を理解するうえで必須の歴史、制度論、管理論を軸に基本的知識・事項を最新の情報を織り込みながら解説。丁寧な解説とクロスリファレンスにより全体像を把握しながら学習できる初学者、現場むけのテキスト。

松田憲忠・三田妃路佳編
対立軸でみる公共政策入門
A5判・246頁・2750円

様々な政策課題にどう対応すべきかという政策の望ましさについての価値対立は避けられない。この「価値対立の不可避性」という観点から考える公共政策論の入門書。政策をめぐる対立の解消ないしは合意形成をいかに実現するかを考察する。

米岡秀眞著
公務員による汚職・不祥事
—処遇の変化が不正行為に及ぼす影響—
A5判・218頁・4950円

公務員による汚職・不祥事などの不正行為がいかなる状況のもとで起きやすくなるのか。公務員の姿勢や精神面の問題のみに目を向けるのではなく、本書は近年における公務員の処遇の変化に着目し、不正行為が生じる要因を実証的に明らかにする。

坂本 勝著
公務員制度の研究
—日米英幹部職の代表性と政策役割—
A5判・330頁・7150円

公務員制度における「代表的官僚制」理論の展開をふまえ、日米英の公務員制度における「代表性」の実態を分析。官僚主導となっている日本の公務員制度改革の問題状況を分析し、政府主導の改革への道筋を提示する。

——法律文化社——

表示価格は消費税10%を含んだ価格です